부부도 잘 모르는 부부의 성

믿음이란
한 알의 밀알이 땅에 떨어져 죽음으로 많은 열매를 맺음과 같이
진리의 열매를 위하여 스스로 죽는 것을 뜻합니다.
눈으로 볼 수는 없으나 영원히 살아 있는 진리와
목숨을 맞바꾸는 자들을 우리는 믿는 이라고 부릅니다.
「믿음의 글들」은 평생, 혹은 가장 귀한 순간에
진리를 위하여 죽거나 죽기를 결단하는
참 믿는 이들의, 참 믿는 이들을 위한, 참 믿음의 글입니다.

부부도 잘 모르는
부부의 성

조셉 딜로우 _ 김선형·김응교 옮김

홍성사

이 책의 원서에 수록된 성경구절은 NASB(New American Standard Bible)로 되어 있으며, 한국어판의 아가서 성경구절은 옮긴이가 그 의미와 운율을 최대한 살려 우리말로 번역한 것입니다. 아가서 개역한글판 성경구절은 부록 2에 수록해 놓았습니다.

차례

1 솔로몬의 노래 7

2 솔로몬과 술람미의 결혼식날 아 1:1-14 15

3 친밀감이 무르익는 신방에서 아 1:15-2:7 41

4 결혼의 대가를 따져 보는 약혼 기간 아 2:8-3:5 69

5 아름다운 추억, 결혼식 행렬 아 3:6-11 113

6 서로를 내어 주는 첫날밤 아 4:1-5:1 123

7 거절당한 사랑의 꿈 - 위기 아 5:2-8 171

8 부부간의 성문제 극복하기 아 5:9-6:13a 193

9 남편을 유혹하는 술람미 아 6:13b-8:4 229

10 전원에서 보낸 휴가 아 8:5-14 259

부록 1 충만한 부부생활을 위한 성기능장애 극복법 277
부록 2 아가서 재미있게 읽기 325
주(註)

1
솔로몬의 노래

자유로운 성행위로 안내하는 결혼생활 지침서와 선정적인 안내서들이 범람하는 요즈음, 아가서라는 이 작고 아름다운 책은 다른 어떤 책보다 주목할 만한 가치가 있습니다. 하지만 사람들은 이 책을 잘못 이해하고 있을 뿐 아니라 아주 소홀히 여기고 있지요. 우리를 남자와 여자로 창조하신 그분이, 우리가 남자와 여자로서 서로에게 가장 잘 반응할 수 있는 방법 또한 세세하게 가르쳐 주셨다는 사실을 깨닫는 사람은 거의 없습니다.

아가서의 저자는 이스라엘 왕 솔로몬입니다. 솔로몬은 그가 젊었을 때인 통치 초기에 이 글을 썼습니다.

아가서의 특징

솔로몬의 글은 연애시의 한 종류인 서정적 전원시(a lyric idyll)

형식을 취하고 있습니다. 서정적 전원시에서는 말이나 사건들을 반드시 연대기적 순서에 따라 배열하지 않아도 됩니다. 영화에는 관객들이 과거의 장면을 보고 있는 동안 지금 진행되는 이야기를 잠깐 멈추는 플래시백 기법이 있는데, 서정적 전원시는 이러한 플래시백 기법을 여러 군데에 사용하고 있는 영화와 비슷합니다. 이런 점을 생각하면 왜 아가서에 연대기적인 연속성이 결여되어 있는지 이해할 수 있지요.[1]

서정적 전원시의 또 다른 특징은 코러스가 등장한다는 점입니다. 코러스는 몇몇 장면에 끼어들어서 간단한 말을 하기도 하고 어떤 일을 경고하기도 하는 가상의 집단입니다. 글쓴이는 한 장면을 다른 장면으로 전환하거나 어떤 점을 강조하고자 할 때 코러스라는 문학적인 장치를 사용합니다.

아가서는 이미 솔로몬의 아내가 된 왕비 술람미가 솔로몬과 결혼하기까지 일어났던 사건들, 첫날밤에 있었던 일, 그리고 두 사람이 함께 보낸 신혼 시절의 일들을 돌아보는 15개의 회상으로 이루어져 있습니다. 이 '회상들'은 15개의 짧은 사랑 노래로 표현되어 있지요.

아가서 뒤에 숨은 이야기

솔로몬은 기원전 10세기에 살았습니다. 그는 이스라엘의 가장 부유한 왕으로서 나라 곳곳에 포도원을 가지고 있었습니다. 갈릴리 최북단 바알하몬 근처, 레바논 산기슭 가까이에 있는 포도원도 그 중에 하나였지요. 솔로몬은 이 포도원에 왔다가 시골 아가씨 술람미를 만나게 되고, 그녀에게 온통 마음을 빼앗겨 버립니다. 한동안 그는 술람미를 쫓아다녔고, 그녀를 만나기 위해 정기적으로 그녀의 시골집을 찾아가곤 했습니다.

마침내 솔로몬은 술람미에게 청혼을 합니다. 술람미는 자신이 진정으로 그를 사랑하고 있는지, 또 과연 왕의 궁전에서 행복할 수 있을지를 놓고 심각하게 고민한 끝에 마침내 청혼을 받아들입니다.

솔로몬은 새신부를 예루살렘까지 호위해 올 결혼식 행렬을 보냅니다. 아가서는 이 새신부가 혼인잔치와 결혼 첫날밤을 준비하는 모습으로 시작하고 있습니다. 그리고 두 사람이 보낸 첫날밤의 상세한 이야기가 에로틱하면서도 매력적으로 묘사되면서 아가서 전반부가 끝납니다.

아가서의 후반부는 결혼생활의 즐거움과 문제점들을 다루고 있습니다. 어느 날 밤 술람미는 솔로몬과의 잠자리를 거절하고, 솔로몬은 그녀를 떠나 버립니다. 그러나 이내 자신의 어리석음을 깨달은 술람미는 자리에서 일어나 그를 찾아다닙니다. 그리고 마침내 다시 만난 두 사람은 다시 한 번 서로 끌어안으며 기쁨의 시간을 누립니다.

궁전에서 살게 된 새 왕비는 종종 자신이 자라난 레바논 산지를 그리워하다가 솔로몬에게 거기서 휴가를 보낼 것을 부탁합니다. 솔로몬은 아내의 청을 들어줍니다. 아가서는 두 사람이 술람미의 고향 집으로 돌아가 사랑에 찬 성관계를 즐겁게 나누는 것으로 마무리됩니다.

아가서의 메시지와 전체적인 구성은 338쪽 표에 요약해 놓았습니다.

아가서에 나타난 상징

하나님은 의학용어나 속어를 사용해서 성(性)에 대해 말씀하실 수도 있었습니다. 하지만 의학용어는 어색한 느낌을 주고, 속어는 거부감을 불러일으킵니다. 그래서 하나님은 이 두 가지 대신 시(詩)적 언어로 섬세한 부분들을 표현하심으로써 의학용어와 속어가 불러일으킬 수 있는 문제를 피하셨습니다. 상징은 의학용어나 속어가 표현할 수 있는 것 이상을 표현해 내면서도 어색한 느낌이나 거부감을 주지 않습니다. 물론 상징의 의미를 설명할 때는 의학적인 동의어를 사용해야 할 것입니다. 이 경우에 아가서를 고상하게 해석하려는 사람과 부딪치게 되지요.

이 책에서는 그 타당성이 입증된 가장 오래된 해석 방법, 즉 통상적인 접근법을 따르려고 합니다. 우리는 아가서를 글자 그대로 보면서, 그것을 오늘날 우리에게 어떻게 적용할 수 있는지 살펴볼 것입니다.

어떤 필자들은 하나님께서 출산 외에도 다른 목적이 있어서 성을 만드셨다는 사실을 선뜻 믿지 않는 것 같습니다. 그래서 그들은 아가서에 대한 통상적인 해석을 받아들이지 않습니다. 그 사람들은 하나님이 성경 안에 성을 다룬 책을 포함시키셨을 리가 없다고(그것이 결혼관계 안에 있는 성이라고 하더라도) 말합니다. 그래서 아가서의 통상적인 의미는 가려지고(그들은 "그건 은유야"라고 말합니다), 회피되며(이럴 때는 "글쎄, 이건 글자 그대로의 뜻이 아니라구"라고 하지요), 알레고리가 되어 버립니다("이건 하나님과 그 백성에 관한 묘사야"라는 것이 그들의 설명입니다). 물론 아가서는 은유와 상징들로 가득 차 있지만, 알레고리로 쓰인 책은 결코 아닙니다. 아가서는 하나님께서 의도하신 이상적인 부부간의 사랑을 묘사한 책일 뿐입니다.

상징의 통상적인 의미를 받아들이지 않을 때 얼마나 우스운 해석이 나오게 되는지 한 가지 예를 들어 보겠습니다. 유대 랍비 몇 사람은 아가서가 이스라엘을 향한 여호와의 사랑을 알레고리로 표현한 책이라고 주장했습니다. 이런 맥락에서 "내 사랑하는 이는 내 품 사이에 밤새 품은 몰약 주머니 같아"(1:13)라는 구절을, 성막 안 언약궤 위의 두 그룹 사이에 있는 하나님의 현현(顯現)의 영광(Shekinah Glory)을 언급하는 것으로 해석했지요. 같은 접근방식을 따르는 어떤 기독교 학자들은 아가서가 교회를 향한 그리스도의 사랑을 말하는 것이라고 결론지으면서, 이 구절에 나오는 몰약 주머니는 구약과 신약 사이에 나타난 그리스도를 가리키는 것이라고 주장했습니다![2]

우리는 이런 은유의 안개들을 걷어 버리고, 성과 사랑과 결혼에 관한 하나님의 지침들을 선명하게 보고자 합니다. 더불어 우리 삶에 있는 다른 모든 영역의 문제에 대한 해답의 근원을 지적하고자 합니다. 그 근원은 곧 하나님의 말씀입니다. 하나님은 솔로몬을 통해 성에 관해 권위 있게 말씀하셨습니다. 하나님의 지침을 따르는 이들은 그 지침들이 실천 가능할 뿐 아니라 옳은 것들이라는 사실을 알게 될 것입니다.

저자의 자격에 관한 의문

300명의 아내와 700명의 후궁을 거느렸던 솔로몬이 과연 한 남편과 한 아내 사이의 이상적인 사랑에 관해 이야기할 수 있을까요? 일부일처제야말로 하나님께서 인간에게 원하시는 결혼의 형태라는 것을 그가 진정으로 믿었다면, 또 아내인 술람미와의 관계에 진정으로 도취되어 있었다면, 왜 그는 계속해서 방탕하게 여러 아내를 맞아들임으로써 몰락을 자초했을까요? 여기에 대해서 몇 가지 답을 생각해 볼 수 있습니다.

1. 솔로몬이 일부다처제 생활을 하면서 아가서를 썼다면, 이 책은 많은 아내를 거느리는 일이 얼마나 무익하고 공허한지 보여 주는 강력한 반대의견이 될 것입니다. 아가서는 이상적인 사랑에 상반되는 경험을 한 사람이 그 이상적인 사랑의 아름다움을 강조하면서 쓴 시일 수도 있습니다. 솔로몬은 일부다처제 생활을 하면서 그것이 최고의 결혼생활을 발견하는 방법이 되지 못한다는 것을 경험했고, 그 경험을 토대로 이 시를 썼을 수도 있습니다.

2. 솔로몬이 위선자였을 수도 있다는 사실 때문에 그가 마땅히 했어야 할 바에 대해서 쓸 자격조차 없다고 말할 수는 없습니다. 솔로몬은 전도서와 잠언도 썼습니다. 하나님과 관계가 끊어진 삶은 바람을 잡으려는 것처럼 헛되다는 사실을 경고하고 있는

전도서는, 솔로몬이 경험을 통해 하나님에 관한 진리를 알고 있었음을 보여 주지요.

솔로몬은 잠언에서도 이상적인 부부관계는 한 남자와 한 여자로 이루어진다는 점을 역설하며, 부(富)의 폐단을 다시 강조합니다. 그러나 실제로 그는 자신이 쓴 교훈들을 그야말로 모조리 위반했습니다. 그렇다면 그에게는 잠언을 쓸 자격이 없는 것일까요? 만약 여러분이 자녀들에게 거짓말하고 분노하는 것은 잘못이라고 가르쳤는데 여러분 자신이 거짓말을 하고 분노를 터뜨리게 되었다고 합시다. 그것이 곧 여러분의 가르침이 옳지 못하다는 뜻이라고 말할 수 있습니까? 이와 마찬가지로, 여러 아내를 거느린 사람이 썼다는 이유로 한 남편과 한 아내의 성생활을 다룬 안내서로서 아가서가 지니고 있는 가치가 떨어지는 것은 아닙니다.

3. 아가서는 솔로몬을 통치 초기의 젊은 왕으로 묘사하고 있습니다. 그러므로 이 당시에 그와 약혼한 아내들은 정치적인 목적으로 취한 여자들이며, 이때는 그가 아직 방탕한 일부다처제 생활에 빠지기 전이었다고도 볼 수 있습니다.

다른 견해들

이 책은 전문적이기보다는 대중적인 목적으로 쓴 것이기 때문에, 이 목적에서 벗어나 다른 견해들을 논의하지는 않으려 합니다. 이것은 진지한 다른 견해들[3]을 무시해서가 결코 아닙니다. 단지 좀더 실제적인 목적을 위해 양보받은 특권일 뿐입니다.

그러므로 저는 앞에서 대략 요약해 놓은 틀을 이 책 전체에 사용하면서, 특별히 중요해 보이는 점들을 옹호하려고 합니다.

2
솔로몬과 술람미의 결혼식날

회상 장면 1, 2 아 1:1-14

화려한 왕의 처소에 들어가는 술람미의 마음은 혼란스럽습니다. 그녀는 아름답게 꾸민 왕궁의 여인들에게 압도당하면서도, 나라 안의 모든 여인들 중에 선택된 왕의 아내로서 솔로몬과 함께 보낼 첫날밤을 기쁜 마음으로 고대하고 있습니다.

솔로몬과 술람미의 아가

궁전의 술람미 회상 장면 1(1:1-8)

솔로몬의 가장 아름다운 노래라. (1:1)

아가서는 솔로몬이 쓴 1,005편의 노래(왕상 4:32) 가운데 가장 아름답고 가장 잘 쓴 작품이라고 합니다.

♡ 술람미

그의 입술로 내게 입맞추어 주었으면!
그대 사랑은 포도주보다 낫다네.
그대 기름은 기분 좋은 향내를 풍기고
그대 이름은 맑게 거른 기름 같아.
그래서 아가씨들은 그대를 사랑한다네. (1:2-3)

술람미는 자기가 얼마나 솔로몬의 애무를 갈망했는지, 그리고 결혼식날 얼마나 그의 애무를 고대했는지 회상하고 있습니다.

'사랑'이라고 번역된 히브리어 'dodem'은 몸으로 나누는 사랑을 언급할 때 종종 사용되는 말로서,[1] 애무와 입맞춤을 가리킵니다. 술람미는 성적으로 자극되어 솔로몬의 몸이 자신의 몸에 밀착해 오기를 열렬하게 기다리고 있습니다.

히브리 문화에서는 모든 흥겨운 축하잔치를 언급할 때 '포도주'라는 말을 언급합니다. 그러니까 술람미가 포도주를 이야기한 것은, 솔로몬의 사랑이 그 어떤 잔치보다 더 큰 기쁨과 즐거움을 준다는 뜻입니다.

솔로몬 시대에는 축제를 준비할 때, 목욕을 한 후에 몸에 기름을 바르는 풍습이 있었습니다. 또 이집트인들은 자기네 잔치에 온 손님들의 이마에 향기 나는 연고를 작은 원뿔 모양으로 발라서,

체온 때문에 조금씩 녹아내린 연고가 얼굴과 옷으로 흘러내려 기분 좋은 향내를 풍기게 했습니다. 히브리인들은 이 관습을 받아들였지요(시 133:2).[2] 여기서 술람미는 솔로몬의 기름 향내가 불러일으켰던 에로틱한 감정을 회상하고 있습니다.

술람미는 여기에서 맑게 거른 기름을 높이 평가하고 있습니다. 술람미는 자신이 그만큼 솔로몬을 높이 보고 있으며, 그렇기에 그의 이름을 부를 때나 생각할 때마다 그를 갈망하는 마음이 일어난다고 말하고 있습니다. 그의 이름은 마치 흐르는 기름처럼 혀 위에 부드럽게 흘러내립니다.

또한 술람미는 솔로몬이 예루살렘에서 가장 바람직한 결혼 상대자라고 생각합니다. 앞의 경우들과 마찬가지로 이 경우에도, 사랑에 빠진 여자는 자기의 연인이 너무나 뛰어난 탓에 다른 모든 여자들의 사랑을 한몸에 받는다고 상상하기 쉽지요!

술람미

나를 인도해 주세요, 우리 함께 달려가요!
왕이 나를 그의 침실로 이끄셨네. (1:4a)

술람미는 솔로몬의 내실에서 함께 누릴 기쁨을 고대합니다.

코러스

우리는 기쁘고 즐거워.
포도주보다 나은 네 사랑을 칭송하리.

그네들이 널 사랑하는 것도 당연하지. (1:4b)

이때 코러스의 입에서 술람미와 함께 기뻐하는 노래가 터져 나옵니다. 그들은 솔로몬이 위대한 사랑을 나눌 만한 사람이라는 술람미의 생각에 동의하지요(코러스는 가상의 집단이라는 점을 기억하십시오. 여기에서 코러스는 결혼식날에 대한 신부의 회상을 이끌어 내는 데 사용되고 있습니다).

♡ 술람미

오, 예루살렘의 딸들아,
피부는 까매도 나는 아름답단다.
게달의 천막처럼,
솔로몬의 휘장처럼.
까무잡잡하다고 빤히 쳐다보지 말려무나.
햇님이 나를 그을려 놓았단다.
어머니의 아들들이 내게 화를 내면서
날 포도원지기로 삼았지.
하지만 정작 내 포도원은 돌볼 수 없었단다. (1:5-6)

여기서 코러스는 예루살렘의 딸들(궁전의 아가씨들과 솔로몬의 후궁들)로 의인화됩니다. 술람미는 아마도 그들이 자신을 좋지 않은 눈으로 뜯어보고 있다는 것을 느꼈을 것입니다. 그녀는 야외생활로 그을린 자신의 집시 같은 피부색과 도시 처녀들의 밝은 안색을 비교하고 있습니다. 술람미는 자신의 외모가 도시 처녀들과 다르긴 하지만, 그들 못지않게 아름답다고 자신하고 있습니다.

'게달의 천막'은 게달이라는 유목 민족이 사용했던 값비싼 검은 염소털 천막을 가리킵니다. 저녁 무렵의 황금빛 물결에 잠긴 게달의 천막은 눈부시게 아름다웠습니다.

솔로몬의 궁전에는 아름다운 검은 염소털로 만든 진귀한 테피스트리(색색의 실을 엮어서 무늬를 낸 장식용 천-옮긴이)가 걸려 있었습니다. 술람미는 이것과 자기 자신을 비교하면서 본인의 아름다움을 한층 더 강조해서 묘사하고 있습니다.

그리고 이어서 자신을 빤히 쳐다보고 있는 사람들에게 자신이 햇빛을 받아서 이렇게 그을렀다고 설명합니다.

아버지가 살아 있는데 '어머니의 아들들'이라고 표현하는 것은 흔치 않은 일입니다. 만약 술람미의 아버지가 살아 있었다면 '아버지의 아들들'이라고 썼겠지요. 따라서 아버지는 그녀가 어릴 때 죽었고, 엄격한 오빠들은 하루 종일 그녀에게 포도원 일을 시킨 것 같습니다.

술람미가 어디서 자랐는지는 분명하지 않지만, 레바논 산지(4:8)에서 자랐을 가능성이 큽니다. 바알하몬에 있는 솔로몬의 포도원은 슈넴이라는 마을에서 그리 멀지 않습니다. 술람미라는 이름은 이 마을의 이름에서 나온 것일 수도 있습니다. 그렇다면 이 마을이 술람미의 고향일 가능성도 있는 것입니다. 또 '술람미'는 그것에 꼭 들어맞는 남성형 이름인 '솔로몬'의 여성형 이름일 수도 있습니다. (이것은 그녀가 왕의 '짝'이라는 것을 가리키지요). 시인은 말로 쓰여진 이 극(劇)에서 독자들이 이 두 가지 생각을 다 볼 수 있기를 바라는 것인지도 모르겠습니다.

포도원지기였던 술람미는 진짜 자연 그대로의 모습을 지닌 아가씨였습니다. 멋을 낼 수도 없었고 외모를 치장하기 위해 특별한 수고를 기울일 수도 없었지요("내 포도원"이라는 표현을 보십시오). 클레오파트라의 눈이나 양귀비의 살결 같은 것은 그녀에게 없었습니다! 그렇다고 그녀가 단정하지 못했던 것은 결코 아니라는 점에 주목하십시오. 만약 술람미가 단정하지 못했다면 솔로몬은 처음부터 그녀를 거들떠보지도 않았을 것입니다. 중요한 것은 그녀의 아름다움이 꾸며진 것이 아니라 자연스러운 것이었다는 사실입니다.

술람미

말씀해 주세요, 오, 내 영혼으로 사랑하는 그대,
어디에서 양 떼를 치고 계신가요?
정오에는 어디에서 양 떼를 쉬게 하시나요?(1:7a)

술람미는 지금 곁에 없는 연인에게 생각 속에서 말을 걸고 있습니다. 그녀가 솔로몬을 목자라고 부르는 이유는 세 가지로 생각해 볼 수 있습니다.

첫째로 시골 처녀인 술람미에게는 양 떼를 세심하게 돌보면서 천천히 들판을 걸어가는 목자들의 모습이 익숙합니다.

둘째로 바알하몬에 있는 포도원에서 두 사람이 처음 만났을 때, 솔로몬은 왕복 대신 시골길 행차에 어울리는 비교적 가벼운 옷을 입고 있었을 가능성이 있습니다. 그랬다면 목자와 비슷해 보였을 수도 있지요.

셋째로 술람미는 솔로몬을 이스라엘 민족이라는 양 떼를 돌보는 목자로 생각하는 것일 수도 있습니다(성경은 종종 나라를 다스리는 일을 '양을 친다'는 말로 표현하곤 합니다. 솔로몬은 메시아를 예표하는 인물 가운데 한 사람입니다. 메시아는 나중에 요한복음 10장에서 '선한 목자'로 나타나고 있습니다. 에스겔 34장 12-15절도 참고하십시오).

지금 술람미의 회상 속에서 솔로몬은 그의 백성들을 다스리는 일에 전념하기 위해 그녀 곁을 떠나 있습니다. 술람미는 결혼에 대해 생각하면서 장래 남편의 일에 관해(그를 사랑한다면 그의 일도 사랑해야 하니까요) 숙고하고 있습니다. 결혼하고 나서 남편이 필요할 때 그가 있는 곳을 찾아 낼 수 있을까요? 그는 나라의 필요뿐 아니라 그녀의 필요도 챙겨 줄 수 있을까요? 술람미는 심각한 자신의 고민을 표현하고 있습니다.

술람미

제가 왜 베일로 얼굴을 가린 여자같이 되어야 하나요?
그대 벗들의 양 떼 곁에서 말이에요. (1:7)

베일로 얼굴을 가린다는 것은 손님을 찾기 위해 얼굴을 두텁게 가리고 거리를 돌아다니는 창녀의 관습을 가리키는 말입니다.

술람미는 자신이 그를 찾아 나설 경우 그 지방의 예법을 어기게 될 것이며, 솔로몬의 친구들을 포함해서 다른 남자들의 관심을 끌

수도 있다는 점을 솔로몬에게 은근히 경고하고 있습니다. 정숙치 못한 여자로 보이거나 다른 남자의 호감을 불러일으킨다는 생각 자체가 술람미에게는 도덕적으로 혐오스러운 일입니다. 술람미는 오직 한 남자만 사랑하고 있으며, 다른 남자에게 관심을 가질 수 있다는 생각조차 하고 싶지 않은 것입니다.

코러스

여인 중에 가장 아름다운 여인아,
그것을 모르겠거든
양 떼의 흔적을 따라가
목자들의 천막 곁에서
네 어린 염소를 먹이려무나. (1:8)

솔로몬과 결혼하려면, 그가 자주 나라 일을 해야 하고 그럴 때는 그녀 곁에 올 수 없다는 사실을 알아야 한다고 코러스는 충고하고 있습니다. 만약 이 사실을 받아들일 수 없다면 그와 결혼하지 말고 집으로 돌아가 목자들과 더불어 시골 처녀로 사는 편이 더 나을 것입니다.

피로연장에서 회상 장면 2(1:9-14)

고대 이스라엘에서는 결혼식날에 으레 잔치를 베풀었습니다. 우리는 지금까지 결혼 당일에 술람미의 속마음이 어떠했는지를 엿보았습니다. 이제 시인은 술람미가 피로연장에서 연인에게 몸을 기댄 채 나누는 사적인 대화 내용으로 우리의 시선을 끌어 갑니다.

솔로몬

내 소중한 사람, 나에게 그대는
파라오의 전차를 끄는 암말 같아.
그대의 뺨은 장신구로,
그대의 목은 구슬꿰미로 사랑스러워.
우리, 그대를 위해
은구슬 박은 금장신구를 만들어 주리. (1:9-11)

솔로몬은 신부가 자신의 말처럼 아름답다고 칭찬합니다. 우리가 듣기에는 그렇게 기분 좋은 말이 아니지만, 술람미의 귀에는 음악처럼 아름답게 들렸습니다! 당시 동양에서 말은 짐스러운 가축이 아니라 제왕들의 소중한 동반자였습니다. 솔로몬은 말들을 사랑했는데, 그 중에서도 이집트 산 말들을 특별히 아꼈다고 합니다. 그에게는 전차가 1,400대에 마병이 무려 12,000명이나 있었습니다(왕상 10:26). 그의 암말은 헤아릴 수 없이 많은 말들 중에서도 빼어나게 아름다운 말이었음에 틀림없습니다. 그러니까 솔로몬은 술람미를 가장 빼어난 사람이라고 말하고 있는 셈입니다.

솔로몬은 술람미를 '내 소중한 사람' 이라고 부르고 있는데, 이 말은 히브리어로 'vaghāh' 입니다. 이 단어에는 '보호하다, 아끼다' 라는 뜻과 '정사를 나누며 즐거워하다' 라는 이중의 뜻이 있습니다.[3] 따라서 솔로몬은 이 단어를 사용하여 술람미를 부르면서, 그녀와 사랑을 나누고 싶다는 욕망을 표현하는 동시에 그녀를 보호하고 아끼는 사랑의 마음을 전하고 있는 것입니다.

솔로몬은 술람미가 걸친 보석들이 아름답다고 칭찬하지만, 한편으로는 자신이 금과 은으로 훨씬 더 귀한 구슬과 장신구들을 만들어 주겠다고 약속합니다. 솔로몬이 결혼한 뒤에도 계속해서 소소한 선물과 사랑의 표현들을 잊지 않겠다고 약속하고 있다는 점에 주목하십시오.

♡ 술람미

왕이 그의 식탁에 앉아 계실 때
나의 향수가 향내를 풍겼다네.
내 사랑하는 이는 내 품 사이에 밤새 품은
몰약 주머니 같아.
내 사랑하는 이는 내게 엔게디 포도원에 핀
헤너꽃 한 무더기 같아. (1:12-14)

여기서 말하는 식탁이란 긴의자에 반쯤 누운 자세로 음식을 먹는 일종의 원탁입니다.[4] 또 이 향수는 나드(개역성경에는 '나도' —옮긴이)라는 아주 값비싼 향수인데, 술람미는 이 나드를 온몸에 바르고 있습니다. 술람미는 의자에 누워 식사를 하는 동안 왕에게로 풍겨 나가는 자기의 향내를 그를 향한 사랑의 표현으로 보고 있습니다.

동방의 여인들에게는 몰약이라는 향료가 든 조그만 주머니를 밤마다 목에 걸고 자는 관습이 있었습니다. 그러면 다음날 하루 종일 아름다운 향기가 배어 있게 되지요. 술람미는 솔로몬을 그 작은 몰약 주머니에 비유하고 있습니다. 그녀가 지닌 아름다움과 매력은 모두 그로부터 나오는 것입니다. 그의 사랑은 술람미의 아름다움(향내)을 하루 종일 생생하게 지켜 줍니다.

노란빛과 흰빛이 섞인 헤너꽃(개역성경에는 '고벨화' –옮긴이) 다발은 몸치장에 흔히 쓰였습니다. 술람미는 솔로몬을 '사랑하는 이'라고 부르는 특권을 누리는 것이 그녀에게는 곧 자신을 아름답게 꾸며 주는 장신구와 같다고 말합니다. 엔게디는 솔로몬이 사해 서쪽에 있는 언덕에 가꾼 포도원의 지명입니다. 그곳은 사막 한가운데 자리잡은 오아시스였습니다. 솔로몬은 술람미에게 오아시스처럼 청량한 사람이었던 것입니다.

이 시대의 아가

아가서의 첫 단락(1:1-14)에는 20세기에 활용할 수 있는 실용적인 정보가 풍부하게 담겨 있습니다. 아가서에서 우리는 결혼을 앞둔 술람미가 첫날밤을 기대하면서 미래의 남편에 대해 즐거운 생각을 하고 있는 모습을 볼 수 있습니다. 술람미는 분명히 성관계에 대한 두려움이나 '성관계는 더럽고 부도덕하고 고통스러운 것'이라는 선입견을 가지고 있지 않았습니다.

이것은 아가서의 요지(要旨)를 결정합니다. 즉 남자와 여자가 몸으로 나누는 사랑은 하나님 아버지 앞에 올바르면서도 아름답다는 것입니다. 술람미는 자신이 얼마나 들떠 있었으며, 결혼식날 남편과 나눌 사랑을 얼마나 고대했는지를 회상하고 있습니다. 그녀는 남편에게 '거룩한 욕망'을 품고 있었던 것입니다.

결혼의 대가 계산하기

술람미는 지혜로웠기 때문에, 어떤 일을 하기 전에 그 대가를 확실히 알아보아야 한다는 사실을 잘 알고 있었습니다. 술람미는 솔로몬 왕과 결혼하는 일을 놓고 깊이 생각하는 가운데, 상상 속에서 자기 자신과 무수한 대화를 나누었을 것입니다. 그 대화를 요즘 말로 표현하면 다음과 같이 되겠지요.

"와! 내가 솔로몬 왕과 결혼하다니! 슈넴 처녀들이 이 소식을 들으면 뭐라고 할까? '술람미 왕비'라니, 정말 듣기 좋은 말 아니니?"

"잠깐! 네가 서두르는 이 결혼은 예루살렘 무료여행이 아니라는 점을 기억해! 솔로몬은 평범한 목자가 아니라 왕이야! 온 이스라엘의 목자라구."

"네 말은 그이가 내 눈을 바라봐 주고 나를 주인공으로 연애시를 쓰는 일에 시간을 다 바치지 않을 거라는 뜻이니?"

"바로 그거야. 그는 몇 시간씩 집을 비울 때가 많을 거야. 때로는 며칠씩 비우기도 하겠지. 그땐 누가 너를 돌봐 주지? 왕궁에 있는 예쁜 여자들이 널 날개 아래 고이 품어 주리라고 생각하는 건 아니겠지?"
"나도 알아. 하지만 나는 왕비가 되는 거야. 그 사람들을 다 돌보는 것이 바로 내 일이라고."
"하지만 사람들은 네가 실수라도 하면 사정없이 몰아붙일 심산으로 널 주시할걸. 또 멋있게 생긴 여자들은 네가 과연 그 틈에서 '돋보일' 가능성이 있는지 없는지 금세 확인시켜 줄 거야."
"여기서는 숲속을 거닐면서 위로를 얻을 수 있지만 왕궁에는 레바논 백향목 한 그루 없겠지? 대리석 기둥 사이를 스치는 바람 소리나 좋아하는 법을 배우면서 살게 될지도 몰라……."
"소박한 전원생활이 영영 끝나 버리는 거지! 결혼 잔치가 끝나는 순간부터 네 인생은 새로운 방향으로 나아갈 테고, 넌 다시는 돌아올 수 없어. 다시 돌아온다는 게 쉽지 않으리라는 건 너도 확실히 알고 있잖니?"
"알아. 어쩌면 나는 염소치기 게셀한테 더 어울리는 아내감일지도 몰라."
"하지만 반대로 솔로몬은 널 여왕처럼 대해 주지. 너도 알다시피 솔로몬은 정략적으로 너랑 결혼한 게 아니니까. 그는 생각이 깊고 부드럽고 친절하고 사려 깊고 강하고 지혜로운 데다가 부드러운 마음씨를 가졌지. 그리고 정말 너를 사랑해!"
"세상에, 그 사실을 그만 잊을 뻔했네!"

"네가 산을 그리워하리라는 것쯤은 솔로몬도 알고 있을 거야. 그리고 처음부터 네가 궁전생활에 편안하게 적응할 거라고 생각하지도 않겠지. 그가 시골로 여행을 보내 주겠다고 약속한 걸 잊지 마. 게다가 궁전에 아주 특별한 장소를 준비해 놓았다고 넌지시 언질을 주기도 했잖니?"
"아, 아무튼 마음의 결정을 내려야겠어. 나한테 익숙한 생활과 솔로몬, 둘 중에 하나를 선택해야만 해. 둘 다 가질 수는 없으니까. 어느 쪽에 내 마음을 바쳐야 할까?"
"차라리 없으면 못 살 것 같은 쪽이 어디냐고 묻는 게 좋겠어. 그런 다음 네 선택에 철저히 헌신하는 거야. 하지만 한 번 선택하면 돌이킬 수 없으니까 깊이 생각해서 결정해야 해."
"고마워. 내게 꼭 필요한 충고였어."

술람미는 이미 결혼 전에 앞으로 헌신해야 할 삶이 어떤 것인지 분명히 이해하고 있기 때문에 자신의 의지로 결단을 내릴 수 있었습니다. 그녀는 감정에 휩쓸려 객관적인 것을 보는 눈을 잃지 않았습니다. 따라서 힘겨운 상황이 닥쳐오더라도 기꺼이 맞이할 마음의 준비가 되어 있었지요. 무엇을 얻고 무엇을 잃을지 꼼꼼히 따져 보고 결정을 내렸기 때문에 자기 앞에 놓인 삶에 지나친 기대를 걸지도 않았습니다.

사랑을 하게 되면 관계를 맺게 되는데 이 사랑의 관계가 항상 평탄하기만 한 것은 아닙니다. 그렇기 때문에 그 관계에서 치러야 할 대가를 또렷한 정신으로 찬찬히 따져 보는 일이 필요합니다. 결국 더 좋아지거나, 더 나빠지거나 둘 중에 하나일 것입니다. 여러분도 자기 자신에게 물어 보십시오. '내가 사랑하고 있는 사람의 직업과 생활양식을 포용하며 살 수 있을까?' 하고 말입니다.

남편이 영업사원인데 집에 혼자 있는 게 견딜 수 없이 싫을 경우, 혼자 있는 시간을 활용할 방법들을 찾아낼 자신이 있습니까? 당신은 아내가 살림에 전념하기 바라는데 아내는 은행 일을 즐기고 사랑할 경우, 아내와 상의해서 원만한 결론을 이끌어 낼 수 있습니까? 남편이 의사라면, 새벽 3시에 응급호출을 받고 집을 나서야 할 수도 있는데 그때 기분 좋게 커피 한 잔을 건네며 입맞춤으로 전송해 줄 수 있습니까? 또 남편이 목사라면, 어항에 든 금붕어 보듯이 당신의 일거수 일투족을 빤히 주시하며 '사모다운' 행동이 이러니 저러니 충고하는 사람들에게 고맙다고 인사할 수 있습니까? 사랑하는 이가 브라질의 밀림에 사는 부족들에게 선교하고자 할 경우, 당신은 집과 가족과 조국을 떠나 하나님께서 인도하시는 곳으로 그를 따라갈 수 있습니까?

19세기에 중국의 선교사로 일한 허드슨 테일러는 자기 약혼녀가 하나님께서 부르시는 땅인 중국으로 떠나는 일을 탐탁치 않게 여긴다는 사실을 알게 되었습니다. 그는 자신의 감정에 따라 중국을 포기하고 그녀와 결혼하든지, 하나님의 인도에 따라 약혼녀를 버리고 중국으로 가든지 둘 중에 하나를 선택해야 했습니다. 그는 주님을 택했습니다. 하나님께서는 그의 선택을 축복하셔서, 그의 선교사역이 풍성한 결실을 맺게 해 주셨으며 아낌없는 후원으로 사역을 도와줄 아내도 주셨습니다.

그리스도께서는 이렇게 말씀하셨습니다. "너희 중에 누가 망대를 세우고자 할진대 자기의 가진 것이 준공하기까지에 족할는지 먼저 앉아 그 비용을 예산하지 아니하겠느냐? 그렇게 아니하여 그 기초만 쌓고 능히 이루지 못하면 보는 자가 다 비웃어 가로되 '이 사람이 역사를 시작하고 능히 이루지 못하였다' 하리라"(눅 14:28-30). 여기 나오는 망대를 포도원의 망대로 보아도 좋을 것 같습니다. 포도원지기였던 술람미는 비용을 따져 보는 법을 잘 알고 있었고, 자기가 알고 있는 대로 실천했습니다.

이처럼 앞으로 배우자가 될 사람의 직업과 관련된 문제들을 모두 고려해 본 뒤 이해할 수 있으리라고 믿고 결혼했는데, 결혼 후에 배우자가 마음을 바꾸어 다른 일을 하겠다고 할 경우에는 어떻게 해야 할까요? 이것은 전혀 예상치 못했던 일인 데다가 당신은 마음의 준비가 되어 있지 않습니다. 게다가 배우자가 새로 시작하려는 일이 도저히 당신을 행복하게 해 줄 것 같지가 않을 때 어떤 태도를 취해야 할까요?

바로 이때 사랑의 힘이 필요합니다. 이런 상황에 처했을 때 아내는, 남편이 두 손을 들 때까지 마구 불평하며 바가지를 긁을 수도 있고, 의무감으로 체념한 채 남편의 뜻을 따를 수도 있으며, 주어진 상황에 감사하면서 주님께 모든 것을 맡길 수도 있습니다.

또 남편은, 지금부터 이러저러한 일을 하겠다고 아내에게 독재자처럼 선언할 수도 있고, 징징 짜거나 바가지 긁는 꼴은 도저히 못 참는다고 윽박지를 수도 있으며, 주님께 결정을 맡기고 아내의 감정을 고려해서 자기가 최선이라고 생각하는 길을 선택할 수도 있습니다.

정숙함으로 예비하기

남편이 자주 집을 비우리라는 것을 잘 아는 술람미는 혹시 자기가 나서서 그를 찾아야 할 일이 생기면 어떻게 하나 걱정합니다. 오직 "베일로 얼굴을 가린 여자"만, 즉 창녀만 남자를 찾아 거리로 나서는 법입니다. 정숙한 여인들은 집 안에 앉아 남자가 오기를 기다립니다. 술람미는 자기가 솔로몬을 찾아 나서면 다른 남자들이 오해하고 자기에게 접근할까 봐 두려워했습니다. 왕비의 얼굴을 모르는 사람은 없을 테니 창녀로 오해받을 리야 없겠지만, 왕비가 홀로 남아 외로워한다는 사실이 알려지면 이를 이용하려는 남자들의 손길이 뻗칠지도 모르는 일이기 때문입니다.

그래서 술람미는 혹시라도 죄악을 부를 만한 옷차림을 한사코 피하려고 합니다. 오늘날 여성들은 술람미의 이런 점을 본받아야 할 것입니다. 술람미가 살던 시대의 밤거리 여인들의 특징은 베일을 두텁게 둘러쓰는 것이었습니다. 오늘날에도 남자들은 옷차림을 보고 윤락녀들을 알아봅니다. 이처럼 적극적으로 나서서 남자들을 유혹하는 여자들도 있지만, 도발적인 옷차림을 하고서도 정작 자신은 그 사실을 모르는 여자들도 있습니다. 그러나 남자들은 그 속뜻을 알아챕니다. 지나치게 깊이 파인 목선, 지나치게 짧은 치마길이, 또는 전체적으로 몸에 꼭 달라붙는 옷은 인구의 절반을 차지하고 있는 남자들의 주목을 끌게 마련입니다.

최근에 어느 신문의 사설란에는 여성들이 쇼핑할 때 입는—혹은 입지 않는—옷차림에 대해 불만을 토로한 한 구두판매원의 글이 실렸습니다. 어느 젊은 처녀가 속이 훤히 비치는 블라우스에 브래지어도 하지 않았는데, 그녀 곁에는 아버지가 동행하고 있었다는 것입니다.

야한 옷차림이 우리 사회에서 점점 더 보편화되고 있긴 하지만 그래도 야한 것은 야한 것입니다. 예나 지금이나 남자들은 시각적인 자극을 통해 흥분하므로, 흥분할 거리를 잔뜩 던져 주는 여자를 남자들이 지분거리더라도 놀랄 일은 아닙니다. 그걸 원한다면 야한 옷을 입으십시오. 그러나 원하지 않는다면 그런 옷을 입지 마십시오.

관점 바꾸기

우리 대부분은 자기 마음에 들지 않는 부분들을 갖고 있습니다. 이런 결점들은 불변의 가치라는 관점에서 보면 대체로 하찮은 것이지만, 마음에 크나큰 상처를 남길 수도 있습니다. 그런데 알고 보면 이런 '결점'들은 진짜 흠이 된다기보다는 단순히 그 사회의 관점에서 볼 때 '비정상적'인 것이거나 용인되지 않는 것인 경우가 많습니다.

예를 들어 술람미가 살던 사회에서는 궁전의 여인들이 여름 햇빛에 그을린 거칠고 까무잡잡한 피부를 갖는 것은 유행에 어긋나는 일이었습니다. 자칫 사회에서 따돌림을 당할 수도 있는 이런 결점을 대하는 술람미의 태도는 우리에게 큰 가르침을 줍니다. 그녀는 자신의 결점에 특별한 가치를 부여합니다. 술람미에게 까만 피부는 오히려 참된 부를 상징합니다. 술람미는 자신의 결점을 사회에서 귀한 것으로 떠받드는 물건들, 예컨대 값비싼 휘장이나 아름다운 검정 염소털 천막 등에 견주고 있습니다. 사회적으로 용납되지 않는 결점을 오히려 진정 값진 것으로 바꾸고 있는 것입니다. 모든 것은 보는 사람의 관점에 달려 있습니다.

설사 진짜 결점이 있다 해도 하나님의 눈으로 보면 참된 부유함의 근원이 될 수 있습니다. 바울이 말한 '가시'가 그런 경우입니다. 이 가시가 기형을 초래하는 눈병이라고 주장하는 이들도 있습니다만, 정체야 무엇이든 간에 그 가시 때문에 바울은 하나님께 의지하는 법을 배웠고, 그 가시 때문에 기뻐했습니다(고후 12:7-10).

얼마 전, 손발이 기형인 아들을 둔 아버지를 만난 적이 있습니다. 그 아들은 태어날 때부터 발가락 몇 개가 붙어 있었습니다. 아들로서는 난처한 일이 한두 가지가 아니었습니다. 그의 친구들은 기회가 있을 때마다 이 '결점'을 은근슬쩍 짚고 넘어갔습니다.

그러나 그의 아버지는 이 문제를 아주 유익한 방식으로 다루었습니다. 아버지의 도움으로, 아들은 자신의 결점이 예수님의 형상으로 만들어 가시려는 하나님의 애정 깊은 목적 때문에 허락된 것임을 알게 되었습니다(롬 8:28-29). 그리하여 이 결점은 사랑의 하나님께서 예비하신 특별한 계획의 일부분으로서, 하나님의 특별한 관심과 소유하심의 상징이 되었습니다. 결점이 하나님께서 그의 인생에 주시기 원하시는 참된 부요함을 상징하게 된 것입니다.

약간 다른 관점에서 이야기해 볼까요? 한 인디언 소녀를 입양한 할아버지는 그 소녀를 '공주님'이라고 불렀습니다. 인종적 편견이 지배하던 불행한 시절에 살았던 이 어린 소녀는 자신의 검은 피부를 '공주'라는 특별한 지위의 상징으로 인식하며 자랐습니다.

60년대 후반 대학가에서 활동할 때, 당시 흑인 학생들 사이에 새롭게 유행하던 옷차림을 눈여겨 본 적이 있습니다. 검은 피부색은 '불완전한 것'이며, 곱슬머리는 보기 흉하다는 백인사회의 가르침에 오랫동안 젖어 있던 흑인여성들은(남성들도) 자신들의 인종적 특질에 대한 깊은 열등의식을 키워 오고 있었습니다. 그런데 이들은 마침내 슐람미처럼 이 문제를 똑바로 바라보게 되었습니다. 그들은 백인사회가 무시한 것들에 특별한 가치를 부여했습니다. 흑인여성들은 여왕처럼 당당한 아프리카의 조상들처럼 옷을 차려입기 시작했고 머리카락을 곧게 펴는 일을 그만두었습니다. 곱슬머리와 검은 살결은 누구에게나 떳떳이 자랑할 만한 혈통의 상징이 되었습니다.

자신의 성격이나 유전적 특질, 또는 신체나 지능면에서 가장 마음에 걸리는 그 부분이 사실은 하나님께서 당신의 삶에 이루기 원하시는 특별한 목적을 보여 주는 지표라고 느낀 적이 있습니까? 그 결점들을 하나님의 사랑을 나타내는 특별한 표시로 생각할 수 있습니까?

부부간의 사랑 표현하기

이 회상 부분에서 우리는 사랑과 보호의 관계에 대한 통찰을 이끌어 낼 수 있습니다. 솔로몬은 술람미를 "내 소중한 사람"이라고 부르면서, 그녀에 대한 욕망을 보호자 같은 사랑과 아끼는 마음에 연결짓습니다.

보호와 사랑은 늘 동반되는 법입니다. 보호받고 있다는 느낌은 여성에게 꼭 필요한 것입니다. 보호받고 있다는 느낌은 여성에게 안정감을 주며, 여성은 마음이 편안해지면 편안해질수록 더더욱 거리낌없이 사랑할 수 있게 되기 때문입니다. 남편의 사랑과 보호의 손길 아래 안정감을 느끼고 있는 여성은 남편과의 성관계에서 큰 기쁨을 느끼는 경우가 아주 많습니다.

선물

솔로몬은 연인에게 은구슬과 금장신구로 작은 '사랑의 선물'을 하겠다는 뜻을 슬며시 비칩니다. 대부분의 여성에게는 작은 선물들이 큰 의미를 지니게 마련인데, 이런 선물이 꼭 금이나 은일 필요는 없습니다(물론 그런 선물을 할 수도 있지요). 선물은 두 사람의 관계에 로맨스를 더해 줍니다. 주례가 "이제 두 사람이 부부가 되었음을 선포합니다"라고 말하는 순간 로맨스는 죽어 버린다고 말한 사람이 도대체 누구일까요?

선물은 무엇이든 좋습니다. 만약 당신이 남자라면, 아내의 목욕시간을 위한 향비누나 거품목욕제, 또는 목욕용 오일을 선물하면 어떨까요? 아니면 침실에 켜 둘 향초나 집에 가는 길에 꺾은 들국화, 달콤한 사랑의 말이 적힌 카드(걱정 말고 전해 주세요. 아내가 아주 좋아할 겁니다!), 함께 커피를 마실 때 쓸 찻잔 한 쌍, 아내에게 입히고 싶은 속옷, 또는 아내를 위해 쓴 사랑의 시 한 편도 좋습니다. 상상력을 발휘해 보십시오! 최고의 선물은 아무런 다른 이유 없이 그저 '사랑해' 라는 말을 전하기 위해 주는 선물입니다.

언젠가 외출했다가 집에 들어온 제 아내는 돈이 가득 든 봉투와 함께 '마음에 드는 시계를 사 주려고 틈틈이 모아 둔 돈' 이라는 요지로 내가 쓴 시 한 편을 발견했습니다. 아내는 무척이나 고마워했습니다. 특별히 선물을 할 만한 '사건' 이 없었다는 데 더 감명을 받는 눈치였습니다. 하긴 그날이 2월 3일이었으니까 열하루 뒤가 밸런타인데이(막상 그날 저는 그 사실을 까맣게 잊고 있었습니다)였지요!

향기

고대인들은 사랑을 나눌 때 오감을 전부 활용할 수 있도록 특별한 주의를 기울였습니다. 술람미의 회상에서 알 수 있듯이, 그들은 특히 향기를 중요하게 생각했지요.

솔로몬과 술람미의 신방은 어떤 모습이었을까요? 아마포와 명주로 지은 아름다운 커튼이 벽에 드리워 있고, 그 커튼에 뿌려 둔 향기로운 분이 온 방을 에로틱한 향기로 가득 채웠을 것입니다. 옷과 침대보에도 분을 풍성히 뿌려 놓았을 뿐 아니라, 두 사람의 몸에도 향기로운 로션을 바르고 있습니다. 여기에 더해 향불까지 피워 놓아서 방 안은 향기로운 연기로 가득 차 있습니다(한마디로 숨이 막힐 지경이었을 것입니다!).

이런 절차들이 과도하게 보일지 모르겠습니다만, 정도만 약간 낮추면 즐거울 수도 있습니다. 당신이 남자라면 하룻밤 아이들을 재워 주고 손수 설거지를 하면서 아내를 위해 특별한 목욕물을 받아 주십시오. 아내가 몸을 푹 담그고 쉬면서 굳어진 근육을 풀게 해 주는 것입니다. 아내가 편안히 쉬는 동안 아가서를 읽도록 건네 주십시오. 목욕물에는 방향오일을 몇 방울 떨어뜨리고 목욕탕에는 향초를 켜 두십시오. 침실에 은은한 향불을 피워서 로맨틱한 분위기를 만들 수도 있습니다. 이제 우리 그리스도인 형제들도 가정에서 신성한 상상력을 발휘해 볼 때가 되었다고 생각합니다.

첫날밤을 위한 준비물 - 촛불, 그리고 비누 거품

다음에 나올 회상에서 솔로몬과 술람미는 첫날밤을 보내기 위해 피로연장을 떠나 신방으로 향합니다. 처음 사랑을 나누고자 하는 신혼부부가 몇 가지 알아야 할 점이 있습니다. 아주 많은 신혼여행이 끔찍한 불화로 막을 내리는 이유는 바로 성적인 문제에 대한 이해 부족이나 비현실적인 기대, 또는 심리적 공포 때문이라는 것입니다.

저는 신혼부부들에게 허버트 J. 마일즈(Herbert J. Miles) 박사의 《결혼생활에서 누리는 성적인 행복》(*Sexual Happiness in Marriage*)을 권하고 싶습니다. 마일즈 박사는 민감하면서도 지극히 현실적인 그리스도인 상담자로서, 신혼 첫날밤의 성적 기교에 대해 훌륭한 논의를 전개했습니다. 또 팀 라헤이(Tim LaHaye)는

《결혼이라는 것》(Act of Marriage)에서 부부가 처음 나누는 성행위를 탁월하면서도 세심하게 설명하고 있습니다. 특히 신혼 첫날밤에 관한 많은 현실적인 충고들은 신혼부부에게 상당히 큰 도움이 될 것입니다(결혼한 지 몇 년 된 부부들에게도 물론 좋습니다!).

결혼식을 치렀다고 해서 스물 몇 해 동안 정숙함을 강조해 온 신부의 의식이 자동적으로 사라지는 것은 아닙니다. 마일즈 박사의 보고에 따르면, 다섯 명 중 한 명의 신부는 신혼 첫날밤에 신랑 앞에서 옷을 다 벗기가 너무 거북해서 그렇게 하기를 거부했다고 합니다.

저는 미혼남녀에 대한 상담 사역을 맡고 있는 훌륭한 그리스도인 상담자를 알고 있는데, 그는 신혼 첫날밤을 앞둔 젊은 연인들에게 이런 제안을 합니다. 숙소에 도착하면, 먼저 욕조에 거품 목욕물을 충분히 받습니다.[5] 그리고 신랑이 다른 방에 있을 때 신부가 먼저 욕조에 들어갑니다. 목욕탕의 다른 불들은 전부 끄고 촛불만 하나 밝혀 두면, 따뜻하고 로맨틱한 분위기가 될 것입니다. 두 사람이 함께 목욕물에 몸을 담그고 쉬면서 그날의 일을 서로 이야기하고 이런저런 대화를 나눌 수도 있고, 더 나아가 서로를 선물로 주신 하나님께 감사기도를 드릴 수도 있습니다. 이렇게 서로 마음을 털어놓고 하나가 되는 사이, 결혼식날의 긴장이 따뜻한 물에 씻겨 나갈 것입니다. 그리고 거품이 신부의 몸을 덮어 주기 때문에 창피한 마음도 조금은 덜할 것입니다.

그리고 나서 거품으로 몸을 가린 채 물 속에서 서로를 부드럽게 자극해 주기 시작하는 것입니다! 성적 흥분과 기대감이 고조되면,

처음의 거리낌은 눈녹듯이 사라지고 훨씬 더 자연스럽게 침실로 옮겨 갈 수 있습니다. 결혼식 몇 주 뒤에 이 상담자에게 전화를 걸어 "거품 목욕을 가르쳐 주신 주님께 찬양을! 너무도 훌륭한 방법이었답니다. 정말 감사드려요"라고 말하는 젊은 신부들이 수도 없이 많았다고 합니다.

유대의 어머니들이 새신랑과 첫날밤을 보내는 법을 딸들에게 어떻게 가르쳤는지 알 길은 없습니다만, 적어도 술람미에게 심각한 거리낌이나 부정적인 태도가 전혀 없었다는 것은 분명합니다. 다음에 이어지는 회상에서, 우리는 자신감에 차 있을 뿐 아니라 몸으로 나누는 사랑에 대해 건강하고 긍정적인 태도를 지닌 성숙하면서도 예민한 젊은 여인을 만나게 됩니다.

3
친밀감이 무르익는 신방에서

회상장면 3 아 1:15-2:7

왕과 왕비는 피로연장을 떠나 신방에 들었습니다. 고대사회에는 왕이 새신부를 위해 특별한 침실을 짓는 관습이 있었습니다. 신방에 든 솔로몬은 술람미를 칭송하면서 사랑의 행위를 시작합니다(1:15). 술람미는 더 큰 칭송으로 응수합니다(1:16-2:1). 솔로몬은 자신을 칭송하는 술람미를 더욱더 칭송하며(2:2), 술람미 또한 이를 능가하는 찬사의 말로 대답합니다(2:3). 이렇게 연인들은 서로의 아름다움을 점점 더 강하게 묘사하면서, 서로의 매력을 극구 칭찬하고 있습니다.

저자가 이렇게 점차 강도를 더해 가는 찬사를 열거하는 것은, 사랑의 행위가 진전되면서 점차 고조되고 있는 두 사람의 정열을 나타내려는 의도 때문일 것입니다. 이 찬사들은 결국 건포도빵과 사과(성적인 사랑의 상징)로 힘을 북돋아 달라는 술람미의 요청과 상사병(성적인 열정)이 났다는 호소, 안아 달라는(애무해 달라는) 요청(2:5-6)으로 마무리되는데, 이것을 보아도 앞서 말한 저자의 의도를 확인할 수 있습니다.

하지만 이 부분을 본격적으로 이야기하기 전에, 이쯤에서 잠시 숨을 돌리면서 아가서 첫 부분의 세 회상을 결혼식날에 국한된 것으로 볼 수 있는 근거부터 몇 가지 짚어 보는 것이 좋겠습니다.

첫날밤을 기대하는 술람미

처음 세 회상에는 기대와 충족이라는 주제가 나타나 있습니다. 1장 1절부터 8절까지에서 남편과 침실에서 함께 있게 되기를 갈망하던 술람미는 1장 15절부터 2장 7절을 보면 신방에 남편과 함께 있게 됩니다. 또 1장 3절과 4절에서 왕의 애무를 기다리던 술람미는 2장 6절에서 실제로 그의 손길을 받게 되며, 1장 4절에 표현되어 있는 성교의 기대는 2장 4절부터 6절까지에서 충족되고 있습니다. 만약 결혼 전에 이런 생각을 가졌다고 한다면 아가서뿐만 아니라 성경 전체의 윤리가 완전히 무너지겠지만 결혼식날 사랑하는 이를 향해 기대와 갈망을 품는 것은 아주 당연한 일입니다. 따라서 처음에 나오는 이 세 가지 회상은 기대와 충족이라는 모티프를 통해 결혼식날을 묘사하는 하나의 단위로 묶여 있다고 보아야 할 것입니다.

연회장의 식탁에 대한 묘사(1:12)는 결혼피로연과 아주 잘 어울립니다. 아가서의 주제는 구애와 결혼식과 결혼이기 때문입니다.

그러므로 여기 나오는 연회장이 아무 뜻 없는 평범한 연회장을 의미했을 리가 결코 없습니다.

아가서에는 성적 친밀감에 대한 묘사가 상당히 많은데, 이 묘사들은 결혼 전의 관계에는 전혀 어울리지 않는 것들입니다. 술람미는 2장 6절에서 솔로몬에게 안아 달라고 합니다. 대부분의 히브리어 학자들은 이 말이 '성적으로 자극하다, 애무하다' 라는 뜻이라는 데 동의합니다.[1] 흥미롭게도 크레이머는 기원전 2000년경에 쓰인 연시들에서 유사한 구절을 발견했습니다. 수무지 이난나 (Sumuzi-Inanna)의 로맨스에는 "그대는 오른손을 제 음문에 놓으시고, 왼손으로는 제 머리를 쓰다듬으셨지요"라는 구절이 나옵니다.[2] 이 두 구절의 유사성은 우연이라고 보기에는 너무나도 직접적인 것으로 보입니다.

술람미는 또한 '사랑 때문에 병이 났다' 고 말합니다. 이것은 성적인 정열로 몹시 들떠 있음을 뜻하는 말입니다.[3] 게다가 건포도 빵과 사과는 흔히 성적 흥분과 관련 있는 것들입니다. 저명한 히브리어 학자인 제스트로우의 의견을 들어 보십시오. "건포도는 그 달콤한 맛 때문에 다음 행에 나오는 사과와 마찬가지로 에로틱한 상징이 된다. 이것은 상사병으로 날로 초췌해지는 처녀를 구할 약이 오직 연인의 애무와 포옹뿐임을 암시한다."[4]

1장 2절을 보면 술람미가 백일몽 속에서 남편이 보여 줄 사랑의 기교를 기대에 찬 마음으로 묘사하고 있는 것이 나타납니다. 그의 사랑은 포도주보다 더 달콤할 것입니다(이것은 미래 시제로 되어 있습니다). 이 부분에서 사랑을 뜻하는 단어는 가끔씩 성행위를 의미

하기도 합니다.[5]

2장 4절에서 술람미는 왕이 '피로연장'으로 그녀를 인도했다고 말합니다. 이 말에 해당되는 히브리어 단어를 직역하면 '포도주의 집'이 됩니다.[6] 이미 눈치챘겠지만 히브리어 용례에서 쾌락과 즐거움으로 가득한 연회에는 무조건 '포도주'라는 말이 붙습니다.[7] 특히 '포도주의 집'은 동방에서 흔히 '신방'이라는 뜻으로 쓰이곤 했습니다.[8] 이렇게 해서 이 대목은 우리를 곧바로 결혼식날 밤으로 안내합니다.

여자로 깨어난 술람미

아가서 8장 5절은 결혼식으로부터 수년 뒤에 일어난 일을 묘사하고 있습니다. 이 대목에서 솔로몬과 술람미는 시골길을 따라 걷다가 한 사과나무 옆을 지나치게 됩니다. 솔로몬은 바로 이 사과나무 아래서 술람미가 처음으로 '눈을 떴다'고 말합니다. 이것은 부부가 몸으로 나누는 사랑의 즐거움을 그녀가 처음으로 알게 되었다는 뜻입니다.[9] 8장 4절과 2장 6절을 볼 때, 이 깨어남은 '애무'와 연관됩니다. 술람미는 2장 6절에서 솔로몬이 '오른손으로 자신의 몸을 품어 주기를' 청한 뒤, 다음 절에서 경솔하게 사랑을 '깨우지 말라'고 주의를 줍니다. 이와 마찬가지로 8장 3절에서도 술람미는 솔로몬에게 '오른손으로 품어 달라'고 부탁하며, 이어서 8장 4절에서 부주의하게 사랑을 '깨우지 말라'고 합니다. 그러자 솔로몬이 이 말을 받아, 바로 이 사과나무 아래에서 자신이 처음으로 술람미를 깨웠다고 대답하는 것입니다(8:5).

이러한 육체적인 애무와의 연관성은 아가서에 나오는 '깨어남'
이라는 것이 곧 성적인 열정의 깨어남을 가리킨다는 사실을 암시
합니다. 게다가 '깨우다' 라는 동사가 이런 형태로 쓰일 때면 언제
나 '격하게 흔들어 깨우다' 라는 의미를 갖습니다(신 32:11). '깨우
다' 로 번역되는 히브리 원어는 구약에서 적어도 한 번은 성적인
열정을 일깨운다는 뜻으로 쓰이고 있습니다(호 7:4). 그 밖에 아가
서에서 술람미가 사과나무 아래에서 깨어난 일과 관련이 있는 대
목은 2장 3절뿐입니다. 8장 5절의 구절로 미루어 2장 3절 역시 성
적인 깨어남을 뜻한다고 볼 때, 처음에 나오는 세 가지 회상들은
모두 신혼 첫날밤에 일어난 일이라는 이야기가 됩니다.

지금까지 시간적 순서를 살펴보았으니, 이제 솔로몬과 술람미
의 첫날밤이 얼마나 아름다웠는지 함께 살펴봅시다. 먼저 기초적
인 구절풀이를 통해 각 상징들의 의미를 짚어 본 뒤에 오늘날의
결혼생활에 적용할 만한 점을 찾아보고자 합니다.

솔로몬과 술람미의 아가

신랑과 신부가 피로연장을 떠나 신방으로 가면서 이어지는 장
면을 보면 친밀감의 농도가 갈수록 짙어지는 것을 알 수 있습니
다. 물론 드러내 놓고 그렇게 말하는 것은 아닙니다만, 1장 16절에
서 두 사람이 누웠던 호화스런 침대를 묘사하는 술람미의 말 속에
은근히 암시되어 있습니다. 그들은 식탁(1:12)에서 침대(1:18)로 자
리를 옮긴 것입니다.

 솔로몬

참 아름다워라, 내 소중한 사람!
참 아름다워라!
그대 두 눈은 비둘기 같아. (1:15)

비둘기는 순수와 순결의 상징입니다. 그리고 눈은 사람의 인격을 비추는 창입니다. 그러므로 솔로몬은 술람미가 아름답고 순수한 여자라고, 즉 처녀라고 말하고 있는 것입니다.

♡ 술람미

참으로 준수하여라, 내 사랑하는 이여,
또 얼마나 상냥한지!
우리의 침상은 진정 호화롭구나!
우리 궁의 들보는 백향목이요
서까래는 잣나무라네.
나는 샤론의 장미,
골짜기에 핀 나리꽃. (1:16-1; 2:1)

침대를 뜻하는 히브리어가 '덮다'라는 동사에서 나왔다는 사실로 미루어 보면, 원래는 시트로 감싸거나 덮개를 씌운 긴의자를 침대로 썼음을 알 수 있습니다. 고대 동방의 군주들 사이에서는 덮개를 씌운 침상을 쓰는 일이 흔했습니다. 당대의 수많은 이집트 벽화에는 파라오와 왕비의 침상 위에 덮개가 씌워 있는 모습이 묘사되어 있습니다. 솔로몬은 세계에서 가장 부유한 사람이었으니, 침상도 당연히 최고로 비싼 소재, 그러니까 공단이나 비단 같은 것으로 만들었을 것입니다.

술람미는 호화로운 침상에 누워서 솔로몬이 얼마나 사려 깊게 배려해서 신방을 지었는지 생각해 봅니다. 솔로몬은 시골 출신인 술람미를 위해 그녀가 사랑하는 푸른 전원과 들판을 떠올릴 수 있도록 애써 자신이 거할 신방을 꾸몄던 것입니다. 백향목 들보로 받친 천장과 잣나무 서까래는 번잡한 도시생활에 등을 돌린 채 두 사람만의 시간을 즐길 수 있는 격리된 공간을 만들어 줍니다. 솔로몬은 왕궁을 거의 모두 레바논 산 백향목 들보로 지었다고 합니다(왕상 7:1-12). 더 나아가 그는 아내를 위해 별도로 궁을 지었습니다.[10]

술람미의 고향인 레바논은 나무들이 빽빽하게 땅을 뒤덮고 있는 숲으로 유명합니다. 이 강인한 백향목들은 성경에 사용되는 이미지들 중에서 군주의 위엄과 긍지를 상징하게 되었습니다. 옛 동방에서는 레바논의 백향목과 침엽수가 가장 훌륭한 재목감이어서 이집트와 메소포타미아, 시리아-팔레스타인의 군주들도 레바논 산 백향목을 얻고자 애를 썼다고 합니다. 그런데 그 중에서도 가장 빼어난 재목들이 티루스(개역성경에는 '두로') 사람 히람의 손을 거쳐 솔로몬에게 왔고, 예루살렘의 성전을 짓는 데 사용되었습니다(왕상 5:6-9).

솔로몬은 아마도 이 재목들 중 일부를 신방을 짓는 데 썼을 것입니다. 술람미는 자신을 전원생활의 고요 속에 피어난 보드라운 꽃에 비유합니다. 샤론은 다볼과 갈릴리 바다 사이에 있는 평야입니다.[11] 예수님이 자라나신 북부 갈릴리 나사렛 근처에 있는 곳이지요(대상 5:16). 샤론의 장미는 잎사귀가 없이 줄기에 꽃만 달린 살색 들꽃으로서, 따뜻한 지역에서는 건초를 베고 난 다음 수천 송이가 한꺼번에 피어나는 모습을 볼 수 있습니다. 겸손하게 자신을 들꽃에 비유하는 술람미는 혹시 자신이 이곳에 어울리지 않는 사람은 아닌지, 솔로몬의 궁에 핀 들꽃에 불과한 것은 아닌지 걱정합니다.

골짜기에 핀 나리꽃은 팔레스타인에서 흔히 찾아볼 수 있는 아름다운 붉은 꽃입니다.[12] 술람미는 왕 앞에서 스스로 겸손하게 낮추면서 자신은 그저 평범한 시골처녀일 뿐이라고 말합니다.

♛ 솔로몬

처녀들 가운데 있는 내 소중한 이는
가시덤불 사이에 핀 나리꽃 같고, (2:2)

솔로몬이 술람미의 비유를 이어받아 전혀 다른 뜻으로 바꾸어 버리는 과정을 눈여겨보십시오. 그는 술람미에 비할 때 예루살렘의 처녀들은 전부 가시덤불 같다고 말하고 있습니다. 호화로운 궁전에 첫발을 들여놓은 술람미는 틀림없이 궁전 여인들('처녀들')의 아름다움에 기가 죽었을 것입니다. 그러나 솔로몬은 술람미의 고결한 인격과 때묻지 않은 처녀의 순결함이야말로 '자기 포도원을 가꾸느라' 여념이 없었던 궁전의 세련된 숙녀들보다 술람미를 더

높은 자리에 올려놓는다고 말합니다.

술람미

청년들 가운데 있는 내 사랑하는 이는
숲속 나무들 사이에 선 사과나무 같아.
나는 그의 그늘 아래 앉아 큰 기쁨을 얻었고,
그의 열매는 내 입에 달디달았네. (2:3)

두 사람이 사랑을 나누는 속도가 한층 빨라지고 있습니다. 이제 그들은 적극적으로 사랑의 유희에 몰두합니다. 술람미는 남편의 에로틱하고 육감적인 사랑의 기교를 칭찬합니다. 근동지역에서는 사과나무가 성적인 사랑을 상징하는 일이 아주 흔했습니다.[13]

이집트의 연가인 '멤피스 시의 노래'에는, 한 남자가 자신의 연인을 두고 "그녀의 가슴은 마치 만드레이크 사과 같아"라고 말하는 대목이 있습니다.[14] 유대인 주석가인 고디스는 "풍요제에 쓰였던 건포도빵(호 3:1)은 사과와 마찬가지로 무의식적인 차원에서 에로틱한 상징으로 쓰였다"라고 지적합니다.[15] 조클러도 사과나무를 성적인 정열의 상징으로 보고 있습니다. "사과나무의 달콤한 열매는 그의 기분 좋은 손길을 뜻하기에 아주 적절하기" 때문입니다.[16]

아가서 전편에서 사과나무는 성애의 상징으로 사용되고 있습니다(8:5 참조). 그러니까 술람미는 솔로몬이 참으로 솜씨 좋은 연인이라고 칭찬하고 있는 셈입니다. 솔로몬은 사랑을 나누는 일에 능숙한 사과나무입니다.

술람미는 방 안의 등불에 드리운 솔로몬의 그림자 아래 앉아(아마 침대 위에 놓인 쿠션에 기댔겠지요), 기쁜 마음으로 "그의 열매"를 맛봅니다. 이 구절에 대해서는 몇 가지 다른 해석들이 있습니다.

어떤 이는 사과가 지친 여행자에게 기운을 주듯이 솔로몬이 곁에 있음으로 해서 술람미가 기운을 얻는다는 뜻으로 봅니다.[17] 그러나 상징들(건포도빵, 사과)과 글의 맥락("그의 왼손으로 내 머리를 고이고")이 분명히 에로틱한 성격을 나타내고 있음을 고려하면 이것은 별로 설득력이 없는 해석입니다.

다른 사람들은 솔로몬의 말과 행동이 보는 사람에게 기분 좋은 인상을 준다는 뜻으로 풀이하기도 합니다.[18] 또 사과나무의 달콤한 열매를 애무의 상징으로 보는 이들도 있습니다.[19] 다른 말로 하면, 술람미는 솔로몬의 성적인 애무를 '맛보는' 것입니다.

성경 외의 문학에서는 '열매'가 남성의 성기[20]나 정액의 상징[21]으로 사용되는 일이 가끔 있습니다. 따라서 이 대목도 희미하게나마, 성기를 입으로 애무하는 행위를 가리키려는 의도가 깔려 있을지도 모릅니다. 아무튼 이 구절은 두 사람이 함께 나누는 강렬한 성적 쾌락을 언급한다고 볼 수 있습니다.

♡ 술람미

그는 나를 피로연장으로 이끌었지.
내 머리 위의 깃발은 사랑이었네.
힘이 솟도록 건포도빵을 주시고
기운이 나도록 사과를 주세요.

저는 상사병을 앓고 있답니다.
그의 왼손으로 내 머리를 고이고
그의 오른손으로 나를 품어 주었으면. (2:4-6)

앞에서 말했듯이, '피로연장'은 동방에서 흔히 신방을 지칭하는 말이었습니다. 왕의 깃발은 긴 봉 위에 천을 늘어뜨린 것으로서, 왕이 술람미를 사랑으로 감싸고 보호한다는 뜻입니다.[22] 술람미는 솔로몬의 그늘(보호하는 사랑) 아래 앉는 순간, 그의 '깃발' 아래에서 사랑을 떠올립니다. 솔로몬의 사랑은 그녀를 안심시키고 아끼고 보살펴 주며 그녀를 지켜 주었기 때문입니다.

'상사병을 앓는다'는 구절은 말 그대로 '사랑 때문에 병이 났다'는 뜻입니다. 사랑의 행위가 진전됨에 따라 술람미는 성적인 욕망에 휩쓸려 어쩔 줄 모르고 있습니다. 술람미는 솔로몬에게 빨리 건포도빵과 사과(에로틱한 사랑의 상징)를 먹여 달라고, 그래서 이 '상사병'을 달래 달라고 부탁합니다. 술람미는 솔로몬에게 더 이상 지체하지 말고 자신을 성적으로 만족시켜 달라고 청하는 것입니다!

술람미는 자신의 상사병, 즉 성적인 열망을 진정시키려면 어떻게 해야 하는지 남편에게 분명히 말해 주고 있습니다. 술람미는 남편과 함께 침상에 누워서 왼손으로는 자신의 머리를 고여 주고, 오른손으로는 안아 달라고 부탁합니다. 델리치에 따르면 '안아 주다, 품다'라는 뜻의 이 히브리어에는 '애무하다'라는 뜻이 있습니다.[23] 술람미는 남편이 그녀의 몸을 만지며 애무하고 자극해 주기

원합니다. 이들이 사랑의 절정에 달하는 부분의 묘사는 잠시 유보
되었다가 나옵니다(4:16-5:1).

♡ 술람미

오, 예루살렘의 딸들아,
들판에 뛰노는 영양과 암사슴으로 부탁하마.
(그녀가) 기뻐할 때까지
(내) 사랑을 깨우지 말려무나. (2:7)

예루살렘의 딸들로 의인화되고 있는 코러스를 향한 경고가 나오면서 회상은 갑자기 끝나 버립니다. 이 코러스는 문학적 장치일 뿐 진짜 사람들이 아니라는 점을 명심하십시오. 여기서 예루살렘의 딸들은 그저 경고를 들어 줄 '청중'에 불과합니다. 그리고 괄호 친 부분들은 히브리어 원본에 없는 부분이기 때문에 삭제해야 합니다. 따라서 올바른 번역은 이렇게 됩니다. "때가 될 때까지 사랑을 깨우지 말려무나".

고디스는 "들판에 뛰노는 영양과 암사슴으로" 하는 맹세는 에스더나 전도서 등 성경의 다른 책에서 감히 하나님의 이름을 입에 올리지 않기 위해 사용하는 말들과 유사하다고 지적하는데,[24] 이것은 상당히 설득력이 있는 주장입니다. 술람미는 '만군의 주로', 또는 '전능자로' 라는 관례적인 맹세의 말 대신, 히브리 원어로 발음이 비슷한 '들판에 뛰노는 영양과 암사슴으로' 라는 말을 사용합니다. 여기서 술람미가 선택한 영양과 암사슴은 사랑을 상징하

는 동물들입니다. 70인역이 '들판의 힘과 권능으로'라는 독특한 히브리어 구절을 사용하고 있는 것은 술람미의 맹세가 갖는 이러한 의미를 잃지 않기 위해서일 것입니다.

"때가 될 때까지 사랑을 깨우지 말려무나"라는 구절은 해석하기가 어렵습니다. 그래서 뜻풀이도 아주 가지각색입니다. 예컨대 어떤 이들은 이 말씀을 사랑을 억지로 재촉해서는 안 된다는 경고로 봅니다. 즉 사랑은 자연스럽게 오는 것이라는 말이지요.[25] 그러나 아가서를 아무리 열심히 살펴보아도 솔로몬이나 술람미가 '억지로' 관계를 발전시키려 했다는 느낌은 들지 않습니다. 델리치는 술람미가 예루살렘의 딸들에게 두 사람의 포옹을 방해하지 말아달라고 호소하고 있다고 봅니다.[26] 맥락으로 보면 그럴 법한 이야기지만, 그런 뜻이 되려면 '깨우다'라는 동사의 번역이 어색해집니다. 델리치 식으로 번역하려면 "그녀가 기뻐할 때까지 사랑을 불러일으키지 말고 방해하지 말라"라는 말이 될 테니 말입니다. 로버트 고디스는 "사랑이 정열적으로 불타오르는 동안에는(사랑이 갈망하는 동안에는) 방해하지 말라"라는 번역을 내놓았습니다.[27] 그러나 이 경우 역시 이 히브리 단어는 '방해하다'가 아니라 '깨우다'라는 점을 지적해야겠습니다.

오히려 이 대목은 '때가 되기 전에' 성적 정열을 일깨우지 말라는 경고로 보는 것이 더 그럴 법합니다. 숀필드는 "정열이 움직일 준비가 되기 전에 그것을 일깨우지 말고 자극하지 말라"라고 번역하고 있는데,[28] 조클러 역시 이 견해를 옹호합니다.[29] 조클러에 따르면, 술람미는 잠시 문맥에서 벗어나 사랑이 스스로 동하여 일어나기 전에는("마음과 마음이 하나가 되고, 하나님께서 올바른 남자에 대한 애정을 허락하시기 전에는") 경솔하게 성적인 정열에 몸을 맡기지 말 것을 궁전의 여인들에게 경고하고 있는 것입니다.

성경에는 혼전 성관계를 금하는 말씀이 헤아릴 수도 없이 많습니다만(고전 6:19), 이 대목의 말씀은 약간 달라 보입니다. 이것은 하나님께서 분명히 결혼으로 인도한 사람이 아니라면, 그 누구에게도 성적인 정열을 품어서는 안 된다는 경고이기 때문입니다. '때가 될 때까지', 즉 적당한 시간이 되기 전까지는 성적인 정열을 깨워서는 안 됩니다. 물론 '때가 될 때까지'(사랑이 스스로 기뻐할 때까지)라는 구절에는 여전히 애매한 부분이 남아 있으며 하나의 뜻을 독단적으로 고집해서는 안 될 것입니다. 그러나 이 해석은 다음의 여러 이유로 보아 상당히 일리가 있어 보입니다.

1. 혼전순결이라는 주제는 아가서의 다른 부분에서도 여러 번 강조되고 있으며, 순결의 미덕이 높이 칭송되고 있습니다(4:12; 8:8-12). 따라서 이 대목을 경고로 해석하는 것은 전체의 주제와 잘 맞아떨어집니다.
2. 앞에서 설명했듯이, '깨어남'은 대체로 '성적인 깨어남'을 뜻할 가능성이 높습니다. 8장 5절 말씀과 2장 3절부터 6절까지의 말씀에 따르면 술람미는 '포도주의 집'(신방)에 있는 동안 '사과나무 아래서' 성에 눈을 떴다고 합니다. 사랑을 깨우지 말라는 경고 바로 앞에 나오는 대목에서는 솔로몬과 술람미가 함께 '포도주의 집'에 들었으며, 솔로몬은 술람미를 '품어' 주었습

니다. 따라서 방금 설명했듯이 이 구절은 성적인 깨어남이라고 보아야 문맥이 자연스럽게 이어질 것 같습니다. 따라서 본문은 '때가 될 때까지는'(부부가 그들만의 신방, 또는 포도주의 집에 함께 들기 전까지는) 방금 솔로몬과 술람미가 한 일(정사)을 해서는 안 된다는 경고가 되는 셈입니다.

3. 이러한 해석은 이 구절과 비슷한 아가서의 다른 두 구절(3:5; 8:4)을 함께 설명해 줍니다. 이 세 구절은 모두 단순하게 신체적 결합에만 연관되는 것이 아니라, 일련의 회상 끝에 결론으로 제시됨으로써 아가서 전체의 주제인 혼전순결을 강조하는 경고로 자연스럽게 이어집니다. 3장 5절과 8장 4절에 대해서는 다음에 다시 이야기하도록 하겠습니다.

이 시대의 아가

술람미는 새로 지은 신방의 백향목 들보를 바라보면서(1:17) 솔로몬의 창의력과 사려 깊은 마음씨에 깊이 감동받습니다. 팔레스타인에서 백향목이 자라는 땅이 어디입니까? 바로 레바논입니다! 솔로몬은 결혼한 부부라면 누구나 신경써야 하는 일에 노력을 기울였습니다. 그것은 바로 분위기 있는 침실을 꾸미는 일입니다.

침실 가꾸기

두 사람의 침실은 '세상을 벗어나' 두 사람이 몸을 피할 수 있는 은신처 같은 분위기를 풍깁니다. 많은 아내들은 침실을 꾸밀 때,

부부의 사랑을 가꾸는 일보다는 이웃의 눈에 더 신경을 쓰는 것 같습니다. 그래서 어떤 주부들은 거실이나 부엌, 아이들 방을 꾸미는 일에는 몇 시간씩 공을 들이면서도, '아무도 봐 주지 않을 침실에' 뭐하러 시간과 돈을 그렇게 들이느냐고 말합니다. 아무도 안 보다니요! 남편들이 보지 않습니까! 당신과 남편을 위해 로맨틱한 분위기를 꾸미려는 생각을 한 번이라도 해 보았습니까?

많은 가정에서 침실은 자질구레한 살림을 쌓아 두는 '쓰레기 처리장'이 되기 십상입니다. 저녁 식사를 하기 위해 손님들이 찾아오면, 거실을 깨끗하게 보이려고 개지 않은 빨래들이며 빨래통이며 허드레 살림들을 침실에 처박게 됩니다. 침실 여기저기에 향수병이 널부러져 있고, 화장대 위는 헤어스프레이 통이 장식하고 있으며, 혹시 탁자라도 있을라치면 서랍 속이 얼마나 엉망인지 열기만 하면 내용물이 몽땅 바닥으로 쏟아지기 일쑤지요! 정말 굉장하지 않습니까!

침실을 로맨틱한 분위기로 가꾸기 위해 할 수 있는 일은 아주 많습니다. 어떤 부부들은 모피 침대커버와 통나무 천장을 좋아하지요. 물침대를 쓰면서 성생활에 새로운 활력을 찾았다는 부부들도 아주 많습니다. 기둥이 넷 달린 침대와 부드러운 퀼트이불을 좋아하는 사람들도 있겠고, 커튼과 벽지와 침대커버의 조화를 즐기는 사람들도 있을 것입니다. 무엇이든 각자 좋아하는 것으로 하면 됩니다. 둘이서 사랑의 은신처를 어떻게 꾸밀까 상의한 뒤에 당장 실천에 옮기십시오!

솔로몬과 술람미의 침대는 비단으로 덮여 있습니다. 평범한 부부들에게는 재정적으로 과한 부담이 될지 모르지만, 비단침대보는 침실에 기분 좋은 느낌을 더해 줄 뿐 아니라 사실 엄두를 낼 수 없을 정도로 비싸지도 않습니다. 아껴 두었다가 '특별한 날'(남편이 오랜 출장길에서 돌아오는 날처럼)에 써 보십시오.

침실 조명도 꼭 평범하고 진부한 흰색 전구를 쓸 필요는 없습니다. 침실 스탠드에 빨강색, 호박색, 파랑색 등의 색깔 전구를 달면, 그것만으로도 침실의 전체 분위기가 확 달라질 것입니다. 촛불도 침실에서는 아주 재미있는 조명이 되어 줍니다. 은은한 촛불빛 아래에서는 누구라도 아름다워 보이게 마련이지요. 사실 침실이야말로 가장 아름다운 모습을 보여야 하는 곳이 아니겠습니까? 향기 나는 양초도 특별한 분위기를 더해 줍니다. 화초들도 편안하고 따뜻한 분위기를 자아내지요.

음악이 있다면 침실 분위기가 더욱더 근사해질 겁니다. 스테레오의 방향을 둘만의 사랑의 보금자리로 돌려 놓으면 어떨까요? 제가 아는 어떤 남편은 아내와 데이트를 한 후에 향초로 은은한 불을 밝히고 로맨틱한 음악을 틀어 놓은 침실을 준비해 놓아서 아내를 감격시켰습니다. 두 사람은 흐르는 음악에 맞춰 춤을 추며 사랑을 확인하기 시작했습니다. 그들은 춤을 추면서 서로의 옷을 하나씩 벗겼고, 벗은 채로 약 30분간 더 춤추며 이야기하다가 사랑을 나누었습니다.

이렇게 섬세한 감수성과 로맨스는 친밀한 관계가 요구하는 영적인 차원을 성적 체험에 더해 줍니다. 많은 남편들은 부부관계의 육체적 측면과 영적·심리적 친밀감을 따로 떼어 놓고 생각하는 경향이 있지만 사실은 그렇지 않습니다.

사생활 보장은 로맨틱한 침실에 아주 중요한 요소입니다. 가능하다면 여러분의 침실을 최대한 한적한 곳에 따로 꾸미십시오. 대부분의 아내들에게는 침실문에 달린 자물쇠도 매우 중요합니다. 사생활이 철저히 보장되어야 거리낌없는 사랑이 가능한 법이니까요.

솔로몬과 술람미는 그들을 짓누르는 무거운 책임감에서 벗어나 단 둘이 즐길 은신처가 필요한 사람들입니다. 솔로몬은 국정의 부담에서, 그의 신부는 앞으로 왕비로서 떠맡을 무거운 책임에서 벗어나고 싶어합니다. 마찬가지로 당신의 남편도 직장의 부담에서 벗어나고 싶어할 것이며, 당신 역시 가사 일과 아이들로부터 해방될 공간이 필요합니다.

남편의 성적 능력 칭찬하기

술람미는 2장 3절에서 "청년들 가운데 있는 내 사랑하는 이는 숲속 나무들 사이에 선 사과나무 같아"라는 말로 남편의 능숙한 성애 기교를 칭찬해 줍니다. 오늘날의 아내들도 이만큼 현명하고 사려 깊다면 얼마나 좋을까요!

결혼생활 상담소를 찾는 아내들은 종종 남편의 사랑이 틀에 박혔고 진부하며 낭만이 없다고 불평합니다. 그러나 남편을 좀더 나아지게 만들려면 무엇보다 그의 장점을 힘주어 칭찬해 주어야 합니다. 잘못만 따질 것이 아닙니다! 남자의 경우, 성애의 기교는 자신의 남성적 정체성을 어떻게 인식하는가 하는 문제와 긴밀한 연관이 있는데, 이것은 여자가 자신의 여성적 정체성을 인식하는 것과의 관계보다 그 정도가 더 강합니다.

여자는 남자보다 훨씬 쉽게 성적 정체성을 인식할 수 있습니다. 생리, 가슴의 발달, 몸매의 변화, 아이를 갖고 젖을 먹여 기르는 일 등의 기초적인 생리현상 덕분에 이른 나이에 성적 정체성을 확립할 수 있는 것이지요. 하지만 남성성에 관한 한, 남자가 생물학적으로 자기정체성을 확립할 수 있는 길은 자신이 얼마나 훌륭하게 성교를 할 수 있는가 하는 단 하나뿐입니다. 그렇다고 해서 이것이 성경적으로 규정된 남성성이라는 말은 절대 아닙니다! 그러나 이 사실은 적어도 뭔가를 해내야만 스스로 정체성을 확립할 수 있는 남자와, 타고난 생리적 현상들이 뚜렷이 보여 주는 대로 수동적인 입장에서 정체성을 받아들이는 보편적인 남녀간의 대체적인 차이를 설명해 줍니다.

대체로 남자들이 공격적인 성향을 보이는 반면 여자들은 비교적 수동적인 행동양식을 보이는 것도 바로 이러한 생물학적 차이 때문[30]이라고 주장하는 사람들도 있습니다. 물론 성경에는 그런 말씀이 없습니다만, 어느 정도의 진실이 담겨 있는 이야기라고 생각합니다. 이 주장이 맞다면 남자가 자신의 남성성을 인식하는 문제와 연인으로서의 성공 여부가 어째서 그토록 긴밀히 연관되는지도 설명이 되겠지요.

아내에게 성적인 충족감을 주었다는 느낌은 대부분의 남자들에게 극도로 중요한 것입니다. 스스로 성생활에 무능력한 실패자라고 생각하게 되면 결혼생활의 다른 부분에도 그 여파가 번지게 됩니다. 그 때문에 불능이나 심지어 조루도 남자에게 어마어마한 심리적 타격을 줄 수 있습니다. 사랑을 나눌 때 아내가 반응하지 않으면 남자는 이것을 개인적인 상처로 받아들입니다. 대부분의 아내는 이런 남편의 마음을 이해하지 못하지요. 그러나 남편은 자신이 보여 주는 관심만큼 아내가 흥미를 보이지 않으면, 아내가 자신을 별 볼일 없는 남자로 여긴다고 믿어 버립니다. 자신을 남자로 만들어 주는 유일한 남성적 기능에서 실패한 셈이기 때문입니다. 여성은 자신의 여성성을 입증하는 데 성교가 필요 없기 때문에 이런 남편의 반응을 '유치한 것'으로 넘겨 버리기 쉽습니다.

남편이 남자답게 행동하길 바란다면, 그가 남자답게 느끼게 해 주십시오! 사랑할 때 그가 얼마나 근사한지 끊임없이 말해 주십시오. 그가 좋은 행위를 하면 그때마다 칭찬하기를 잊지 마십시오! 나아가 당신의 몸이 남편에게 꼭 맞는 반응을 보일 수 있게 해 달라고 주님께 기도하십시오. 당신이 남편에게 남편 자신을 훌륭한 연인으로 느끼게 해 줄수록 그는 직장에서도 훨씬 더 적극적이고 자신감 있는 태도를 갖게 되고, 자신의 남성성을 인식하게 되며, 가정에서 영적인 리더십을 가지게 될 것입니다!

상호합의를 바탕으로 한 성적 즐거움 누리기

제 아내는 최근 200여 명의 여성들을 상대로 '창의적인 배우자가 되는 법'이라는 주제로 세미나를 열었습니다. 이틀에 걸친 이 세미나의 마지막 1시간 반짜리 강의에서는 부부의 성생활에 대한 성경적 견해를 다루었습니다.

강의가 끝날 무렵, 아내는 종이를 나누어 주고 강의에서 다루지 않은 부분에 대해 질문이 있으면 무엇이든 쓰라고 말했습니다. 그 중 어떤 부인이 이런 질문을 했습니다.

"남편과 아내 사이의 성적 유희는 어디까지 허용되는 건가요? 남편의 요구를 어디까지 허락해야 할까요?"

이 부인이 쓴 '허락한다'는 말은 두 사람의 성생활이 얼마나 김 빠진 것인지를 보여 주는 서글픈 증거입니다. 이 말에는 그녀가 불경한 남편의 요구를 용감하게 물리치는 '성스러운' 성의 수호자라는 속뜻이 깔려 있습니다. 그럼에도 불구하고 이 부인이 제기한 의문은 우리도 종종 부딪치는 문제입니다. 다음에 나오는 세 가지 성경적 원칙은 부부가 그 나름대로 '한계'를 정하는 데 도움이 될 것입니다.

첫째, 이기적이지 않은 사랑이 동기가 되어야 합니다. 이것이 바로 고린도전서 13장 4절부터 7절 말씀이 주장하는 바입니다. 상대가 더 이상 즐길 수 없는데도 특정한 성적 표현양식에 굳이 집착한다면, 그 순간 사랑은 음탕한 욕망으로 변해 버립니다. 여기서 말하는 것은 성교를 제외한 성적 표현 양식으로서, 오럴섹스를 예로 들 수 있습니다(2:3). 사도 바울은 "모든 것이 내게 가하나 다 유익한 것이 아니요 모든 것이 내게 가하나 내가 아무에게든지(어떤 것에도) 제재를 받지 아니하리라"(고전 6:12)라고 말했습니다.

이기적이지 않은 사랑이라는 개념에는 또 다른 측면이 있습니다. 그것은 바로 당신의 동기입니다. 당신은 상대방을 이용해서 자신의 쾌락만을 추구하려고 합니까, 아니면 배우자에게 즐거움을 주고자 합니까? 배우자가 내키지 않아 하는 성행위를 고집하고 싶을 때 마음속으로 이 질문을 던져 보십시오.

두 번째 원칙은 두 사람이 모두 동의해야 한다는 점입니다. 이 점에 관해서는 빌립보서 2장 1절부터 4절 말씀, "그러므로 그리스도 안에 무슨 권면이나 사랑에 무슨 위로나 성령의 무슨 교제나 긍휼이나 자비가 있거든, 마음을 같이하여 같은 사랑을 가지고 뜻을 합하여 한마음을 품어, 아무 일에든지 다툼이나 허영으로 하지 말고 오직 겸손한 마음으로 각각 자기보다 남을 낮게 여기고, 각각 자기 일을 돌아볼뿐더러 또한 각각 다른 사람들의 일을 돌아보아 나의 기쁨을 충만케 하라. 너희 안에 이 마음을 품으라. 곧 그리스도 예수의 마음이니"라는 말씀을 생각해 보십시오.

언젠가 성경공부 모임에서 아가서를 가르친 적이 있는데, 그때 아가서 2장 3절의 설명을 들은 한 남편이 집에 돌아가 아내에게 "이것 봐! 성경에 쓰여 있으니까 당신도 이렇게 해야 해!" 하고 우겼다고 합니다. 그 사람은 제 말의 본뜻을 완전히 오해했던 것입니다.

성경에 어떤 특정한 성행위가 묘사되어 있다고 해서 그것을 모든 부부에게 그대로 적용할 수는 없습니다. 이 점만큼은 이 책 전체를 통해 거듭 강조하고 싶습니다. 중요한 것은 부부 두 사람의 상호합의입니다. 성경은 성행위의 한계에 대해 아무런 말씀도 하지 않습니다. 일반적인 성경적 원칙만 지킨다면 모든 남편과 아내는 주님 앞에서 즐겁고 뜻있는 다양한 성행위를 즐길 수 있습니다.

솔로몬과 술람미의 관계가 보여 주는 많은 특징들이 그대로 여러분 부부의 특징이 될 수는 없습니다. 그것은 아무 문제가 되지 않습니다. 하나님께서는 그 누구라도 자기 자신이 아닌 다른 사람이 되라고 요구하지 않으십니다. 다만 부정적인 태도를 극복하고 인격이 허용할 수 있는 범위 안에서 배우자가 바라는 모습이 되고자 노력하기를 바라십니다. 따라서 이 책의 내용 전체를 모든 사람에게 똑같이 적용해야 하는 것은 아닙니다.

'한계'에 대한 세 번째 기준은 아주 간단합니다. 그것은 서로 복종하라는 것입니다. 에베소서 5장 21절의 "그리스도를 경외함으로 피차 복종하라"라는 말씀은 이 경우에 아주 잘 적용되는 것 같습니다. 사도 바울이 성관계를 염두에 두고 이 말을 하지는 않았을 테지만, 만약 적용할 수 있다면 성생활의 한계선을 긋는 근거는 다름 아닌 배우자의 욕구가 될 것입니다.

아내가 좋아하는 특정한 성행위가 있는데 남편은 그것이 썩 내키지 않는다면, 남편 쪽에서 태도를 바꾸기 위해 노력해 보아야 합니다. 마찬가지로 남편이 바라는 체위를 무조건 거부하는 아내는 '서로 복종하라'는 원칙을 어기는 것입니다.

우리가 그리스도께 복종하는 것은 그것이 '의무'이기 때문이 아니라 기쁘게 순종하려는 마음이 있기 때문입니다. 성경적인 '한계'의 넉넉한 폭을 깨달았다면, 이제 배우자의 욕구를 모두 채워주고자 노력하는 마음가짐을 가져야 합니다. 물론 아내를 서로 맞바꾸는 등의 부도덕한 행위는 이러한 '상호복종'의 원칙에서 제외됩니다. 이런 비도덕적 행위를 금지하는 말씀은 성경의 다른 부분에서도 헤아릴 수 없을 만큼 많이 찾아볼 수 있습니다.

원하는 바를 상대에게 말하라

결혼생활 20년 동안 한 번도 오르가슴을 느끼지 못했다는 부인이 상담을 받으러 온 적이 있습니다.

상담자의 첫 질문은 이러했습니다.

"남편과 이 문제를 솔직하게 상의해 본 적이 있습니까?"

"아니요."

"그러면 부인을 확실하게 자극할 만한 행위가 어떤 것들인지 자세히 설명한 적이 있으신가요?"

그러자 부인은 상당히 기분 나쁜 기색으로 아니라고 대답했습니다.

"왜 이야기하지 않으시지요?"

상담자가 집요하게 물었습니다.

"그냥 그런 얘기는 안 해요."

'그냥 그런 얘기는 안 하기' 때문에 이 고상한 부인은 20년 동안이나 결혼생활에서 갈등을 겪어 왔던 것입니다. 그래서 아내는 아내대로 자신의 능력을 의심하고, 남편은 남편대로 아내에게 오르가슴을 느끼게 해 주지 못하는 자신의 능력을 의심해야 했습니다. 말없는 상처, 정서적 고통, 꽁꽁 얼어붙은 대화의 장벽의 원인이 모두 '그냥 그런 얘기는 안 하는' 데 있었던 것입니다. (그러나 서로에 대한 사랑과 이해에 기초한 의사소통이 무엇보다 중요합니다.)

이 장에서 연인들이 서로의 매력을 말로 표현해 주고(1:15, 16), 배우자가 주는 성적인 기쁨을 언어로 묘사하며(2:3-5), 상대에게 원하는 바를 말로 표현하는(2:6) 모습을 눈여겨보십시오. 당신이 말해 주지 않는다면 상대는 당신이 무엇을 좋아하는지 알 수 없을지도 모릅니다. 좋아하는 것을 분명히 말해 준 뒤 그 다음은 상대에게 맡기십시오!

성적인 기쁨은 때가 이르면 누리라

술람미는 성에 관한 오늘날의 통념에서 볼 때 놀랄 만한 행동을 합니다. 결혼할 사람이 아니라면 그 누구와도 성관계를 가져서는 안 된다고 예루살렘의 딸들에게 힘주어 강조하고 있는 것입니다. 순결을 지키라는 경고는 3장 5절과 8장 4절에서도 되풀이됩니다. 우리는 이것을 보면서 하나님께서는 특별히 이 문제에 주의를 기울이기 바라신다는 사실을 알 수 있습니다.

그런데 왜 하필 한창 열애의 장면이 무르익어 가고 있는 이 대목에서 혼전 성관계에 대한 경고가 나오는 걸까요? 어쩌면 술람미가 첫날밤에 경험한 사랑의 아름다움과 자유로움을 묘사하면서, 그러한 자유로움을 혼전의 순결로 연결시키고 있기 때문일 수도 있습니다. 이렇게 해서 두 사람이 즐기는 부부간의 사랑에 아름답고도 윤리적인 배경이 제공됩니다. 성적인 사랑은 하나님께서 당신과 결혼하도록 인도하신 단 한 사람 외에는 어떤 이에게도 허락해서는 안 되는 것입니다.

정통 유대 소녀인 술람미는 혼전순결을 강조하는 가정에서 자라났지만(4:12; 8:8-12), 부부간의 성관계에 대해서는 건강하고 긍정적인 태도를 가지고 있었던 것으로 보입니다. 가정에서의 성교육은 흔히 실제 성행위에 관련된 정보나 규칙보다는 부모가 몸소

일러 주고 보여 주는 성에 대한 태도를 중심으로 이루어집니다. 따라서 구체적인 기준이 있는 가정이라면, 부모의 태도와 육체적 관계가 건전한 이상 자녀들이 성에 대해 부정적인 태도를 갖게 되는 일은 없을 것입니다. 자녀들은 흔히 부모에게서 풍기는 분위기에 따라 성에 대한 입장을 결정하곤 합니다.

복음주의자들 중에도 성경말씀에 따라 성에 대한 태도를 수정해야 할 사람들이 있는 것 같습니다. 얼마 전 어느 복음주의 잡지는 겉표지에 젊은 남편과 임신한 아내가 함께 바닷가를 거니는 사진을 게재했습니다. 믿어지지 않겠지만, 이 잡지가 나간 후 도덕적인 분노와 충격을 느꼈다는 내용의 항의편지가 편집자에게 쇄도했습니다. 표지사진이 '외설적'이라며 정기구독을 끊겠다는 협박도 이어졌습니다.[31]

또 다른 잡지는 영향력 있는 교파가 발표한 성에 대한 보고서를 게재했는데, 그 중에 '성관계가 재미있다'는 내용이 있었습니다. 그러자 어느 여성이 하나님께서는 성을 '성스러운' 것이라고 말씀하셨는데 '재미있다'는 표현을 쓰다니 신성모독이나 마찬가지라는 내용을 담은 항의편지를 보내 왔습니다.

불행하게도 그리스도인 아내들은 성관계를 남편에 대한 순종의 일환으로서 참아 내야 하는 의무라고 생각하는 경향이 있는 것 같습니다. 그렇다고 이들이 성관계를 나쁘게 생각하는 것은 아닙니다. 그들은 성경을 믿으며, 하나님께서 성을 창조하셨음을 잘 알기 때문입니다. 그러나 성관계를 '기쁨'이라고 부르는 건 너무 지나치다고 생각합니다. 그래서 이런 사람들은 '성스러운'이라는 단어로 대충 무마하는 한편, 성관계를 아주 바람직하지 못한 것으로 말하거나 생각해서도 안 되는 부끄러운 주제라는 인상을 강하게 풍기지요.[32]

아가서는 부부의 성생활에 대한 '그리스도인'의 견해를 근본적으로 다시 생각하게 합니다. 20세기의 부부들은 이 아름다운 사랑 이야기에서 자신들의 결혼생활과 맞닿는 접점을 많이 발견할 수 있을 것입니다. 이제 다음 장으로 넘어가 술람미가 데이트하던 시절을 회상하는 부분을 살펴보면서 약혼에 대한 기독교적 관점이 어떤 것인지 생각해 봅시다.

4
결혼의 대가를 따져 보는 약혼 기간

회상장면 4, 5, 6 아 2:8-3:5

지금까지 살펴보았듯이 아가서는 결혼한 여인인 술람미의 회상을 담고 있습니다. 술람미는 결혼 초에 겪었던 몇 가지 문제점과 함께 자신이 솔로몬과 결혼하게 된 과정을 돌이켜 봅니다.

아가서 중반(1:1-5:1)까지는 결혼식 당일에 대한 회상으로 이루어져 있습니다. 이러한 회상들은 일련의 시가(詩歌)로 되어 있습니다. 첫 번째 세 회상에서 술람미는 결혼식날과 피로연, 그리고 사랑하는 이와 함께한 첫날밤이 얼마나 아름다웠는지 추억합니다. 이 부분은 결혼 전에는 성관계를 삼가라는 경고(2:7)로 끝납니다.

그 다음에 이어지는 세 가지 회상도 역시 똑같은 경고로 마무리됩니다(3:5). 그러므로 이 두 그룹의 회상을 공통적으로 지배하는 생각 중 한 가지는 역시 혼전의 성관계를 삼가라는 주제로 이어지는 셈입니다. 처음의 세 회상(1:1-2:7)을 보면, 혼전 성관계가 결혼한 후 부부의 성이 갖는 아름다움을 망칠 위험이 있으므로 되도록 삼가는 것이 현명하다고 권하는 것 같습니다. 두 번째 그룹의 회상에서는(2:8-3:5) 일생의 반려자를 고르는 일에 객관성을 잃을 염려가 있으므로 혼전 성관계를 피하라고 충고합니다.

이에 따르면 약혼 기간에는 세 가지 기본적인 목적이 있습니다. 첫째, 약혼 기간은 성적인 측면을 제외한 상대방의 면면을 알게 되는 시기입니다(2:8-14). 둘째, 약혼 기간은 두 사람의 관계에 잠재하고 있는 문제를 파악해서 그 해결책을 모색하는 시기입니다(2:15-17). 셋째, 이 기간은 상대와 결혼할 때 치러야 할 대가를 진지하게 따져 보는 시기입니다(3:1-5).

폭풍 속으로 들어갈 이들을 위한 몇 가지 충고

오늘날 젊은이들은 자신의 인생을 맡길 사람을 제대로 알지도 못한 채 성적인 열정에 휩쓸려 결혼해 버리는 경우가 너무 많습니다. 플로리다의 결혼상담가 러셀 딕스가 묘사하고 있는 다음의 짤막한 풍속도를 살펴봅시다.

> 성행위는 마치 홍수와 같아서 불가항력으로 휩쓸릴 수밖에 없다는 믿음으로 일을 저지른 수많은 연인들은 결국 주례자 앞에 함께 서게 된다. 주례목사가 묻는다.
> "그대는 어리고 이기적이며 바가지를 긁어 대고 질질 짜는 데다가 쓸데없는 일에 싸워 대는 이 여인을 영원한 그대의

아내로 맞이하겠습니까?"
날이면 날마다 그녀와 잠자리를 같이할 꿈에 잠시 넋이 나간 머저리는 수소처럼 웅얼거린다.
"예."
이번에는 목사가 눈을 반짝이며 서 있는 열여덟 살짜리 신부에게 묻는다.
"그대는 욕정에 불타며 변덕이 심하고 무심하며 유치하고 자제력이 없는 이 남자를 영원히 남편으로 맞이하겠습니까?"
지루함과 싸워 가며 맡은 책임을 감당하거나 하고 싶은 일을 못 하면서 사는 생활을 해 본 적이 단 한 달도 없는 신부는 '영원'이 기껏해야 다음 주쯤인 줄 알고 새처럼 발랄하게 지저귄다.
"예, 그렇게 할게요."
그녀의 마음은 이제야 드디어 여자가 되었다는 생각에 그저 부풀어 있을 뿐이다. 그러자 인내심 강한 목사는 앵무새처럼 정해진 대사를 읊조린다.
"그리스도의 종에게 주신 권위로써 이제 두 사람은 남편과 아내가 되었음을 선포하노라."
목사는 자기가 지금 거짓말을 하고 있다는 사실을 알기 때문에 속으로 용서를 구하는 기도를 올린다. 두 사람은 남편과 아내가 아니며, 앞으로도 진정한 부부가 될 가능성은 거의 없다. 두 사람은 이제 자식을 낳고, 법석을 피우며, 서로를 윽박지르고, 상대방 주머니의 돈을 쓰고, 각자 쓴 청구서에 함께 책임질 수 있는 법률적 허가를 받았을 뿐이다. 총칼을 휘두르지 않는 한, 상대방의 인생을 아무리 망쳐 버린대도 법적으로는 이제 아무 하자도 없는 것이다. 목사는 좀더 떳떳한 일을 하며 생계를 유지할 수 있는 길은 없을까 곰곰 생각하며 집으로 돌아간다.[1]

이제 살펴볼 아가서의 대목은 바로 이러한 상황을 피하기 위해 쓰인 것입니다. 지금까지 술람미는 결혼식날을 회상했습니다(1:1-5:1). 두 사람이 함께 지낸 첫날밤을 생각하며 백일몽에 빠져 있는 술람미의 기억은 자연스럽게 두 사람이 데이트하던 시절로 거슬러 올라갑니다. 그녀는 결혼식 행렬을 기다리며 생각했던 것들을 떠올립니다(3:6-13).

술람미의 백일몽은 시골에서 산책했던 일에 초점을 맞추고 있습니다. 이것은 이 대목 앞에 나오는 첫 두 회상의 주제가 됩니다 (2:8-15; 2:15-17). 그러고 나서 술람미는 약혼 기간 동안 꾸었던 꿈을 생각하는데(3:1-5), 여기서 한 나라의 왕과 결혼하는 것에 대한 염려가 표면으로 떠오릅니다.

솔로몬과 술람미의 아가

봄날의 방문 회상 장면 4(2:8-14)

이 부분에서 술람미는 결혼식 행렬(3:6-11)을 기다리는 동안 머릿속에 떠올랐던 이런저런 생각들을 회상하고 있다고 볼 수 있습니다. 그녀는 솔로몬이 레바논의 산악지대에 있는 자신의 고향집을 찾아왔던 어느 봄날을 추억하고 있습니다.

술람미

들어 봐, 내가 사랑하는 사람이야!
저것 봐, 그이가 오고 있어.
산을 오르고 고개를 뛰어넘어!
내 사랑하는 이는
영양 같고 젊은 수사슴 같아.
저것 봐, 그이가 우리 집 벽 뒤에 서 있어.
그이가 창틈으로 들여다보고 있어.
그이가 격자문 사이로 엿보고 있어. (2:8-9)

여기 나오는 산들의 등성이는 석회암으로 뒤덮여 있고, 1년에 6개월은 산봉우리에 눈이 녹지 않은 채 쌓여 있습니다. 이러한 레바논의 험한 산세는 페니키아의 해안도시에서 볼 때 외지인들이 내륙을 침략하지 못하도록 막아 주는 천연의 장벽 같았지요.[2]

산기슭의 저지대에서는 올리브밭이나 포도밭, 과수원, 또는 소규모의 옥수수밭 등을 일구었습니다. 술람미가 일했던 곳도 남부 레바논과 북부 갈릴리 사이에 있는 산기슭의 어느 포도원이었습니다.

두 사람의 연애 시절, 술람미는 이 아름다운 고산지대 어느 등성이에 자리잡은 고향집에 앉아 있다가 문득 "산을 오르고 고개를 뛰어넘어" 열정적으로 달려오는 솔로몬의 모습을 봅니다.

영양과 수사슴은 빠른 속력의 상징이며, 종종 정력의 상징으로 쓰이기도 합니다. 솔로몬은 지금 연인을 보고 싶은 마음에 마구 달려오고 있는 것이 분명합니다.

솔로몬은 술람미의 집 벽 바깥에 서서 벽에 뚫린 창으로 그녀를 바라봅니다. 가난한 집에서는 나무판자를 격자 모양으로 짜서 창문으로 썼습니다. 그 나무판자를 돌려서 열고 닫을 수 있게 되어 있었지요.[3]

술람미

내 사랑하는 이가 내게 대답했단다. (2:10a)

솔로몬

일어나요, 내 소중한 사람, 내 어여쁜 사람,
일어나 나와 함께 갑시다. (2:10b)

이제 술람미는 결혼하기 전 데이트를 할 때 솔로몬이 했던 말들을 이렇게 기억해 냅니다.

솔로몬

저길 봐요, 겨울은 물러가고
비는 깨끗이 그쳤다오.
대지 위에는 벌써 꽃들이 피어났고,

포도를 가지칠 시기가 다가왔네.
비둘기 소리가
우리 땅에서도 들리는구나.
무화과나무에서는 무화과가 익어 가고,
포도덩굴 꽃송이 향내가 천지에 그득하네.
일어나요, 내 소중한 사람, 내 어여쁜 사람,
일어나 나와 함께 갑시다!
오, 가파른 오솔길 은밀한 은신처,
낭떠러지 바위틈새에 앉은 나의 비둘기여,
내게 그대 모습을 보여 주오.
내게 그대 목소리를 들려 주오.
그대 목소리는 다정하고
그대 자태는 사랑스러워. (2:11-14)

 마침 봄철이었기에 솔로몬은 함께 산책을 가자고 합니다.
 솔로몬은 술람미를 부드러움과 순결함을 상징하는 비둘기에 비유합니다. 여기서 "낭떠러지 바위틈새"라는 표현은 고산지대에 자리잡은 술람미의 집을 비유적으로 일컬은 말입니다. 술람미는 산속의 좁은 오솔길가에 살았던 것이 분명합니다. 산비둘기는 암벽의 바위틈 새처럼 험준한 곳에 둥지를 틉니다. 솔로몬은 술람미를 "낭떠러지 바위틈새에 앉은 나의 비둘기"라고 부름으로써, 그녀가 속세에서 멀리 떨어져 있다는 사실을 환기시켜 줍니다. 이것은 술람미가 천진난만하며 시골 처녀다운 소박함을 간직하고 있없음을 암시합니다.

그러나 거듭 강조하듯이, 술람미가 속세에서 떨어진 생활을 했다고 해서 남편과의 성적 관계에서 어떤 어려움을 겪은 것 같지는 않습니다. 술람미는 헐리우드 영화가 퍼뜨리는 이미지에 노출되지도 않았고, 속세의 성적 유혹을 경험하지도 않았으며, 여학생 기숙사의 규율에 억지로 맞춰서 생활할 필요도 없었습니다. '원시적인 종교관념'에서 그녀를 해방시켜 줄 교양교육의 '혜택'도 입지 못했으며, '살아 있는 사람'으로서 이성과 '관계 맺는' 법을 깨우쳐 줄 남녀공용 기숙사 생활의 '혜택'도 받지 못했습니다. 이렇게 훌륭한 '교육적' 기회들을 전부 놓쳤음에도 불구하고, 술람미는 남편과 관계를 맺는 데 전혀 스스럼이 없었습니다.

솔로몬은 그저 술람미와 함께 있다는 것이 좋아 술람미에게 봄날에 함께 산책하자고 조릅니다. 그는 연인의 아름다운 모습을 바라보고 목소리 듣는 것을 좋아합니다.

사랑을 키워 가는 술람미 회상 장면 5(2:15-17)

이 회상은 두 사람이 봄날의 외유를 즐기는 도중에 일어난 일로 추정됩니다. 앞에서 말했듯이, 술람미가 자라난 산맥의 낮은 경사 지대에는 정원과 포도원들이 즐비했습니다. 두 사람은 이곳을 거닐다가 포도원을 지나치게 되고, 몇 마리의 여우들이 포도나무 뿌리를 파헤치며 포도원을 망치고 있는 광경을 보게 됩니다.

술람미

우리를 위해 저 여우를 잡아 주세요.
포도가 한창 꽃피는 철에 저 작은 여우들이
우리 포도밭을 망치고 있어요. (2:15)

여우들은 땅을 파헤쳐 포도뿌리를 갉아먹고 있었습니다. 여기서 여우들은 솔로몬과 술람미의 포도원(서로를 향해 한창 꽃피고 있는 사랑)을 갉아먹는 소소한 문제들을 상징하는 것으로 보입니다. 여우들을 발견한 술람미는 오히려 이를 기회 삼아 솔로몬에게 그 여우들을 '잡아 달라고', 즉 두 사람의 사랑을 가로막는 자잘한 문제들을 해결하는 데 힘을 빌려 달라고 부탁합니다.

델리치는 이를 이렇게 표현하고 있습니다. "이 대목은 포도원을 지키는 사람의 소곡(小曲)으로서 포도원지기였던 술람미의 체험과 아주 잘 들어맞는다. 여기서 포도원은 일종의 비유로서 술람미와 사랑하는 사람 사이를 가리키며, 향기로운 꽃송이들이 한창인 아름다운 포도원은 술람미가 다짐한 사랑의 맹세를 가리킨다. 그리고 하나로 결합된 포도원을 망치려 하는 작은 여우들은, 한창 꽃망울을 틔우는 사랑을 갉아먹고 완전히 익은 기쁨을 충만하게 누리기도 전에 꺾어 버리려 하는 크고 작은 시련과 적수들을 의미한다."[4]

이 작은 여우들은 기껏해야 길이가 38센티미터 정도밖에 되지 않지만, 밭에 구멍을 파고 도랑을 뚫어 단단한 땅을 푸석푸석하게 만들기 때문에 포도가 제대로 자라지 못합니다. 이 여우들은 속담에서 '파괴자'를 뜻하는 상징으로 널리 쓰였습니다(느 4:3; 겔 13:4).

실제로 크고 작은 문제점들을 결혼 전에 미리 해결하는 것은 아주 중요한 일입니다. 결혼하기 전부터 알고 있던 문제점들도 해결하지 못한다면, 결혼한 뒤 전혀 몰랐던 문제들이 불쑥불쑥 나타날 때 어떻게 제대로 대처하겠습니까? 이 시골 처녀는 참으로 현실적인 지혜를 듬뿍 지니고 있는 것입니다! 결혼 전에 남편과 아내는 종교나 교육이나 우주의 의미처럼 근본적인 문제에 대해서는 의견이 일치하고 서로 마음이 통한다고 느끼게 마련입니다. 그러나 일단 결혼하고 나면, 식사시간에서부터 치약 짜는 방식에 이르기까지 수백 가지의 자질구레한 주제를 놓고 다투게 됩니다!

포도원에서 여우를 몰아낸다는 것은 말처럼 간단한 일이 아닙니다. 팔레스타인에서는 포도원 사방에 돌담을 둘러치고 그 위에 울타리를 박아 놓았습니다. 그리고 야생동물로부터 포도원을 지키기 위해서 사람들은 포도원 한가운데 마을을 이루고 살아야 했습니다. 이것은 엄청난 노력과 끈기가 필요한 일이었습니다. 조금이라도 망보기를 소홀히 하면 여우들이 기다렸다는 듯이 포도밭을 망치기 때문입니다.

따라서 지금 술람미는 솔로몬에게, 이미 두 사람이 당면한 문제를 해결해 달라고 재촉하는 동시에 앞으로 화근이 될 만한 일까지도 모조리 찾아내어 단호히 대처할 것을 당부하고 있는 것입니다.

2장 15절에서 술람미는 그들의 사랑을 꽃이 핀 포도원에 빗대어 말합니다. 16절에서도 사랑의 예찬은 계속 이어지지만, 다른 한편으로 술람미는 두 사람이 결혼한 뒤에 닥치게 될 문제를 언급합니다. 그것은 솔로몬이 나라 일을 돌보느라 그녀를 소홀히 할지도 모른다는 문제입니다.

술람미

내 사랑하는 이는 내 것이요, 나는 그의 것.
그는 백합화들 가운데서 양 떼를 돌본다네.
그림자들이 달아나는 서늘한 저녁이 되기 전에
발길을 돌리세요, 내 사랑,
베데르 산에 선 한 마리 영양처럼,
젊은 수사슴처럼 달려오세요. (2:16-17)

값비싼 백합꽃밭에서 양 떼를 치는 목동이 세상에 어디 있겠습니까? 도둑질이나 다름없는 일이지요! 그러므로 이것은 솔로몬이 자신의 양 떼인 이스라엘 백성들에게 쏟는 관심을 비유한 또 하나의 상징임에 틀림없습니다. 양치기 출신인 술람미는 전원의 언어를 사용하여 자기가 알고 있는 최고의 찬사를 솔로몬에게 바칩니다. 즉 솔로몬은 백합화로 양 떼를 먹이는 목동이라는 것입니다.

백합꽃은 순결과 아름다움과 제왕의 위엄을 상징합니다. 술람미는 솔로몬이 자신의 백성인 이스라엘 민족에게 정의로움과 지혜와 순결이라는 최고의 음식을 먹여 돌보는 군왕이라고 칭송합니다. 솔로몬은 충심으로 백성의 이익을 생각하며, 이스라엘을 번영의 길로 이끌어 나가는 왕입니다. 농경사회였던 당시에는 이스라엘 왕을 목자로 표현하는 일이 아주 흔했습니다. 에스겔도 메시아를 목자에 비유했지요(겔 34장).

이러한 시구는 술람미가 느끼고 있는 근본적인 긴장을 동시에 보여 줍니다. 두 사람이 서로에게 헌신하는 일("내 사랑하는 이는 내 것이요, 나는 그의 것")과 솔로몬이 나라 일에 마음을 쏟는 일("그는 백합화들 가운데서 양 떼를 돌본다네")이 맞부딪쳐 갈등의 불씨가 되는 것입니다. 이러한 긴장은 눈덩이처럼 불어나 훗날 두 사람의 결혼생활에 중대한 위기로 닥쳐오게 됩니다(5:2-6:10). 다음에 이어지는 장면은(3:1-5) 술람미가 이 문제에 대한 꿈을 여러 번 꾸었음을 암시하고 있습니다.

그렇다면 솔로몬은 무슨 생각으로 화창한 봄날 술람미의 고향집을 방문한 것일까요? 이것은 앞에서 이야기한 문제와 자연스럽게 이어집니다. 그가 그냥 데이트나 하려고 예루살렘에서 레바논까지 먼 길을 달려왔을 리는 없습니다. 왕에게는 데이트 외에도 다른 일정이 있었을 것입니다. 아마 산악지대 쪽의 정무일정에 참석하는 김에 왔다가 잠시 짬을 내어, 지금 사랑하고 있으며 훗날 신부로 맞고자 하는 여인을 만나 몇 시간을 함께 보냈겠지요. 16절 끝부분에서 그들의 아침 산책은 끝나가고, 솔로몬은 무슨 일인지는 모르지만 아무튼 그가 북부지방까지 행차해야만 했던 그 일을 처리하러 떠나야 합니다. 헤어짐의 문제가 여기에서 다시 한 번 묘사됩니다. 그녀는 솔로몬에게, 그날의 일을 다 끝마치고 나면 예루살렘으로 돌아가기 전에 다시 한 번 찾아와 달라고 간청합니다.

술람미는 오늘 저녁, 일을 끝내는 대로 서둘러 돌아오라고(발이 빠르기로 이름난 영양처럼 말이지요) 말하고 있습니다.

여기서 '베데르'는 고유명사가 아닙니다. 말뜻 그대로 이곳 저곳을 나누고 갈라 놓는 산들을 말합니다. 아마 저녁때 그녀에게 돌아오기 위해 솔로몬이 넘어야만 하는, 두 사람 사이에 가로놓인 산들을 말하는 것이겠지요.

이 봄날의 방문을 뒤로 하고 다음 장면으로 떠나기 전에, 마지막으로 적용해야 할 점이 한 가지 있습니다. 솔로몬은 당시에 세계에서 가장 부유한 남자였습니다. 그는 원하면 술람미에게 엄청난 돈을 쏟아 부을 수도 있었을 것입니다. 그러나 솔로몬은 돈을 펑펑 쓰는 대신, 술람미를 데리고 레바논의 고산지대를 산책하며 자연을 즐기러 나섭니다. '데이트'를 하려고 그녀를 찾아왔을 때에도 값비싼 선물을 주었다는 이야기는 어디에도 나오지 않습니다.

연애 기간이나 약혼 기간에 중요한 것은 상대방을 즐겁게 해 주기 위해 돈을 많이 쓰거나 호화로운 여흥을 즐기는 것이 아닙니다. 데이트하는 연인들은 저렴하면서도 창조적인 여가(강변으로 소풍 가는 것처럼)를 함께 즐기면서 사이를 돈독하게 다질 수 있습니다. 이러한 일들은 서로에게 상대방을 깊이 알게 될 기회를 제공해 주며, 인생관이나 그리스도를 향한 믿음에 관한 기초적인 견해와 배경에 대해 자세한 이야기를 터놓고 나눌 수 있는 계기가 되어 줍니다. 약혼 기간의 목적은 장차 배우자가 될 사람을 속속들이 아는 것입니다.

결혼의 대가를 계산하는 술람미 회상 장면 6(3:1-5)

첫 장면에서 술람미는 솔로몬의 도착과 두 사람이 함께했던 행복했던 시간을 회상합니다. 어쩌면 그녀는 솔로몬이 저녁때까지 잠시 그녀를 떠났던 일을 회상하면서, 자신도 모르게 여러 번 꾸었던 꿈 생각을 하게 되었는지도 모릅니다. 그래서 그 꿈이 마치 진짜 있었던 일처럼 그토록 생생하게 묘사되고 있는 것일 수도 있지요.

이것은 사랑하는 사람과 멀리 떨어져 있을 때 그녀를 사로잡곤 했던 가슴 아픈 그리움에 대한 꿈입니다. 이 꿈은 레바논의 고향 집 침대에 누워 잠을 청하는 술람미에게 "밤이면 밤마다"(3:1) 찾아오곤 했습니다.

술람미

밤이면 밤마다 잠자리에서
내 영혼이 사랑하는 그이를 찾았지만
그토록 찾아도 만나지 못했네.
이제 일어나 성내를 돌아봐야지.
거리마다 광장마다
내 영혼이 사랑하는 그이를 찾아봐야 해.
그토록 찾았건만 만나지 못했네.
시내에서 순찰을 돌던 파수꾼들이 나를 발견했지.
그래서 물었네. "내 영혼이 사랑하는 그분을 보셨나요?"
그들에게 작별을 고하자마자

내 영혼이 사랑하는 그를 찾았네.
나는 그에게 꼭 매달려 놓지 않았지.
행여 놓칠세라 그이를 내 어머니의 집으로,
나를 낳은 어머니가 계신 방으로 이끌었네. (3:1-4)

술람미는 솔로몬과 결혼하고 난 후의 삶에 대해 끊임없이 꿈을 꿉니다. 꿈속에서는, 나라 일을 돌보는 데 대부분의 시간을 바쳐야 하고 수시로 집을 비워야 하는 왕과 결혼한 뒤에 자신이 과연 행복할 수 있을지 앞날이 불투명하고 불안하기만 합니다.

물론 꿈속에서 술람미는 예루살렘의 궁전에 살고 있습니다. 그녀는 솔로몬을 찾아 거리로 나서지만 그를 만나지는 못합니다. 그래서 그녀는 궁전의 파수꾼들에게 물어 봅니다.

술람미의 꿈속에서 산지의 고향 집과 예루살렘은 아주 가까운 곳으로 그려집니다. 술람미는 파수꾼들을 떠나자마자 연인을 발견하고, 그에게 꼭 매달려 붙잡은 손을 놓칠까 봐 산악지역에 있는 고향 집으로 데리고 갑니다. 이 시골 아가씨가 생각할 수 있는 가장 안전한 장소는 자신이 자라난 어머니의 집뿐이었습니다.

술람미는 솔로몬과 결혼해 예루살렘에서 살고 싶어하지만, 전원에 자리잡은 어머니의 집에서 멀리 떨어진 곳에서 과연 행복할 수 있을지 확신이 서지 않습니다. 이 꿈의 내용은 술람미가 '꿩도 먹고 알도 먹기' 원하는 듯한 인상을 줍니다. 도시에 가면 술람미는 스스로 도시에 어울리지 않는 촌뜨기가 된 듯한 느낌을 갖게 될 수도 있습니다. 그래서 자신감을 잃은 불안한 마음에 그만 스스로 옳다고 생각하는 정도 이상으로 솔로몬의 시간을 독차지하려 들게 될지도 모릅니다. 술람미는 지금 솔로몬과 결혼할 경우 치르게 될 대가를 진지하게 계산하고 있습니다.

그녀가 걱정하는 문제는 '왕과 결혼하면 행복할 수 있을까?' 하는 것입니다. 지금 왕이 그녀를 원하고 있다는 것과 왕비가 되면 많은 특혜를 누릴 수 있다는 사실은 술람미에게 그리 중요하지 않아 보입니다.

이 사랑 노래의 두 번째 그룹을 이루고 있는 회상들은 하나님께서 결혼으로 인도한 사람이 아니라면 어떤 남자와도 성적 정열을 일깨우지 말라는 경고로 끝납니다.

♡ 술람미

오, 예루살렘의 딸들아,
들판에 뛰노는 영양과 암사슴으로 부탁하마.
기뻐할 때까지 내 사랑을 깨우지 말려무나. (3:5)

아가서의 이 대목에 와서 술람미는 꿈을 회상하다 말고 다시 가상의 집단에게 말을 겁니다. 이와 같은 권고가 처음 나왔던 부분은(2:7) 첫날밤의 기쁨에 찬 정열적 정사 장면이 마무리되는 대목이었습니다. 사랑에 찬 정사 장면에 이어진 그 경고는 다음과 같은 메시지를 전하는 듯했습니다. "결혼생활에서 절정의 성관계를 누리고 싶다면, 하나님께서 약혼으로 이끄신 남자 이외의 그 누구와도 성적 정열을 일깨우지 마라."

하지만 두 번째 그룹의 회상에서 묘사된 약혼 시절의 추억과 이 경고는 어떤 연관이 있을까요? 그 연관성은 다음과 같습니다. 일단 어떤 남자와의 성적 사랑에 눈뜨게 되면, 그가 하나님께서 정해 주신 올바른 배우자인지 아닌지를 객관적으로 판단하는 눈이 흐려질 수 있습니다.

성적인 정열에 휩쓸리게 되면 성적인 면을 제외한 부분에 대해서는 상대방을 제대로 알지도 못한 채 얼떨결에 결혼으로 몰리거나 감정적으로 구속되기 쉽습니다. 성적 욕구에만 집착하게 된 연인들은 '작은 여우들'을 몰아내며 결혼서약을 하기 전에 해결해야 할 문제들을 함께 풀어 나가기보다는, 서로의 몸을 애무하는 데 더 정신을 팔게 됩니다. 또한 일단 성적 정열에 불이 붙으면, 결혼서약을 한 뒤 상대방과 함께할 삶에 어떤 문제점이 있는지 진지하게 생각해 보지 않은 채 결혼으로 치닫기 쉽습니다.

술람미는 결혼서약의 심각성과 그에 관련된 위험요소들을 염두에 두고 있기 때문에, '작은 여우들'을 전부 몰아내고 성적인 면을 제외한 부분에서 상대방을 속속들이 알게 되기 전까지는, 그리고 특정한 사람과 결혼식을 치르는 대가로 무엇을 잃게 될지 곰곰이 따져 보기 전까지는 성적인 정열을 일깨우지 말라고 충고하는 것입니다. 오직 이런 과정을 다 거친 후라야 하나님께서 당신의 삶 속에 이끌어 오신 사람을 향해 성적인 정열을 일깨울 수 있습니다.

이러한 회상들이 전하는 메시지는 다음에 나오는 표 1에 정리되어 있습니다.

하나님께서 정하신 약혼 기간의 목적		
회상 장면 4 서로를 잘 알게 되기	회상 장면 5 문제점 함께 해결하기	회상 장면 6 대가 따져 보기
'봄날의 방문' 2:8 2:14	'작은 여우들을 잡아 주세요' 2:15 2:17	'그를 찾았지만 만나지 못했네' 3:1 3:4

3:5 이러한 점들을 염두에 두고, 상대방이 하나님께서 정하신 배우자라는 확신이 들기 전까지는 성적 정열을 일깨우지 마라.

이 시대의 아가

아가서의 이 대목은 분명 오늘날 젊은이들의 연애 관계나 약혼 관계에 시사하는 바가 큽니다. 그 중에서도 특히 이 대목에 나타나는 네 가지 강조점에 대해서는 좀더 자세한 설명이 필요할 것입니다. 이 네 가지 강조점은 곧 아가서의 가르침에 따른 약혼의 네 가지 목적을 구성합니다.

구절풀이 부분에서 이미 지적했듯이, 약혼 기간의 이러한 목적들은 혼전에 지나치게 성적 유희에 탐닉할 때 나타나는 위험과 어떤 식으로든 관련되어 있습니다. '봄날의 방문'(2:8-14)에서 우리는 솔로몬과 술람미가 아무런 성적 관계 없이 포도원을 거니는 모습을 봅니다(3:5). 아가서는 서로 함께하는 즐거움과 사랑하는 이의 곁에 있는 기쁨을 표현하고 있습니다. 그 기간은 두 사람이 소박하게 서로를 알아 가는 시간이었던 것입니다.

젊은 사람들에게 많이 받는 질문 중에 이런 것이 있습니다. "지금 만나고 있는 사람이 내 짝인지 아닌지 어떻게 알 수 있을까요?" 데이트는 바로 이 결정을 돕는 과정입니다. 남자든 여자든 어떤 사람을 하나님께서 정해 주신 짝이라고 믿기 전에, 수많은 질문을 자신에게 던져 보아야 합니다.

무엇보다 먼저, 일반적으로 결혼에 필요한 자격들을 따져 보는 질문이 있습니다. 그리고 두 번째로는, 결혼을 고려하는 특정한 남자를 두고 젊은 여자가 던져 보아야 할 질문이 있습니다. 세 번째로, 장래의 신부감을 두고 젊은 남자가 던져 보아야 하는 질문이 있습니다.

장래의 배우자에 대한 이러한 성경적 특성들을 이야기하기 전에 경고의 말을 한마디 한다면, 상대방에게 성숙하고 성장할 여지를 남겨 두라는 것입니다. 제가 지금부터 말할 기준들을 완전히 충족시키는 사람은 하나도 없습니다. 이것들은 다만 장래의 배우자를 평가하는 데 유용하게 쓸 수 있는 기준일 뿐입니다. 테디 루즈벨트는 이런 말을 한 적이 있습니다. "지금 그가 어떤 사람인지보다는 어떤 사람이 되어 가고 있는지가 더욱 중요하다. 언젠가 그는 정말 그런 사람이 될 것이기 때문이다." 예수님께서 사도들을 선택하실 때에도 마음속으로는 이상형의 제자가 갖춰야 할 기준을 가지고 계셨을 것입니다. 그러나 실제의 제자들은 여러 모로 볼 때 우리가 상상하는 기준에 못 미치는 사람들이었습니다.

하지만 그들에게는 예수님이 훨씬 더 중요하게 생각하시는 무언가가 있었습니다. 그것은 바로 헌신적인 사랑의 마음이었습니다. 장래의 배우자를 평가할 때도 마찬가지입니다. 상대방에게 다음과 같은 사람이 되고 싶은 마음이 있는지 살펴보십시오.

결혼의 자격을 묻는 7가지 질문

우선 결혼을 하기 위해 누구나 갖추어야 할 자격에 대한 일반적인 질문들을 생각해 봅시다.

1. 그(그녀)는 예수 그리스도를 진심으로 믿고 따르는 사람입니까?

성경은 불신자와 결혼하는 것을 금하고 있습니다(고후 6:14). '전도'를 목적으로 데이트하는 것 역시 삼가는 것이 좋습니다. 데이트를 하면서 상대방을 '그리스도의 사람으로 만드는 데 성공한다는 것'은 정말 드문 일입니다. 사람들은 대체로 데이트를 하던 사람과 결혼하게 되는 경우가 많습니다. 그러므로 불신자와 데이트를 하다 보면 당신도 결국 믿음이 없는 사람과 결혼하게 될지 모릅니다.

그렇다면 상대방이 진심으로 그리스도를 믿는지 어떻게 알 수 있을까요? 상대방의 우선순위를 살펴보면 알 수 있습니다. 그 사람은 자신의 삶을 어디에 바치고 있습니까? 말로만 그리스도인이라고 하는 것은 아닙니까? 믿음을 위해 시간과 노력을 바쳐 노력하고 있습니까? 이러한 자질은 함께 성장하며 서로 믿는 활기찬 결혼생활을 위한 단 하나의 확고한 기반입니다. 그 사람이 어디에 마음을 쏟고 있는지 알려면 대체로 그의 가장 친한 친구를 보면 됩니다. 그의 친구들에게 그리스도를 향한 열심이 있습니까? 그렇지 않다면, 아마 그 사람도 별로 열성적인 신자가 아닐 것입니다. 물론 이것은 그리스도인은 믿지 않는 친구를 사귀면 안 된다는 말이 아닙니다. 그러나 그리스도인의 가장 가까운 친구는 역시 그리스도인이게 마련입니다.

2. 그(그녀)가 나의 있는 그대로를 무조건 받아들여 준다는 느낌이 듭니까?

만약 상대방이 내 마음에 들기 위해 무언가 연기를 하고 있다면, 결혼을 한 뒤에는 상황이 더욱 나빠질 것입니다. 그리스도인들의 결혼에는 고린도전서 13장 4절부터 7절 말씀에 묘사된 것과 같은 사랑, 즉 무조건적인 사랑이 반석처럼 깔려 있어야 합니다.

상대방이 결혼한 후에도 나를 무조건적으로 받아들여 줄 사람인지 알아볼 수 있는 한 가지 길은, 그가 남의 약점을 어떻게 대하는지 살펴보는 것입니다. 지금 당장은 나를 무조건적으로 감싸 줄지도 모릅니다. 그러나 다른 사람들의 잘못에 제대로 대응하지 못하는 사람이라면 결혼 후에 내 약점에도 부정적인 태도를 보일 수 있습니다. 만약 그가 내 약점에 부정적으로 반응한다면, 나는 입을 꾹 다물고 다시는 그에게 문제를 털어놓지 못하게 되겠지요. 그 결과, 두 사람 사이에 친밀감을 느끼고 싶어하는 나의 바람은 산산조각으로 부서지고 말 것입니다.

남자들은 마치 어머니를 대하듯이 아내를 대하는 경우가 놀라울 정도로 많습니다. 여자들 역시 자기 아버지를 대하듯이 남편을 대하는 경우가 많지요. 이 법칙에는 수많은 예외가 있겠지만, 그렇다고 해도 상대방이 자신의 부모님을 어떻게 대하는지 잘 살펴볼 필요가 있습니다.

3. 그(그녀)는 나를 포함한 다른 사람에게 상처를 받았을 때 축복으로 반응할 수 있는 사람입니까?

"악을 악으로, 욕을 욕으로 갚지 말고 도리어 복을 빌라. 이를 위하여 너희가 부르심을 입었으니 이는 복을 유업으로 받게 하려 하심이라"(벧전 3:9).

이 권면은 베드로의 편지 가운데 부부들의 관계를 다룬 대목을 마무리하는 말씀입니다. 서로 "욕을 욕으로" 갚음으로써 곤경에 처하게 된 부부들이 헤아릴 수 없이 많습니다. 아내가 남편의 마음을 아프게 하면, 남편도 질세라 아내를 공격합니다. 이처럼 끊임없이 욕을 욕으로 갚으려는 사람과 데이트하고 있는 중이라면, 그 사람과의 결혼을 신중하게 재고하십시오.

4. 그(그녀)는 하나님께서 정하신 가정생활의 우선순위를 잘 알고 따릅니까?

이 점에 관해서는 다시 이야기하겠지만 성경에 따른 가정의 우선순위 목록을 간단히 나열하면, 첫째 하나님, 둘째 배우자, 셋째 아이들, 넷째 가정 밖의 직업과 사역의 책임이 됩니다. 모세가 새 신랑에 대해 어떻게 말씀했는지 봅시다. "사람이 새로이 아내를 취하였거든 그를 군대로 내어 보내지 말 것이요, 무슨 직무든지 그에게 맡기지 말 것이며, 그는 1년 동안 집에 한가히 거하여 그 취한 아내를 즐겁게 할지니라"(신 24:5).

하나님께서는 오해의 여지를 한 치도 남겨 두지 않고 분명하게 말씀하십니다. 새신랑에게 무엇보다 중요한 일은 그리스도를 위한 사역이나 세속의 직업이 아니라 바로 결혼생활이라고 말입니다. 신혼의 첫 1년은 남자들이 병역의 의무를 면제받을 정도로 중요한 시기였습니다. 하나님께서는 남자들이 국방을 위해 전쟁터에서 싸우는 것보다 신혼의 첫 1년을 잘 보내는 것이 한 나라의 복지에 더 중요한 일이라고 보신 것입니다! 강한 유대로 묶인 부부가 강한 나라를 만듭니다. 특히 첫 1년은 함께 살아갈 평생의 초석을 놓는 시기입니다.

5. 그(그녀)는 재정적으로 믿을 만합니까?

예수님께서는 사람의 씀씀이를 보면 그 내면의 영성에 대해 많은 것을 알 수 있다고 하셨습니다. "너희가 만일 불의한 재물에 충성치 아니하면 누가 참된 것으로 너희에게 맡기겠느냐?"(눅 16:11).

다른 말로 하면, "참된 것"(영적 활기와 통찰력)을 받기 위해서는 반드시 돈에 대한 태도를 깨끗이 해야 한다는 말씀입니다. 경제적인 문제에서 믿을 만한 사람은 나머지 생활도 잘 정돈되어 있을 가능성이 높습니다. 반대로 경제적인 문제에서 훈련되지 못한 사람은 나머지 생활 또한 그러할 확률이 높습니다.

6. 그(그녀)는 성에 관한 하나님의 관점을 믿고 따릅니까?

그는 결혼 전에는 성욕을 억누르려고 노력하는 사람입니까? 아니면 당신에게 고통스런 상처를 남길 만한 성적 관념을 조금이라도 가지고 있는 사람입니까? 이 문제는 솔직하고도 탁 트인 자세로 깊이 알아볼 필요가 있습니다. 다음 장에서 이에 대해 몇 가지 구체적인 제안을 하겠습니다.

7. 그(그녀)는 성경이 정한 권위에 순종합니까?

사도 바울은 남편과 아내에 대해 이렇게 말씀했습니다. "그리스도를 경외함으로 피차 복종하라"(엡 5:21).

복종의 정신이 없는 사람은 결혼생활에서 이 명령을 지킬 수가 없습니다. 그리스도인 여성과 결혼하고자 하는 남성이라면, 그 여성이 자신에게 기꺼이 복종할 것인지 물어보아야 합니다. "아내들이여 자기 남편에게 복종하기를 주께 하듯 하라"(엡 5:22).

만일 그 여성이 어떤 남자도 자신에게 이렇게 해라 저렇게 해라 말하지 못하게 하고, 자신의 성공이나 이른바 평등(여성해방운동에서 이것은 권위의 평등을 뜻합니다)에 집착하며, 복종의 정신을 가지고 있지 못하다면, 결혼을 신중하게 재고하십시오.

그러나 이보다 더 중요한 것은, 성경이 정한 권위에 복종의 정신을 나타내지 않는 남자와 결혼한 여성의 경우, 결혼생활이 고통의 연속이 될 수 있다는 사실입니다. 아내는 그리스도인으로서 매사에 남편에게 순종하려 합니다. 그러나 남편이 복종하지 않는 사람일 때, 아내는 남편에게 반감을 갖게 되고 그에게 양보하기를 겁내게 될 것입니다. 아내는 신경전을 벌이다 못해 지쳐 버리고, 남편에 대한 신뢰도 약해질 것이며, 성욕조차 잃게 될지 모릅니다. 이것은 주위에서 흔히 볼 수 있는 일입니다.

상대가 복종의 정신을 가진 사람인지 알아보려면, 그가 학교나 대학, 정부(롬 13:14; 벧전 2:12 이하), 교회(히 13:17), 부모(엡 6:1, 2), 고용주(벧전 2:18-25; 골 3:23,24) 등에 대해 어떤 태도를 가졌는지 살펴보십시오.

결혼을 준비하는 여성들을 위한 10가지 질문

이상에서 살펴본 일반적인 질문들은 남녀를 불문하고 결혼을 고려하는 상대 누구나에게 적용할 수 있습니다. 이제 특정한 남성과 결혼을 고려하고 있는 젊은 여성이 성경적 관점에서 던져 보아야 할 구체적인 질문들을 살펴봅시다.

1. 그는 이기적인 마음을 진정으로 버렸다는 것을 행동으로 보여 줍니까?(엡 5:25; 막 8:34, 35)

데이트를 하는 동안 여자가 해야 할 가장 중요한 일은 남자의 말을 귀 기울여 듣는 것입니다. 남자에게 무슨 말이든지 시켜 보십시오. 귀 기울여 그의 말을 들으면서, 이기적이고 자기밖에 모르며 자만심이 강한 사람임을 드러내는 증거가 없는지 유심히 살펴보십시오.

성경은 남편들에게 그리스도께서 교회를 사랑하셔서 목숨을 내어 주신 것처럼 아내를 사랑하라고 가르칩니다. 그리스도께서는 자신의 모든 욕구를 죽은 듯이 버리시고, 오직 하나님 아버지의 뜻과 그분의 신부인 교회를 위해 일생을 사셨습니다.

만약 상대가 그러한 사랑을 할 수 없는 사람이라면, 온 마음을 바치는 감정적 관계로 발전시키지 마십시오. 자신의 이기심을 모두 버린 남자가 아니라면, 매사에 그에게 복종하라는 성경말씀을 지키기가 아주 힘들 것입니다. 나는 나 자신과 아이들의 필요가 채워지지 않을까 봐 두려워하게 될 것이며, 남편의 결정을 믿지 못하게 될 것입니다.

제가 상담했던 여성들 중에는 성적인 열정의 여파에 휩쓸려 결혼한 뒤, 짐짓 무심하고 이기적인 행동을 일삼는 남편과의 숨막히는 결혼생활에 갇혀 때늦게 후회하는 이들이 너무나 많았습니다. 이러한 여성들이 감내하는 정서적 고통은 아직 같은 덫에 빠져들지 않은 젊은 여성들에게 충분한 경고가 되고도 남습니다. 남자와 육체적인 관계를 갖게 되면, 그의 이기심을 보여 주는 증거들을 미처 알아채지 못하기 쉽습니다. 으슥한 곳에 '주차'한 차의 뒷좌석에서는 남자가 무슨 말을 하는지 귀 기울여 '들을' 수가 없습니다!

2. 그는 영적인 모범을 보여 줍니까?(막 10:45; 요 20:21; 신 6:4-10)

만일 지금 그가 영적인 모범을 보여 주지 못한다면, 결혼한 뒤에 새로운 모습을 보여 줄 가능성은 아주 희박합니다. 특히 아이들이 생기고 가정에 진정한 영적 분위기가 필요해지면, 이 문제는 극히 중요한 쟁점으로 떠오를 것입니다.

3. 그는 위험과 난관으로부터 나를 지켜 주고 싶다는 바람을 표현합니까?(아 1:7; 롬 7:2)

술람미는 아가서에서 남편을 '양치기'에 비유합니다. 이 이미지가 중점적으로 강조하는 것은 지도자이자 보호자로서의 남편입니다. 바울은 로마서 7장 2절에서 아내에 대해 말씀하면서, '남자 아래의 여자'라는 뜻을 갖는 그리스어를 사용합니다. 이것은 아내가 남편의 권위 아래 있으며, 따라서 그의 보호를 받는다는 뜻입니다. 여성은 남편으로부터 '자신을 보호해 주는 방패'를 얻을 권리가 있습니다. 남성의 역할은 일종의 완충장치와 같습니다. 이웃과 문제가 생겼을 때, 아이들이 잘못되었을 때, 경제적 난관에 부딪쳤을 때, 직장에서 어려운 일이 생겼을 때, 시댁과 불화가 생겼을 때, 또 그 밖의 문제가 발생했을 때, 누가 부담을 덜어 주겠습니까? 성경에 따르면 남편이 그러한 부담을 떠맡고 아내의 어깨를 가볍게 해 주도록 되어 있습니다. 남편이 그렇게 하지 않는다면(사실 그렇게 해 주는 남편은 극히 적습니다) 불가피한 결과들이 따르게 됩니다. 아내는 긴장성 두통에 시달리게 되고, 성적으로 반응할 수 없게 되며, 피로감에 나가떨어지고 말 것입니다.

내가 결혼을 생각하고 있는 남자는 항상 나에게 기대어 감정적인 뒷받침을 요구하는 사람입니까? 아니면 내가 자유롭고 거리낌 없이 기댈 수 있는 사람입니까? 항상 내가 그의 기분을 북돋아 주어야 합니까? 아니면 그가 나에게 힘을 줍니까? 지금 그가 나를 보호해 주고 충격을 흡수하는 역할을 해 주지 못한다면, 결혼서약을 한 뒤에도 마찬가지일 것입니다. 상대가 이러한 능력이 없는 남자라면, 하나님께서 부과하신 그리스도인 아내로서 의무를 다하기란 참으로 힘겨울 것입니다.

4. 그는 장래의 가족을 부양할 능력이 있습니까?(딤전 5:8; 창 2:24; 3:19)

내가 남편에 대한 존경심을 잃지 않으며 남편 자신 또한 가장이라는 느낌을 가질 수 있으려면, 부모나 다른 사람에게 의존하지 않고 가족의 생계를 책임질 수 있다는 자신감이 꼭 필요합니다.

5. 그는 지금 두 사람의 관계에서 주도권을 잡고 리더로서 책임감 있게 행동하고 있습니까?(아 1:7; 딤전 3:4, 5)

'양치기'라는 개념에는 지도자라는 뜻도 들어 있습니다. 하나님께서는 결혼한 후에 남편을 따르라고 명하고 계십니다. 만일 무슨 일을 할 때 항상 내가 나서서 앞장서야 한다면 얼마나 실망스럽겠습니까? 지금 당장은 별 문제가 되지 않을지도 모릅니다. 그러나 결혼하고 난 후에는 절망적인 문제가 될 수 있습니다. 그 결과 많은 여자들이 바가지를 긁기 시작합니다.

6. 그는 나에게 공감하며 나를 이해하는 태도를 보여 줍니까?(벧전 3:7)

그는 당신 쪽에서 항상 이해해 주어야 하는 사람은 아닙니까? 그는 당신의 마음속에 있는 가장 절실한 욕구를 진심으로 이해하고 있는 것 같습니까? 바로 지금 그런 느낌이 들지 않는다면, 결혼 후에 어려움을 겪게 될 것입니다.

7. 그는 나를 명예롭게 대해 주는 사람입니까?(벧전 3:7)

그는 나를 자랑스럽게 생각합니까? 내가 얼마나 훌륭한 사람인지, 또 얼마나 좋은 점이 많은지 말해 줍니까? 아내에게 여왕이 된 느낌을 갖게 해 주는 남자는 별로 많지 않습니다. 오히려 다른 사람들 앞에서 아내를 깎아내리고 무안을 주는 남편들이 더 많습니다.

8. 그는 나를 아끼고 소중히 돌보아 줍니까?(엡 5:29)

그는 어머니가 아기를 따뜻하게 돌보듯이 나를 돌보아 줍니까?(살전 2:7) 터프한 남자인 척하며 거들먹거리는 남자들은, 영화에서는 재미있어 보이지만 남편감으로는 낙제생인 경우가 많습니다. 아내에게는 남편이 자신을 한 인간으로 인정해 주고 아끼며 소중히 여기고 부드럽게 돌보아 준다는 느낌이 필요합니다. 이것을 위해서는 약간의 기사도가 필요합니다. 내가 방에 걸어 들어올 때 눈길을 주는 일, 선물이나 꽃을 주는 일처럼 배려하는 마음이 행동으로 나타나야 합니다(아 1:11).

9. 당신의 일을 자기 일처럼 걱정해 주는 사람입니까?(마 11:28; 엡 5:27)

만일 두 사람의 대화가 항상 남자의 문제를 중심으로 이루어진다면, 그리고 늘 그의 기분이나 상태가 내 일보다 우선한다면, 결혼을 다시 생각해 보는 것이 좋습니다. 결혼을 한 뒤, 나에게 정서적 문제가 생기거나 상사와 갈등을 겪게 되거나 아이들과의 문제에 부딪쳤을 때 남편이 전혀 도움이 되어 주지 못한다면 어떻겠습니까? 여러분은 이 말의 뜻을 잘 알 것입니다. 지금 그가 나의 일을 자기 일처럼 걱정해 주지 않는다면, 나중이라고 달라질 리가 없습니다.

10. 그는 로맨틱한 사랑을 스스럼없이 표현합니까?(아 4장)

저는 남편이 아내에게 로맨틱한 사랑의 표현을 하지 않았다는 이유만으로 이혼 위기에 처하게 된 부부를 알고 있습니다. 그 남편은 일종의 감정적인 불구자입니다. 남자들은 로맨틱한 사랑이 없어도 여자들처럼 큰 어려움을 겪지 않기 때문에, 여자들에게 로맨틱한 사랑이 얼마나 중요한지 미처 깨닫지 못할 수 있습니다. 로맨틱한 사랑을 받지 못하는 남자는 보통 일에 몰두함으로써 보람을 찾습니다. 그러나 여자들은 그렇지 못합니다. 남자들은 다른 데서 만족스런 삶을 찾아 누릴 수 있지만, 여자들은 사랑을 받지 못하면 존재의 근거 자체가 흔들리게 됩니다. 어떤 남자도 이해하지 못하는 고통을 겪는 것입니다.

결혼 전에는 다정다감하고 로맨틱하던 연인이 결혼한 지 한 달 만에 돌변해 로맨스의 자취라고는 흔적도 찾을 수 없게 되는 것을 보고 충격을 받는 젊은 여성들이 아주 많습니다. 젊은 처녀들이라면 많은 남자들이 결혼 전에 보여 주는 낭만과 애정 표현의 상당 부분은 여자를 품에 안거나 애무할 때 느끼는 성적인 보상과 무관하지 않다는 점을 잘 알아둘 필요가 있습니다. 꼭 천성적으로 로맨틱하고 다정한 사람이라서가 아닐 수도 있다는 말입니다. 결과적으로, 그런 남자들은 성적인 보상이 더 이상 '보상'이 아니라 언제라도 마음내키면 얻을 수 있는 것이 되고 나면, 더 이상 아무 노력도 하지 않게 되는 것입니다.

그러므로 이 점에서 남자들을 잘못 판단해서는 안 됩니다. 그는 두 사람이 성적으로 흥분되지 않았을 때에도 로맨틱한 행동을 보여 줍니까? 아내들은 흔히 "남편이 섹스를 하고 싶을 때는 금방 알아볼 수가 있어요. 느닷없이 로맨틱한 척하거든요. 그이가 내게 다정하게 구는 건 침대로 데려가고 싶은 마음이 들 때뿐이죠"라고 불평합니다.

이상의 질문들은 평생의 반려자가 될 사람을 선택할 때 좀더 합리적이고 객관적인 태도를 갖게 해 줍니다. 한 가지 틀림없는 사실은, 상대와 강렬한 육체적 관계를 맺었을 경우 남은 일생 동안 나 자신과 아이들의 행복을 좌우하는 중대한 문제들을 객관적으로 사고할 수 있는 능력을 잃게 될 수도 있다는 점입니다. 그래서 하나님께서는 혼전 성관계를 삼가도록 경고하고 계십니다.

결혼을 준비하는 남성들을 위한 6가지 질문
장차 아내가 될 사람을 고를 때 젊은 남자가 스스로 던져 보아야 할 질문들은 어떤 것일까요? 봄날에 술람미를 찾아갔을 때, 솔로몬 역시 수많은 요인들을 염두에 두고 있었을 것입니다. 자신의 인생을 바치는 서약을 하기 전에 그녀를 더 잘 알고 싶은 마음이 있었겠지요. 솔로몬이라면 적어도 다음의 여섯 가지 사항을 알고 싶어했을 것 같습니다.

1. 그녀는 아이들에게 좋은 어머니가 되어 줄 만한 여성입니까?
아이를 갖기 싫어하거나 아이들에게 짜증을 내는 여자라면, 당신의 앞날에 괴로운 시간들이 기다리고 있을지도 모릅니다. 여자들은 평균 잡아 일생의 32퍼센트 정도(70년이라면 25년)를 어머니로서 보내야 하니까요.

2. 그녀는 나를 존경하는 것 같습니까?
"그러나 너희도 각각 자기의 아내 사랑하기를 자기같이 하고 아내도 그 남편을 경외하라"(엡 5:33).

만약 그녀가 나를 존경하지 않는다면, 어쩌면 그건 내 잘못일지도 모릅니다. 나 자신이 여자가 존경할 만한 자격을 갖추지 못했을 수도 있으니까요. 그러나 별다른 이유 없이 존경심을 표현하기 싫어하는 여자라면, 나는 그녀의 사랑을 통해 자신감과 자존감을 얻기가 어려울 것입니다. 그리고 그와 마찬가지로, 그녀 또한 당신의 인도를 따르기가 쉽지 않을 것입니다.

3. 그녀는 아내이자 어머니라는 정체성을 최우선으로 생각하며, 직장인이나 사역자 등 가정 밖의 일을 하는 사람으로서의 정체성을 그 다음으로 생각할 준비가 되어 있습니까?

성경에 따르면 남편의 최우선적인 정체성은 가정 밖에 있으며, 집 안에서의 정체성은 그 다음입니다. 다른 말로 하면, 그녀가 자기 자신에게 "난 누구지?"라는 질문을 던질 때 제일 처음 떠오르는 대답은 다름아닌 "난 빌의 아내야"가 되어야 한다는 뜻입니다. 사도 바울이 '아내는 남편의 영광'이라고 말씀했을 때 바로 이 점을 염두에 두었을 것입니다. 누군가의 '영광'이 된다는 것은 자신의 존재 의미를 그에게서 찾는다는 뜻인 것입니다.

"남자는 하나님의 형상과 영광이니 그 머리에 마땅히 쓰지 않거니와 여자는 남자의 영광이니라"(고전 11:7).

이것이 현대적 사고와는 상당히 어긋나는 것이 사실이지만, 이 현대적 사고야말로 미국에서 이혼율을 50퍼센트까지 높여 놓은 원인입니다. 오직 하나님께서 정하신 머리 됨과 복종의 원칙에 뿌리를 두고 가정을 가꾸어 나갈 때에만, 비로소 남자와 여자는 완전한 인간으로서 각자의 잠재된 가능성을 실현하고 '하나님이 처음에 뜻하신 대로'의 모습이 될 수 있습니다.

4. 그녀는 술람미처럼 성에 대해 자유롭고 건강한 태도를 지니고 있습니까?

부부생활의 불화 중 상당수가 성관계에 대한 아내의 지나치게 새침하고 비성경적인 태도 때문에 일어납니다. 이러한 여성들은 마음속에 자리잡고 있는 금지사항들을 털어 버리지 못하고, 남편에게 극도로 예민한 낭만주의자 노릇을 강요하며, '하기 싫을 때는 하지 않을' 권리를 주장합니다. 이러한 여성들은 창의력 넘치는 남편들의 성적 상상력을 적극적으로 즐기면서 반응할 수 없기 때문에, 결국 부부 사이에는 금이 가고 갈등이 생기며, 심지어 수많은 결혼생활이 파경을 맞이합니다.

5. 그녀는 유능한 살림꾼 역할에서 즐거움을 찾을 수 있는 여성입니까?(잠 31:11-31)

집 안을 훌륭하게 가꾸고 가사의 전문가가 된다는 것은 보람 있고 중요한 일입니다. 집은 엉망진창으로 어질러 놓고 설거지거리를 산더미처럼 쌓아 놓은 채, 누워서 빈둥거리며 하루 종일 연속극이나 보면서 우울증만 부추기는 환상에 젖어서 살아가는 주부들이 요즘에 아주 많습니다.

집안 일을 효율적으로 처리하는 것은 보람있는 일이며, 그 중요성에서 어느 것에도 뒤지지 않습니다. 가정은 아이들이 자라나는 분위기를 조성하므로, 아내는 곧 '아이들의 토양'을 창조하는 사람입니다. 아이들의 토양을 비옥하게 가꾸고 싶다면, 배우자를 신중하게 선택하십시오.

집안 일은 아이들을 학교에 보낸 틈을 타 후딱 해치울 수 있는 것인데도, 수많은 여성들이 질질 끌다가 일주일에 40시간씩 걸리는 고역을 자초하고는 오히려 불평을 합니다.

지금 당신이 결혼을 생각하는 여성은 따스하고 생기 넘치는 가정을 꾸미겠다는 꿈을 가지고 있습니까? 만일 그녀가 자신의 일을 가정보다 더 중시하는 사람이라면, 앞으로 10년 뒤에 당신은 고통스러운 경험을 해야 할지도 모릅니다.

6. 그녀는 근면하며 스스로 동기를 부여하는 사람입니까?

이런 관점에서 잠언 31장에 나타나는 여성을 살펴봅시다.

"그는 양털과 삼을 구하여 부지런히 손으로 일하며"(13절).

"밭을 간품하여 사며 그 손으로 번 것을 가지고 포도원을 심으며"(16절).

잠언에 나오는 여성은 사업과 부동산 거래에 능합니다. 그녀는 가정의 울타리에 '갇히지' 않으며, 가정 밖으로 능력을 뻗쳐 사업에 뛰어듭니다.

"그는 간곤한 자에게 손을 펴며 궁핍한 자를 위하여 손을 내밀며"(31:20).

"그는 베로 옷을 지어 팔며 띠를 만들어 상고에게 맡기며"(31:24).

여성해방운동가들의 주장과는 달리, 소위 '주부증후군'의 95퍼센트는 스스로 부과한 것일 뿐 성경의 전통적 역할 구조와는 아무 상관이 없습니다. 강한 동기와 의지만 있다면 얼마든지 가정 밖으로 진출할 수 있습니다. 가난한 사람이나 병원 일을 돕거나, 성경 공부를 지도하거나, 여성단체에서 강연을 하거나, 소년소녀 복음 전도반을 운영하거나, 자선단체에서 일손을 돕거나, 크고 작은 사업을 벌일 수도 있겠지요. 그러나 부지런하고 자기 동기가 분명한 여성이 아니라면, 우울하고 가라앉은 분위기를 고스란히 집으로 가지고 들어오기 쉬울 것입니다. 직장에서 하루 종일 시달리다 집으로 들어오는 남편은 우울하고 풀죽은 아내가 아니라 활기찬 아내를 보고 싶어합니다.

이 끝없는 질문 목록에는 약간의 제한이 있습니다. 이 모든 기준을 충족시키는 남성이나 여성은 아마 이 세상에 한 사람도 없을 것이기 때문입니다. 중요한 것은 완벽하게 질문에 부합하는지 여부가 아니라 마음가짐입니다. 현재의 모습보다는 앞으로 나아가는 방향이 중요한 것입니다. 나아가 올바른 짝을 고르는 것만큼(어쩌면 그보다 더) 중요한 일은 스스로 올바른 짝이 되는 일에 초점을 맞추는 것입니다. 지금까지 이야기한 질문들의 목록은 스스로 올바른 짝이 되려 하는 이들에게 길잡이가 되어 줄 것입니다.

약혼 기간에 살펴봐야 할 7가지

작은 여우들에 대한 이야기(2:15-17)에서 제시되었듯이, 약혼 기간의 두 번째 목적은 결혼 전에 소소한 문제점들을 해결하려는 데 있습니다. 작은 문제점들이 커다란 위기로 발전하는 일을 주변에서 아주 흔히 볼 수 있습니다. 여기에서는 약혼한 연인들이 유심히 살펴볼 만한 작은 여우 몇 마리를 지목하고자 합니다.

1. 기질의 차이

여성이 공격적인 '지도자' 타입인 반면 남자가 '따라가는 자'의 기질을 가졌을지도 모릅니다. 이 점을 툭 터놓고 의논할 수 있도록 도움이 될 만한 테스트를 받고 싶다면, 목사님을 찾아가서 '테일러 존슨 성격 분석 테스트'(Taylor Johnson Temperament Analisis test, Psychological Publications, Inc., 출간, 5300 Hollywood Boulevard, Los Angeles, California 90027)를 구해 달라고 부탁하십시오. 이 테스트는 그래프 용지에 아홉 개의 기초적 성격 패턴을 지도처럼 그려 넣은 것으로서, 자신과 상대방의 성격을 현실적으로 직시하도록 도와줍니다.

'스튜어트 결혼상담 전 체크 목록'(Stuart Marital Pre-Counseling Inventory, Research Press 출간, 2612 N. Mattis Avenue, Champaign, IL 61820)을 구해 보는 것도 큰 도움이 됩니다. 이것은 결혼생활의 문제점을 해결하려는 데 일차적인 목적을 두고 있습니다만, 미래의 배우자가 갖고 있는 결혼에 대한 여러 가지 견해들을 표면으로 끌어올려 바람직한 변화의 방향을 설정하는 데에도 유용할 것입니다. 다만 반드시 자격을 갖춘 목사나 기독교 상담가의 지도를 받아 실시해야 합니다.

2. 배경의 차이

남자는 소란스러운 대가족 출신으로 만사에 느긋하고 단정치 못하며 생활에 절제가 없는 사람입니다. 그런데 여자는 엄격하고 애정표현을 절제하는 핵가족 출신일 수 있습니다. 이 두 사람이 일평생을 함께하기로 결정했다고 합시다. 이제 한 침대를 써야 하고, 욕조도 같이 쓰고, 하다못해 치약도 함께 써야 합니다. 이 조그맣고 단정한 아가씨는 항상 작고 깔끔한 침대를 쓰면서 오른편으로 누워 자는 버릇이 있는데, 함께 침대를 쓸 이 남자는 덩치가 그녀의 두 배쯤 될 뿐만 아니라 동생과 이불을 놓고 실갱이를 벌이며 자는 데 익숙해져 있는 사람입니다. 그래서 남자는 밤새도록 풍차처럼 빙빙 돌며 점점 더 이불을 몸에 칭칭 휘감습니다. 그는 집안 곳곳에 아무렇게나 옷가지를 던져 벗어 놓으며 샤워를 끝낸 뒤에는 욕실바닥에 젖은 수건들을 내팽개쳐 산더미처럼 쌓아 놓곤 합니다. 이 남자는 매일 아침 여섯시만 되면 눈을 번쩍 뜹니다. 여자의 눈은 적어도 열시까지는 초점이 제대로 맞지 않는데, 남자는 여섯시에 아침을 먹고 싶어합니다!

결혼은 잠깐 재미로 다녀오는 여행이 아닙니다. 계속되는 현실입니다. 두 사람은 이제 함께 살아야만 합니다. '봄날의 방문'을 할 때 자신의 배경, 가정환경, 경제적 위상 등의 특징을 모조리 적어 목록을 만들어 보십시오. 그리고 목록에 적힌 각각의 항목에 대해 서로 대화를 나누어 보십시오.

3. 서로가 품고 있는 포부와 목표

서로의 꿈과 목적을 이야기하며 하루 저녁을 보낸다면 무척 유익한 시간이 될 뿐 아니라, 서로에 대한 새로운 사실에 눈을 뜰 수 있는 좋은 기회가 될 것입니다. 연습 삼아 각자 개인적인 인생철학을 글로 적어 보십시오. 자신의 가치관, 야망, 삶에서 가장 중요하다고 믿는 것, 역할을 떠맡는 관계(아내는 복종, 남편은 머리 됨)에 대한 감정, 결혼에 대한 두려움, 스스로 생각하는 자신의 장점과 약점 등을 말입니다.

최근 새롭게 강조되는 여성해방운동의 관점에서 볼 때, 역할관계의 문제는 그 중요성이 한층 더해지고 있습니다. 그녀는 아내이자 엄마라는 최우선적 정체성을 인정하고 가정 밖의 역할을 부차적인 것으로 받아들입니까? 남편의 성공과 직장이 자기 일보다 우선한다는 사실을 기꺼이 이해합니까?

4. 자녀와 자녀 교육에 대한 서로의 생각

나는 아이를 몇 명이나 낳고 싶습니까? 젊은 신부들 중에는 자기 남편이 아이를 아예 갖기조차 싫어한다는 것을 알고 충격을 받는 사람들도 아주 많습니다.

또 이런 경우도 생각해 봅시다. 자녀를 교육할 때 아내는 끊임없이 매를 맞으면서 성장한 탓에 지나치게 엄격한 규범에 질려 아이들을 자유롭게 키우고 싶어하고, 남편은 거의 규범이 없다시피 한 상황에서 자란 사람이라 아이들을 아주 엄격하게 교육시키기를 원할 수도 있습니다.

이런 문제들로 인해 헤아릴 수 없이 많은 불화가 싹틀 수 있습니다. 결혼 전에 이 점에 대해 서로 대화를 나누십시오. 자녀 교육에 대한 좋은 책들을 몇 권 읽고 토론을 하는 것도 좋습니다. 브루스 내러모어(Bruce Narramore)가 지은 《도와주세요, 저는 부모랍니다》(Help I'm a Parent)가 좋은 예가 되겠습니다. 특히 이 분야에서 가장 훌륭한 책들 가운데 두 권을 꼽는다면 제임스 답슨(James Dobson) 박사의 《숨을까 찾을까》(Hide or Seek)와 찰스 스윈돌(Charles Swindoll)이 지은 《당신과 당신의 자녀》(You and Your Child)를 들 수 있습니다.

5. 부모님이나 시댁 식구, 혹은 처가 식구들과의 관계

처갓집이나 시댁에 대한 수많은 농담에는 어느 정도 현실적 근거가 있습니다. 결혼은 단순히 한 남자와 하는 것이 아니라 그의 가족 전체와 한 식구가 되는 것입니다. 그의 마음은 확실히 가족을 떠났습니까? 혹시 아직도 마음 한구석에 가족에 의존하는 태도가 남아 있지는 않습니까? 아니면 필요할 때 당신의 편을 들어 가족들과 싸워 줄 수 있는 사람입니까?

또 내가 만나는 여자는 조금이라도 문제가 생기면 곧바로 엄마한테 달려갈 사람입니까? 그녀는 자기 가족에게 기대는 마음을 완전히 버리기로 결심했습니까? 이러한 결단을 미처 내리지 못했다면, 일생 동안 바람 잘 날이 없을 것입니다. 창세기 2장 24절 말씀을 기억하십시오. "이러므로 남자가 부모를 떠나 그 아내와 연합하여 둘이 한몸을 이룰지로다."

6. 두 사람의 재정상 빚

대부분의 판사들은 이혼법정에 접수되는 수많은 소원(訴願)들을 증거 삼아 오늘날 결혼생활에서 두 번째로 심각한 문제는 다름아닌 재정상의 불화라고 말합니다. 빚더미 위에서 결혼생활을 시작한다면, 잠재적인 불화의 씨앗을 안고 출발하는 셈입니다.

7. 성에 대한 두 사람의 태도

몇 번의 데이트를 투자해서, 허버트 마일즈(Hurbert Miles)가 지은 《결혼생활의 성적 행복》(Sexual Happiness in Marriage)이나 팀 라헤이(Tim LaHaye)의 《결혼이라는 중대사》(The Act of Marriage)를 한 장씩 읽고 토론해 보는 것도 좋겠습니다. 이러한 책들이 각 장에서 제기하는 문제점들을 솔직하게 이야기하는 일은, 부부가 성생활에 대해 개방된 의사소통을 하기 위해 필수적으로 밟아야 할 첫걸음입니다. 이혼법정의 진술서에 따르면 결혼생활이 파경에 이르는 제1원인은 바로 성적인 문제였습니다.

이 주제에 대해 기술적인 면을 깊이 알아보고 싶다면, 두 사람이 함께 '성 지식 체크 목록'(Sex Knowledge Inventory, Family Life Publications, Inc., Box 6725, College Station, Durham, North Carolina)을 구해 보길 권합니다. 이 테스트는 성에 대한 지식과 태도를 개괄적으로 다루고 있으며, 잠재적으로 문제가 될 만한 부분들을 겉으로 드러내어 보여 주는 데 상당히 쓸모 있는 도구가 될 것입니다. 이 테스트 역시 목사님이나 결혼상담가의 지도를 받아 시행해야 합니다.

결혼 전 따져 보아야 할 득실 요인 3가지

술람미가 헤어짐에 대해 꿈꾸는 장면(3:1-5)은 약혼의 세 번째 목적을 제시해 줍니다. 꿈에서 볼 수 있듯이 술람미는 결혼한 후에 솔로몬과 자주 떨어져 있어야 할지도 모른다는 사실을 깊이 염려하고 있습니다. 그 염려가 깊은 나머지 꿈까지 꾸게 된 것입니다. 이런 사실들은 하나같이 술람미가 왕과 결혼하면서 치러야 할 대가를 진지하게 따져 보고 있음을 보여 줍니다. 우리는 일생을 바칠 서약을 하기 전에, 그 득실을 따져 보아야 합니다! 결혼을 하기 전에 누구나 객관적으로 고려해 보아야 할 '득실 요인'으로 최소한 세 가지가 있습니다.

1. 세상에 완벽한 사람은 없으므로, 미래에 배우자가 될 사람의 현재 모습과 이상형 사이의 간격, 즉 성경에 나타나 있는 이상형과 배우자가 현재 보여 주는 성숙도 사이의 간격을 얼마나 메우고 보완할 수 있는지 자기 자신의 능력을 정직하게 평가해 보십시오. 그 간격을 보완할 수 없다고 느껴지면, 그 사람과 결혼하지 마십시오. 성적인 정열에 눈이 멀면, 이러한 문제들을 제대로 보지 못하게 되기 쉽습니다. 많은 젊은이들은 결혼하면 달라질 거라는 생각으로 결혼을 합니다. 실제로 상대와 살아가면서 겪어야 할 문제점들은 안중에도 없습니다. 이렇게 되는 이유는 결혼하기 전에 끊임없이 상대를 애무하거나 성교를 하면서 한껏 고조된 성적인 기대감 때문입니다.
2. 상대의 생활양식과 직업을 포용할 능력이 있는지 살펴보십시

오. 여기 열렬한 사랑에 빠진 한 쌍의 젊은 연인이 있습니다. 여자는 상류사회의 사교적인 가정 출신입니다. 사교계의 숙녀로 데뷔한 뒤 최상류층의 부유한 사람들 사이에서만 살아왔습니다. 그런데 어느 날 그녀가 시골 청년과 사랑에 빠지게 되었습니다. 그는 평생 동안 그녀의 몸에 밴 생활양식을 유지하기에는 턱도 없이 부족한 수입을 가진 청년입니다. 그렇다고 남자가 여자를 따라 상류사교계로 옮겨 갈 수도 없습니다. 그녀는 과연 이 청년과 결혼을 해야 할까요?

혹은 의사와 결혼할까 생각하는 젊은 여성이 있다고 합시다. 그녀는 여러 밤을 혼자 보내고 한밤중에도 호출을 받을 각오를 해야만 합니다. 그런 생활을 하면서도 정말 행복할 수 있을까요? 그렇지 않다면 술람미의 경고에 귀를 기울여야 합니다. 성적 흥분의 파도에 휩쓸려서 이런 문제점들을 모두 구석에 처박아 버리고는 '아무튼 잘 되겠지' 하는 안일한 생각으로 대충 넘어가서는 안 됩니다.

3. 개인적인 우선순위와 시간사용을 재조정해서 하나님께서 결혼과 가족생활에서 정하신 우선순위들을 따를 각오가 되어 있어야 합니다. 하나님께서 정하신 우선순위는 다음과 같습니다.

"너희는 먼저 그의 나라와 그의 의를 구하라. 그리하면 이 모든 것을 너희에게 더하시리라"(마 6:33).

주님을 최우선에 놓는다고 해서 아내와 가정보다 사역이 더 중요하다는 뜻은 아닙니다. 주님이 가장 앞선다는 말은, 아내와 가족보다 주님과의 개인적인 교제를 더욱 돈독히 하고 키워 나가는 것을 중시한다는 의미입니다. 당신 자신의 사역과 직업보다는 아내와 가족이 더 중요합니다.

둘째는 배우자의 욕구를 채워 주는 것입니다.

"너희가 염려 없기를 원하노라. 장가 가지 않은 자는 주의 일을 염려하여 '어찌하여야 주를 기쁘시게 할꼬?' 하되 장가 간 자는 세상 일을 염려하여 '어찌하여야 아내를 기쁘게 할꼬?' 하여"(고전 7:32-33).

배우자는 직업이나 사업상의 어떤 업무보다도 중요한 존재입니다. 사도 바울은 특별히 남편들에게 아내 사랑하기를 그리스도께서 교회를 사랑하시고 위하여 자신을 주심같이 하라(엡 5:25)고 명합니다.

하나님 아버지와의 관계를 제외한다면, 그리스도께서 무엇보다 중요하게 여기신 것은 교회였습니다. 그분은 교회를 위해 십자가 위에서 자신을 바치셨습니다. 그러므로 남편도 이처럼 아내를 우선순위 목록에서 가장 윗자리에 놓아야 합니다(딤전 3:5-8).

셋째는 아이들의 필요를 채워 주는 것입니다. 그러나 아이들보다는 배우자가 더 중요합니다. 자식 위주의 가정생활은 수많은 부부들을 파경으로 몰고 갔으며, 그만큼 많은 아이들을 불행하게 만들었습니다. 아이들을 위한 최선의 행동은 바로 배우자를 사랑하는 것입니다. 아이들에게는, 엄마와 아빠가 서로를 사랑하는 것이 자기들을 사랑해 주는 것보다 훨씬 더 중요합니다. 이것은 수많은 사회학 연구결과를 통해 입증된 사실입니다.

넷째는 가정 바깥에서 자신에게 맡겨진 직업이나 사역에 책임을 다하는 것입니다. 성경에 따르면 활기찬 가정생활은 사역을 맡기 위한 일종의 자격요건입니다(딤전 3:1-8). 바깥일의 부담이 너무 과중한 나머지 아내가 원하는 바를 제대로 채워 주지 못한다면, 다른 직업을 생각해 보아야 합니다. 하나님께서는 회사에서 우두머리가 될 것을 결코 요구하시지 않습니다. 그러나 가정에서는 훌륭한 가장이 되길 원하십니다. 또한 아내가 직업을 가질 경우에도, 부부 상호간의 만족이라는 우선순위에 따르는 책임을 다하기만 한다면 성경은 그것을 반대하지 않습니다.

당신이 이러한 결혼의 우선순위들에 헌신할 수 없다고 생각한다고 해도 큰 문제는 없습니다. 다만 그럴 경우, 하나님께서는 당신을 독신의 삶으로 부르셨다는 사실을 알아야 합니다.

5
아름다운 추억, 결혼식 행렬

회상 장면 7 아 3:6-11

    마치 느닷없이 들려오는 왁자지껄한 소리에 화들짝 놀란 것처럼, 술람미의 백일몽은 결혼식을 올리던 날 솔로몬이 자기 집으로 보내 온 결혼식 행렬 쪽으로 갑작스럽게 초점을 옮깁니다. 시간 순서로 따지자면, 이 대목은 아가서 1장 1절 앞에 있어야 합니다. 술람미는 사랑하는 이와 함께 보낸 첫날밤을 달콤하게 회상하고 나서, 연애를 막 시작하던 무렵의 추억담을 돌이킨 다음, 이제 화려했던 결혼식 행렬을 떠올리고 있습니다. 그리고 아가서 4장에서 술람미의 회상은 다시 신혼 첫날밤으로 돌아갑니다.

    솔로몬은 결혼식 행렬을 보내어, 북쪽에 자리한 레바논 산악지대의 구릉으로부터 남쪽 예루살렘에 있는 궁전까지 신부를 모셔 오도록 했습니다. 이 결혼식 행렬이 이미 예루살렘 근처에 와 있는 데에서 이 '장면'의 막이 오릅니다. 화자는 코러스입니다. 코러스는 결혼식 행렬의 경이로움을 묘사하면서, 앞에 나왔던 헤어짐에 대한 꿈(3:1-5)이 다음 장에 나오는 첫날밤의 일화로 자연스럽게 연결되도록 도와줍니다.

솔로몬과 술람미의 아가

코러스

연기 기둥처럼 광야에서 다가오는 저것이 무엇일까?
몰약과 유향으로 향을 내고,
상인의 향기로운 분이란 분은 모두 뿌린 걸까?(3:6)

이 대목에 등장하는 코러스는 입성을 앞둔 왕의 행렬이 호화스러운 데 놀라워하는 예루살렘 사람들의 목소리를 대변한다고 볼 수 있습니다.
결혼식 행렬이 지나갈 때, 행렬의 앞뒤로 유향의 향불이 매달려 흔들리고 있었습니다. 연기 기둥은 행렬의 맨 앞과 마지막을 표시하는 향불에서 피어오르는 것입니다.

코러스

보라, 저것은 솔로몬의 가마다.
가마 주위에는 이스라엘 장정 중에서도
가장 힘센 육십 명의 장정들이 서 있네.

모두 장검을 휘두르는 백전노장들,
하나같이 장검을 허리에 차고
밤의 공포에 맞서 지키고 섰네.
솔로몬 왕은 레바논의 재목으로
의자가마를 만들었네.
그 기둥은 은이요, 등받침은 금이요,
자리는 자주빛 천으로 씌웠구나.
그 안쪽은 예루살렘의 딸들이 곱게 수놓았네. (3:7-10)

아마 솔로몬은 전통적인 히브리 풍습을 따라 레바논의 신부 집에서 신부를 맞아 예루살렘의 궁전으로 데리고 돌아왔던 모양입니다. 따라서 술람미는 궁전까지 '가마'를 탄 채 옮겨졌겠지요. 가마란 앞뒤로 튀어나온 막대가 달린 상자 모양의 들것으로 네 명에서 여섯 명의 장정들이 짊어지게 되어 있었습니다. 가마는 술람미가 몸을 기댈 수 있는 침상도 되었지요. 이처럼 술람미는 향불 연기의 구름에 휩싸인 채 솔로몬에게 오고 있습니다.

술람미의 행로는 광야를 지나오도록 되어 있었기 때문에, 솔로몬은 행렬이 습격을 받지 않도록 특별히 주의를 기울였습니다.

신부의 행렬이 가까워지자, 솔로몬은 이 행사를 위해 특별히 고안된 '의자가마'에 앉아 신부를 맞으러 나섭니다. 의자가마는 타는 사람이 기대어 누울 수 있을 만큼 긴의자로 되어 있으며, 천개(天蓋)가 덮여 있고, 기둥이 네 모퉁이를 떠받치고 있습니다. 사방으로 햇빛을 가리는 커튼이 둘러쳐져 있으며 양쪽으로 문이 한 개씩 있는데, 이 문들은 격자 모양으로 만들어지기도 합니다.[1] 신부가 가까이 다가오면, 두 사람은 함께 의자가마 속으로 들어가 궁전으로 옮겨질 것입니다.

천개가 달린 등받침은 황금이고, 긴의자는 제왕의 빛깔인 자주빛입니다. 또 "예루살렘의 딸들"은 꽃수 사이사이에 사랑의 힘을 노래하는 시구절을 수놓아 천개 안쪽을 장식한 궁전의 여인들을 말합니다.[2]

코러스

오, 시온의 딸들이여,
나아가 관(冠)을 쓴 솔로몬 왕을 보라.
그가 결혼하는 날 가슴으로 기뻐하던 날
왕의 어머니가 저 관을 씌워 주었다. (3:11)

코러스는 예루살렘의 여인들을 한꺼번에 부르면서 왕의 모습을 바라보라고 합니다. 이 대목에서 관(冠)은 왕권의 상징이 아니라 행복의 상징입니다. 옛날에는 경축할 만한 일이 있을 때마다 머리에 꽃관을 썼는데, 특히 결혼식날에 썼다고 합니다.[3] 솔로몬의 어머니는 싱싱한 꽃으로 화환을 엮어 젊은 아들의 머리에 씌워 주었습니다. 델리치는 이 장면을 이렇게 설명하고 있습니다. "남자들은 이미 멀리까지 나가 결혼식 행렬을 환호로 맞이했지만, 결혼예복을 차려 입은 솔로몬 왕의 모습은 행복한 부부가 서로를 맞는 순간을 구경하러 나와 있는 뭇 여인들의 가슴을 설레게 했다."[4]

이 시대의 아가

이 아름답고 짤막한 노래는 오늘날의 결혼에도 무리 없이 적용할 수 있는 현실적인 제안들을 담고 있습니다.

결혼의 필요조건 4가지

전통적인 히브리 관습을 따르고 있는 이 대목에서는 아주 당연하게 전제되는 말입니다. 그러나 각양각색의 도덕관념을 가진 우리 사회에서는 '성경적으로 결혼을 성립시키는 것은 무엇인가' 하는 질문이 종종 제기됩니다.

1년 이상 동거생활을 해 온 매력적인 대학생 연인들과 하루 저녁을 함께 보낸 적이 있는데, 그때의 일이 아직도 잊혀지지가 않습니다. 두 사람은 그때 막 그리스도를 영접했습니다. 그들은 '결혼' 한 부부가 아니었습니다. 이제 이들은 어떻게 해야 할까요? 하나님께서는 1년이 넘도록 함께 살았던 두 사람이 이제 와서 더 이상 서로를 남편과 아내로 생각하지 말고 헤어지기를 원하실까요? 두 사람은 분명 서로를 평생의 반려자로 생각하며 깊이 사랑하고 있었습니다. 그런데도 이 두 사람이 당장 헤어져야 할 뿐 아니라 그 동안의 관계는 간음이었다고 말해야 할까요?

이번에는 4년 이상 동거해 온 한 쌍의 연인들의 경우를 생각해 봅시다. 4년 중 2년간은 각자 법적으로 다른 사람의 배우자였습니다. 지금 두 사람은 각각 이혼한 상태이며, 서로를 깊이 사랑하고 있습니다. 그런데 그리스도인이 되어 성경을 읽어 보니, 이혼하지 말라고 쓰여 있습니다. 그렇다면 두 사람은 아직도 옛날의 배우자들과 결혼한 상태인 걸까요? 그들은 각자 이전 배우자들에게 되돌아가야 합니까?

이것은 어려운 문제입니다. 이 문제들이 어려워진 것은 그 동안 우리가 하나님의 규범에서 너무 멀리 떠나왔기 때문입니다. 두 번째 연인들의 경우, 만일 현재 함께 살고 있는 사람과 법적으로 결혼한 관계라면 이전 배우자에게로 돌아가는 것이 금지됩니다(신 24:1-4). 성경적인 기준에서 볼 때 결혼이 성립되려면 무엇이 있어야 합니까? 불행히도 성경은 우리가 바라는 것처럼 그렇게 구체적인 부분까지 말해 주지 않습니다. 그러나 몇 가지 추정할 수 있는 점들은 있습니다.

1. 부모를 떠나라

"이러므로 남자가 부모를 떠나 그 아내와 연합하여 둘이 한몸을 이룰지로다"(창 2:24). 이 말씀에 따르면 결혼의 세 가지 필요조건은 떠나고, 연합하고, 한몸이 되는 것입니다. 즉 떠난다는 것은 부모님이나 시댁, 처가 등에 기대는 마음을 떨쳐 버린다는 뜻입니다. 요즘 한 사람이 계속 부모 편을 들면서 배우자에게 맞서기 때문에, 결혼생활이 위기를 맞게 되는 일이 너무 많습니다. 혹은 아내가 툭하면 짐을 싸서 친정으로 가 버림으로써 남편의 권위와 신뢰에 상처를 주는 일도 있지요. 이러한 서약의 의미는, 필요하다면 부모님 편이 아니라 배우자의 편을 들 자세가 되어 있어야 한다는 것입니다.

2. 연합하라

'연합하다' 라고 번역된 히브리 단어는 '풀처럼 달라붙다' 라는 개념을 가진 말입니다. 이것은 끊으려야 끊을 수 없는 지속적인 관계를 의미하지요. 따라서 결혼의 기본요건은 한 사람에게 평생을 바친다는 서약입니다. 결혼 전에 별 생각 없이 방종한 관계를 맺었다고 해서 그 사람과 결혼한 상태가 되는 것은 아닙니다.

3. 한몸이 되라

한몸이 되는 일에는 성적 결합이 포함되어 있습니다. 이것은 결혼을 완성하는 행위입니다. 그러나 앞에서 말한 서약과 무관한 성교는 결혼의 구성요건이 되지 못합니다.

4. 공적으로 서약하라

성경은 이미 확립되어 있는 통치자와 권위에 대한 복종을 전반에 걸쳐 강조하고 있습니다. 만일 통치자가 법적 허가를 요구한다면, 신도는 그 요구조건을 갖추어야만 합니다. 말라기서 2장 16절은 하나님께서 이혼을 미워하신다고 말씀하고 있습니다. 이혼은 '맹약, 또는 공적인 약속을 한 아내에게 궤사를 행하는 것' 으로 묘사됩니다(말 2:14). 정해진 권위에 복종하라는 말씀은 성경에 아주 많습니다(벧전 2:13-25; 롬 13:1-7). 아가서 3장 6절부터 11절까지에서는 솔로몬과 술람미가 두 사람의 결혼을 '공적으로' 서약하는 모습이 나옵니다(이것은 성경에 나타나는 유일한 결혼방식이지요).

이 가운데 가장 중요하면서도 유일하게 필수불가결한 요건은 두 번째 요건, 즉 연합하라는 말씀이라고 할 수 있습니다. 이 네 가지 항목은 일반적으로 성경이 그리고 있는 결혼의 모습이지만, 여기에는 합법적인 예외도 있을 수 있습니다. 예를 들어, 언제나 공적인 증언을 할 수 있는 것은 아닙니다. 그리고 합법적으로 결혼한 부부라도 '떠나라'는 첫 번째 요건을 갖추지 못하는 경우도 있을 것입니다. 그러나 이상적으로 말하자면 앞에서 말한 네 가지 요건들이 성경적 관점에서 본 결혼의 필요조건이라고 할 수 있습니다.

신부 자랑하기

결혼식은 신부를 위한 거니까 꾹 참고 견뎌 보겠다는 신랑들을 많이 볼 수 있습니다. 그런 남성들은 결혼예식을 어쩔 수 없이 참아 내야 하는 불필요하고 귀찮은 절차로 여깁니다.

행렬을 공들여 호화스럽게 준비하는 솔로몬은 결혼예식 자체에 관심을 갖고 있음을 보여 줍니다. 이러한 관심은 마치 "여보, 당신은 정말 아름다운 신부야. 모든 사람에게 내가 얼마나 행운아인지 알려 주고 싶어"라고 말하는 것처럼 느껴집니다.

반대로 결혼식이나 결혼식 준비에 전혀 관심이 없는 현대의 신랑은 "당신과 결혼하고 싶기는 해. 하지만…… 이건 정말 어색하기 짝이 없어. 결혼식도 싫고…… 이럴 가치가 있는지 모르겠어"라고 말하는 듯한 태도를 보여 줍니다. 신부는 이런 유감스런 태도를 눈치채고, 신랑이 자신을 위해 희생하기 싫어하며, 심지어 자기를 자랑스럽게 생각하지 않는다고 생각할 수 있습니다.

결혼식은 신랑 자신이 들러리가 되어 신부를 돋보이게 해 주고, 모든 사람의 선망을 신부에게 집중시켜 주는 시간입니다. 신랑이 힘들어 보이면, 아내를 자랑하는 일이 너무 벅차서 감당하지 못하는 것처럼 보일 겁니다. 예비 신랑 여러분, 결혼식 계획을 짤 때 적극적으로 관심을 가지고 신부에게 부담을 덜어 주기 위해 할 만한 일이 있는지 물어보십시오. 신부가 원하고 여건이 허락한다면, 함께 가서 그릇은 물론이고 꽃이며 케이크도 같이 골라 보십시오. 이런 일들을 함께하면서 멋진 데이트를 즐겨 보십시오.

6
서로를 내어 주는 첫날밤

회상 장면 8 아 4:1-5:1

　1장 1절부터 2장 7절 말씀에서 우리는 술람미의 기억이 결혼식 날 있었던 일들과 첫날밤에 부드럽게 머무르는 장면을 보게 됩니다. 그리고 나서 결혼식까지 이어지는 일련의 일들이 술람미의 마음의 창에 비추어지기 시작하지요. 결혼식 행렬에 대한 추억은 자연스럽게 두 사람이 함께 보낸 첫날밤에 대한 생각으로 이어집니다. 이 장에서는 첫날밤에 두 사람이 나누었던 사랑이 훨씬 더 자세하게 묘사됩니다.
　이 대목이 틀림없이 신혼 첫날밤 대목이라고 확신하기는 어렵지만, 바로 앞에 나오는 결혼식 행렬 장면과 거의 간격 없이 곧바로 이어진다는 점을 보면 첫날밤이라고 생각할 수 있을 것 같습니다. 그러나 이 부분이 결혼한 지 몇 달 지난 후의 어느 날, 두 사람이 사랑을 나누는 모습을 그린 것일 가능성도 배제할 수는 없습니다.

이렇게 볼 때 결혼식은 아가서 3장과 4장 사이에 있었으리라고 추측됩니다. 또한 술람미가 궁전에 있다가 나중에 연회장에 나타나는 1장의 사건들은 시간적 순서로 볼 때 결혼식 행렬의 도착과 이 노래 사이에 전부 위치하게 됩니다.

왕과 왕비는 이제 단 둘이 있습니다. 솔로몬은 신부의 아름다움을 칭송하느라 여념이 없습니다. 이 장면의 아름다운 사랑 노래는 두 사람의 합환이 완성되는 장면을 살짝 엿보게 해 줍니다.

이 장면의 시간적 배경은 늦은 오후나 이른 저녁입니다(4:6). 물론 고대 사람들에게는 하루가 지금보다 훨씬 짧았다는 사실을 기억해야겠지요. 결혼식 행렬이 도착한 것은 오전이나 한낮 정도로 보입니다. 술람미는 곧 궁전으로 모셔졌고, 거기에서 결혼피로연을 기다렸습니다. 아가서의 첫 구절에서 우리가 술람미를 처음 만나는 곳도 바로 여기입니다. 오후가 무르익을 무렵, 결혼피로연이 열렸습니다. 이제 날은 저물어 가고 어스름이 깔리기 시작합니다. 신랑과 신부는 육체적 결합으로 사랑을 완성할 것을 부푼 마음으로 고대하며 신방에 듭니다.

솔로몬과 술람미의 아가

아내의 아름다움을 칭송하는 솔로몬

솔로몬

참 아름다워라, 내 소중한 사람,
참 아름다워라!
베일 속 그대 두 눈 비둘기 같아.
그대 머리카락은
길르앗 산에서 내려온 염소 떼 같고 (4:1)

솔로몬과 신부는 신방의 긴의자에 함께 기대어 사랑의 유희를 시작한 것 같습니다. 솔로몬은 신부의 아름다움에 압도되어 두 눈과 손길로 그녀의 온몸을 훑어 내리며 매혹적인 아름다움을 칭송합니다.

비둘기(솔로몬은 술람미의 두 눈을 비둘기에 비유합니다)는 전통적으로 순결과 순수와 아름다움의 상징입니다.

여기서 솔로몬이 언급하는 베일이 얼굴 전체를 가리고 있었던 것 같지는 않습니다. 델리치는 베일이 얼굴을 덮고 있었다고 생각하지만,[1] 다음의 사항들을 고려해 볼 때 그랬을 가능성은 별로 없습니다.

첫째, 베일은 다른 남자들의 시선을 막기 위한 것이지, 남편에게까지 얼굴을 가리려는 것은 아니기 때문에 신부가 첫날밤에 베일로 얼굴을 가리고 있다는 것은 필요가 없는 일일뿐더러 어색하기 짝이 없는 일입니다.

둘째, 대목의 시구를 보면 솔로몬은 분명 아내의 치아(4:2)와 입술(4:3)과 뺨(4:3)과 목(4:4)을 볼 수 있었습니다. 만일 동양의 베일을 쓰고 있었다면 하나도 보이지 않았겠지요. 유대인들은 비단 천이나 다른 소재로 베일을 만들어 여자들의 얼굴을 가렸습니다.

이런 관점에서 본다면, 레어먼[2] 등의 견해를 받아들여 이 대목의 베일은 머리 위로 흘러내린 술람미의 머리카락을 가리키는 것이라고 보는 것이 좋겠습니다. 이렇게 보면 치렁치렁한 머리카락이 베일처럼 신부의 얼굴을 덮고 있음에도 불구하고, 그 머리칼 사이사이로 드러난 신부의 아름다움을 보면서 찬미하고 있는 것이 됩니다.

그런데 우리가 보기에는 영 칭찬 같지 않은 칭찬이 나옵니다. 만일 현대의 남편이 첫날밤에 아내에게 염소 떼 운운했다면, 모르긴 몰라도 아내는 울음을 터뜨리거나 들고 있던 지갑을 남편에게 냅다 던져 버렸을 것입니다.

그러나 이것은 주관적 반응의 은유입니다. 시인들은 독자들의 마음과 감정에 주관적인 반응을 불러일으키기 위해 은유를 많이 사용합니다. 이 경우에 염소들은 황혼녘의 노을빛에 빛나고 있는, 비단처럼 보드라우며 까맣고 긴 털을 가진 염소들을 가리키는 것입니다. 길르앗 산의 완만한 언덕을 내려와 집으로 향하는 까만 염소들의 행렬은 보는 이의 눈에 평안함과 아름다움의 감정을 느끼게 하지요. 솔로몬은 술람미가 바로 그와 같다고 말하고 있는 것입니다. 그녀의 머리카락과 전체적인 아름다움을 바라보며 솔로몬은 고요함의 정서에 사로잡힙니다. 그는 아내를 그저 바라보면서, 보이는 그대로를 받아들이기 좋아합니다. 그는 실제로 아주 로맨틱한 사람입니다.

솔로몬

> 그대 이는 방금 털을 깎고
> 갓 목욕을 마친 암양 떼 같아.
> 저마다 쌍둥이를 낳고
> 새끼 잃은 어미 한 마리 없는 암양 떼.
> 그대 입술은 진홍실 같고
> 그대 입은 사랑스러워.
> 그대 관자놀이는 베일 속 석류조각 같아.
> 그대 목은 돌로 쌓은 다윗의 망대 같아.
> 그 위에는 일천 개의 방패가 걸려 있네. (4:2-4)

솔로몬은 이어 신부의 이가 양 떼 같고 갓 털 깎은 양 같다고 하는데, 이 말은 이가 눈처럼 하얗고 매끄럽다는 뜻입니다. 또 목욕을 했다는 것은 침 때문에 술람미의 이에 윤기가 흐르고 있음을 시사합니다.

술람미의 이는 모두 쌍둥이처럼 위아래가 쌍을 이루며 가지런히 맞습니다. 그뿐만 아니라 아직 빠진 이가 하나도 없습니다. '새끼'를 하나도 잃지 않은 것이지요.

솔로몬이 입을 묘사한 구절을 보면 술람미가 립스틱을 바르고 화장을 함으로써 술람미의 타고난 아름다움이 한층 돋보였던 것이 분명합니다.

여기서 솔로몬의 말 한마디 한마디는 그가 애무하는 신체 부위와 따로 생각하기가 어렵습니다. 지금 묘사하고 있는 신체 부위를 애무하지 않고 그저 빤히 쳐다보고만 있다는 것은 아무래도 어색한 일이지요. 따라서 솔로몬은 머리카락에 먼저 입을 맞춤으로써 사랑의 행위를 시작해서, 이와 입술에 입맞추며 손으로 애무하고 있는 것입니다.

그 다음에 솔로몬은 술람미의 관자놀이와 뺨에 입을 맞추고 애무를 합니다. 발갛게 물든 채 머리카락에 가린 관자놀이는 반으로 갈라져 속이 드러난 석류열매 같습니다.[3]

앞의 구절들은 술람미가 시골 출신이라는 데에서 그 매력을 찾고 있습니다. 그러나 술람미는 단순한 시골 처녀가 아닙니다. 그녀는 이제 이스라엘의 왕비인 것입니다. 그래서 다음 구절부터는 솔로몬과 연관되는 물건에 술람미의 생김새를 비유합니다.

솔로몬은 술람미의 목을 다윗의 망대에 비유하면서 그녀의 반듯하고 여왕다운 자세를 칭찬합니다. 방패는 술람미가 공적 장소에 모습을 나타낼 때마다 목에 거는 장신구를 가리킵니다. 당시에는 망대를 보호하기 위해 바깥 벽에 방패들을 거는 일이 자주 있었습니다. 솔로몬은 술람미가 자기 힘의 원천이라고 말하고 있습니다. 그에게는 아내의 힘과 격려가 필요합니다.

솔로몬

그대 두 가슴은 두 마리 새끼 사슴 같고,
백합꽃밭에서 먹고 사는 쌍둥이 새끼 영양 같아.

델리치는 "가슴은 두 개가 똑같으며 젊음의 신선함이 있다는 점에서 쌍둥이 새끼 영양에 비유되고, 가슴이 솟아 있는 가슴판은 쌍둥이 새끼 영양들이 배불리 먹는 백합꽃 가득한 초원으로 비유된다"라고 말했습니다. 이러한 비유적 표현은 술람미의 가슴이 드러나 있음을 암시합니다.[4]

그런데 다른 면에서는 비상한 통찰력을 보여 주는 히브리 문학자들이 자신들의 문화적 전제에 눈이 멀어 아가서의 몇몇 구절에 드러나는 명백한 의미들을 거부하는 양상들을 지켜 보면 아주 흥미롭습니다. 예를 들어 독일의 저명한 성서해석학자인 조클러는 이 구절에 대해 이렇게 설명하고 있습니다.

이 비유를 좀더 세세한 부분까지 나누어 따지는 견해, 예를 들어…… 새끼 영양에 대한 특정한 비유가 특별히 매혹적인 가슴의 가무스름한 젖꼭지를 뜻하며 백합꽃은 눈처럼 희디흰 술람미의 가슴을 의미한다는 바이스프(Weissb)의 견해는 도저히 인정할 수 없다. 사실 이러한 견해는 점잖은 취미를 거스를 뿐만 아니라 음란한 외설로 유도하는 것이기도 하다."[5]

델리치를 위시한 학자들은 조클러가 '점잖은 취미를 거스른다'고 주장하는 바로 그 내용이야말로 이 본문이 가르치는 바라고 믿습니다. 조클러는 자기가 보기에 음란하게 느껴지기 때문에 이러한 견해를 부정하는 것입니다. 그의 주장은 해석학자의 입장에서 하는 말이 아니라, 자신이 속한 문화에 영향을 받는 사람의 입장에서 하는 말일 뿐입니다. 그는 해석학적 원칙이 아니라 문화적 전제에 따라 일리 있는 아가서의 해석 가능성을 아예 배제하는 것입니다. 다른 사람들은 이 대목에서 점잖지 못한 취미나 외설을 발견하기는커녕, 오히려 아름답다는 느낌을 받을 수도 있습니다.

영양과 백합꽃의 상징은 실제로 아주 섬세하고 아름답습니다. 여기서 말하는 영양은 도커스 가젤로서,[6] 어깨높이가 대략 1미터 정도 되고 몸이 가벼우며 감탄이 절로 나올 만큼 우아한 몸놀림을 가진 동물이지요. 특히 눈동자의 아름다움은 속담에 등장할 정도입니다. 영양과 관련해서 쉽게 생각나는 사실은 이것이 솔로몬의 식탁에 진미 요리로 진상되었다는 것입니다(왕상 4:23). 영양(개역성경에는 '노루'-옮긴이) 요리는 아주 맛있는 음식입니다. 또한 새끼 사슴처럼 엷은 황갈색을 띠고 있는 영양은 길만 들이면 아주 다정한 동물입니다.[7] 더구나 이들은 보는 사람이 눈을 뗄 수 없도록 장난기 넘치고 활달하며, 가까이 다가가 만져 보지 않고는 못 배길 정도로 사랑스럽습니다.[8] 그리고 백합꽃은 곡선이 아름다워서 건축 장식으로 많이 언급되는 꽃입니다.[9]

'영양'과 '백합'에 연관되어 있는 것들을 슬쩍 훑어보기만 해도, 아내의 가슴을 묘사하는 솔로몬의 어휘가 얼마나 풍요로운 아름다움을 함축하고 있는지 알 수 있습니다. 술람미의 가슴은 백합처럼 곡선미가 넘칩니다. 그 아름다움은 마치 시냇물을 마시고 있는 영양 한 마리처럼 손을 뻗어 어루만지고 싶은 욕망을 마음속에 불러일으킵니다. 영양의 장난기는 성적인 희롱을 의미합니다. 또 영양이 솔로몬의 상에 진상되던 음식이라는 점은 가슴을 입술과 혀로 애무하고 싶어하는 솔로몬의 욕망을 드러냅니다. 영양이 따스하고 애정이 넘치듯이 성적 파트너로서의 술람미 역시 다사롭고 사랑이 넘칩니다.

솔로몬

> 날이 서늘해져서 그림자들이 도망칠 때(황혼녘에),
> 나는 몰약의 산으로, 유향의 언덕으로 향하련다. (4:6)

이것은 병치구문으로 보입니다. 그러므로 몰약의 산과 유향의 언덕은 같은 곳이 되겠지요. 이것은 무엇을 나타내는 말일까요?

여성의 성기는 5장 1절에서는 '정원'으로, 4장 13절에서는 '새싹'(4장 13절에 대한 논의 참조)으로 비유됩니다. 두 대목 모두 술람미의 '정원'에서 풍기는 특유의 향기를 몰약과 유향으로 묘사하고 있습니다.

이렇게 해석한다면 몰약의 '산'과 유향의 '언덕'은 소위 속담에서 말하는 '비너스의 산'을 뜻하게 됩니다.

이러한 비유적 표현의 내용은 솔로몬의 찬사와 애무가 술람미의 머리에서 시작해서 점점 아래쪽으로 내려간다는 사실에서도 다시 확인할 수 있습니다. 다음의 순서들을 주목해 보십시오.

- 눈 – 비둘기 같다
- 머리카락 – 길고 검다
- 이 – 희고 매끄럽다
- 입술 – 빨갛고 사랑스럽다
- 뺨 – 발그레하다
- 목 – 곧다
- 가슴 – 풍만하고 젊다
- '정원'('몰약의 산' 등) – 에로틱한 향내가 풍긴다

솔로몬은 신부의 아름다움을 한마디로 이렇게 요약합니다.

솔로몬

내 소중한 그대는 머리부터 발끝까지 아름답고
티끌 한 점 없이 깨끗해. (4:7)

언젠가 부부생활에서 육체적인 면으로 어려움을 겪고 있는 부부를 상담한 적이 있습니다. 겉보기에는 아내가 성생활에 거리낌을 갖고 있다는 점이 원인인 것 같았습니다. 남편은 아내가 왜 옷을 벗고 몸을 보여 주기를 거부하는지 모르겠다는 눈치였습니다. 저는 남편에게 부인의 몸이 아름답다고 말해 준 적이 있는지 물었습니다. 그러자 아내가 대답했습니다.

"그런 적 없어요. 남편은 그런 말을 하지 않아요. 저는 남편이 제 몸을 매력적이라고 생각하는지 아닌지 알 수가 없어요. 그런 말을 한 번도 듣지 못했기 때문에 저는 남편이 제 몸을 싫어한다고 생각해 버렸죠."

그래서 이 아내는 남편에게 몸을 보여 주기를 꺼리게 된 것입니다. 여성이라면 누구나 자신의 외모가 남편을 흥분시킨다고 믿고 싶어합니다. 솔로몬은 이 사실에 민감했고, 이에 따라 자기 감정을 표현했습니다. 여자라면 누구나 그렇듯이 술람미도 자신의 모습을 보고 남편이 좋다고 말해 주는 것을 듣고 싶었습니다.

문제는 자신의 특정 신체부위에 자신감을 갖지 못하는 여성들이 많다는 사실입니다. 여자들은 거울 앞에 서서 자기 모습을 볼 때마다, 남편들은 상상조차 못할 곳에서 헤아릴 수 없이 많은 단점들을 발견합니다. 예를 들어, 맹장염 수술자국을 보면서 45센티미터나 되는 것처럼 크게 느끼거나, 아기를 낳은 뒤 몇 군데 살이 튼 것을 보면서 '갈퀴로 긁은 밭 같다'고 느끼지요. 또 허벅지는 너무 뚱뚱하거나 너무 말랐다고 생각하고, 가슴은 너무 크거나 너무 작거나 어쨌든 무언가 문제가 있다고 느낍니다.

아내에게 "내 눈에는 당신이 예뻐 보인다"라고 말해 주십시오. 솔로몬은 지금 그렇게 하고 있습니다. 그가 시를 통해 하는 것은 바로 그러한 칭찬입니다!

고향을 그리는 아내를 다독이는 솔로몬

두 사람은 사랑의 행위를 잠시 쉽니다. 그 사이에 솔로몬은 4장

7절에서 아내의 아름다움을 한마디로 요약한 뒤 그녀의 고향 집인 레바논 산악지대로 여행하자는 이야기를 꺼냅니다.

솔로몬

레바논에서부터 나와 함께 갑시다, 나의 신부여,
레바논에서부터 나와 함께 갑시다.
아마나 꼭대기에서부터 아래로 내려가요.
스닐과 헤르몬 꼭대기에서부터
사자의 굴과
표범의 산에서부터. (4:8)

두 사람이 예루살렘의 신방에 있다는 사실을 생각하면, 이 구절은 약간 난해해집니다. 델리치는 이 구절의 히브리어에 산악지대의 가파른 구릉을 올라 '레바논으로' 자신과 함께 '가자'는 뜻이 담겨 있다고 주장합니다.[10] 지금 솔로몬은 전원에서 휴가를 보내자고 약속하고 있는 것입니다. 술람미가 사랑하는 전원으로 데리고 가겠다고 말입니다. 그러고는 산에 가서 무엇을 보고 무슨 일을 할 것인지에 대해 이야기합니다. 아마나는 레바논 산맥의 가장 바깥쪽에 위치한 산의 이름입니다.

헤르몬은 안티리바누스 산맥(Anti-libanus chain)의 최남단에 위치한 봉우리입니다. 이 산맥은 대략 3,000미터 고도의 팔레스타인의 남동쪽 국경을 형성합니다. 요단 강은 바로 이곳에서 발원하지요. 스닐은 같은 산맥의 다른 부분을 가리킵니다. 솔로몬은 이 지역에 왕궁을 지었을 가능성이 높습니다. 말하자면 샌 클레멘트나 캠프 데이빗(미국 대통령의 별장이 있는 곳—옮긴이)처럼, 북부 지방에 있는 백악관 격의 장소일 수 있습니다. 그러니까 그는 아내가 자라난 고향 북부로 휴가여행을, 아니 어쩌면 신혼여행을 가자고 약속하는 셈입니다.

사자는 이미 오래 전에 멸종되었지만, 표범은 지금도 이 부근 산악지역에 살고 있습니다. 솔로몬은 산꼭대기로 올라가 함께 밀월여행을 하면서 사자와 표범이 사는 곳을 내려다보자고 약속합니다.

9절로 넘어가기 전에, 이 시구에서 뚜렷이 드러나는 성애의 원칙들을 몇 가지 생각해 봅시다. 여러분도 술람미의 입장에 서서 생각해 보십시오. 이틀 전만 해도 그녀는 북부 레바논 산기슭의 포도원에서 맨발로 다니던 시골 처녀였습니다. 그런데 겨우 48시간 만에 호화로운 결혼식 행렬에 실려 남부로 옮겨져 세계에서 가장 부유한 남자의 궁전에 들어 결혼피로연을 주도한 뒤, 새신랑과 단 둘이 남게 된 것입니다. 이틀 만에 시골 처녀에게 일어난 일로서는 정말 굉장한 일이 아닙니까!

신부는 틀림없이 약간 초조하고 불안할 것입니다. 그녀는 십중팔구 레바논의 고향을 그리고 있겠지요. 어울리지 않는 곳에 왔다는 느낌이 들기도 할 것입니다. 게다가 아름다운 궁전 여인들에 비해 초라한 외모도 약간 걱정됩니다(1:5, 6; 2:1, 2). 자기 혼자만 '골짜기의 나리꽃', 즉 평범한 시골 처녀라는 느낌도 듭니다. 신부의 마음에 있는 이런 내면의 감정들을 생각할 때, 성애에 임하는

서로를 내어 주는 첫날밤

솔로몬의 자세는 아주 본받을 만합니다.

그는 4장 8절에서 술람미의 가장 큰 걱정거리인 시골집에 대한 그리움을 달래 주려 합니다. 그곳으로 신혼여행을 가겠다고 약속하는 것이지요.

두 번째 문제인 외모에 대한 염려는 4장 1절부터 7절까지 술람미의 아름다움을 칭송하는 말들로 다독입니다. 솔로몬은 정말로 상대방의 마음을 읽을 줄 아는 사람입니다! 그는 아내의 심리적, 정서적 불안감에 민감하게 반응하며, 자기 혼자만 육체적인 쾌감을 얻으려 들지 않습니다.

남자들은 전체적인 관계와 성의 문제를 따로 떼어 놓고 생각하는 경우가 너무 많습니다. 반면에 여자들은 두 사람의 관계와 성의 '정신적' 측면에 너무 매달린 나머지 그것만이 순수한 즐거움을 줄 수 있으며 성적 유희는 거북한 것이라고 생각하는 경향이 있습니다. 두 가지 극단적인 태도는 모두 잘못된 것입니다. 솔로몬은 아주 사려 깊고 조심스러운 태도로 신부를 대하고 있습니다. 여성은 사랑을 나눌 때 남편이 자신을 그저 '몸'이나 물건이 아니라 한 인격으로 대해 주길 원합니다. 솔로몬과 술람미의 성적 유희는 단순한 성적 대상이 아니라 인격과 인격으로서 느긋하고 편안하게 서로 즐기는 시간입니다. '30초'에 끝내자는 태도로 잠자리를 가지면서도 아내가 왜 이렇게 반응이 없는지 이상하게 생각하는 남자들이 정말이지 너무나 많습니다. 성관계가 사랑의 표현이 되기 위해서는, 자기보다 상대방의 필요와 욕망을 더 중요하게 생각해야만 합니다.

아무 일에든지 다툼이나 허영으로 하지 말고 오직 겸손한 마음으로 각각 자기보다 남을 낫게 여기고, 각각 자기 일을 돌아볼뿐더러 또한 각각 다른 사람들의 일을 돌아보아 나의 기쁨을 충만케 하라. (빌 2:3-4)

만약 두 사람의 잠자리가 고작 5분에서 10분 정도 만에 끝나 버린다면, 아내를 정말 한 인간으로 사랑하는 것인지 아니면 단순히 성욕의 발산을 위해 아내를 이용하고 있는 것인지 스스로 물어보십시오. 솔로몬의 주된 관심사는 아내를 만족시켜 주는 것이지 스스로 쾌락을 얻는 것이 아니었습니다. 그러나 그 결과, 그는 넘치는 만족감을 돌려받습니다(5:1).

아내를 향한 솔로몬의 찬사

짤막한 간주와 환희에 찬 대화가 끝난 뒤 다시 시작된 두 사람의 사랑은 다음의 시구에서 보듯이 한층 빠른 속도로 진행됩니다.

♛ 솔로몬

그대가 내 심장을 더 빨리 뛰게 하네, 나의 누이, 나의 신부여,
그대 단 한 번 눈길에 내 심장 더 빨리 뛰네.
목에 걸린 단 한 줄 목걸이에 내 심장 더 빨리 뛰네.
그대 사랑은 참 아름다워, 나의 누이, 나의 신부여,
그대 사랑은 포도주보다 훨씬 낫고,
그대 기름 향내는

세상 그 어느 향료보다 향기로워!
나의 신부여, 그대 입술에선 꿀이 방울져 떨어지고
그대 혀 아래에는 젖과 꿀이 고여 있네.
그대 입은 옷 향기는 레바논 향기 같아. (4:9-11)

그녀의 눈길은 그를 흥분시킬 만큼 고혹적입니다.
솔로몬은 그녀의 사랑('애무의 손길'일 것입니다. 1장 2절의 논의를 보십시오)이 아름답다고 말합니다(2:3). 그녀의 사랑은 지고지상의 쾌락을 상징하는 포도주보다 훨씬 더 아름답습니다.[11]
그녀의 사랑이 포도주보다 낫다는 말은 아내의 기교에 대한 솔로몬의 칭찬입니다. 술람미는 능숙한 연인입니다!
아내의 몸에서 자연스럽게 배어 나오는 기름은 그에게 "세상 그 어느 향료"보다 향기롭습니다. 여기서 말하는 향료는 몰약 기름 같은 것입니다. 여기에서는 자연스럽게 생긴 '기름'(여성의 성적 흥분과 관련된 촉촉함)과 외적이고 인공적인 향료가 대비를 이루고 있습니다.
이러한 상징들은 술람미의 달콤한 입맞춤을 가리킵니다. 어떤 작가는 "로맨스를 연구하는 학자들 중 일부는 특정한 형태의 입맞춤이 근세기에 프랑스에서 생겨났다고 믿는 것이 분명하다. 그러나 아가서의 이 구절은 그보다 훨씬 오래 전에 쓰였다"라고 지적했습니다.[12]
이 구절은 두 사람이 함께 사랑을 나누는 동안 술람미가 걸치고 있던 얇고 하늘하늘하며 향수를 뿌린 속옷을 가리키는 것이 분명합니다. 아마 속이 훤히 비치는 재질이었겠지요. 그렇기 때문에 솔로몬은 속옷 속의 가슴(4:5)과 몰약의 산(4:6)을 들여다볼 수 있었을 것입니다. 이런 옷차림은 술람미의 여성적 매력을 솔로몬 앞에서 최대한 돋보이게 해 줍니다. 술람미는 침실에 어울리는 옷차림이 어떤 것인지 잘 알고 있었습니다!

최근에 읽은 책에서 한 여성은 이렇게 말했습니다. "아내들이여, 남편이 속이 들여다보이는 까만 속옷을 좋아한다면, 면 잠옷을 입고 잠자리에 들지 마십시오. 여러분은 수녀원 생활을 하는 것이 아니라, 남자와 함께 잠자리에 드는 것입니다."[13] 남편은 겹겹이 챙겨 입은 옷들이나 전도사처럼 차려 입은 옷들과 씨름하고 싶어하지 않습니다.

솔로몬

나의 누이, 나의 신부는 잠긴 정원이라네.
잠긴 바위 정원, 봉인된 샘이라네. (4:12)

'정원'은 술람미의 질을 뜻합니다. 잠겼다는 말은 한 번도 출입이 없었던 곳이라는 의미로서, 술람미가 처녀라는 뜻입니다. 팔레스타인에서 정원과 포도원은 낯선 사람의 침입을 막기 위해 돌벽으로 둘러싸여 있었습니다. 오직 정원의 적법한 주인만이 안으로 들어갈 수 있었지요.

솔로몬은 아내의 성기에 시적이고도 상징적인 아름다움이 가득하다는 것을 묘사하기 위해 '정원'이라는 단어를 쓰고 있습니다.

'gannah'라는 히브리어는 말 그대로 해석하면 '은밀하게 위장된 곳, 혹은 숨겨진 곳'이라는 뜻으로서, 동방의 여행자의 마음속에는 오늘날 우리가 평범한 정원에서 받는 느낌보다는 훨씬 더 풍요로운 느낌을 주는 단어입니다. 성경 시대의 정원들은 "흔히 벽으로 둘러싸인 장원(莊園)으로서, 그 이름에서 알 수 있듯이 시원한 그늘과 과일나무 사이로 들고 나는 꼬불꼬불한 오솔길가에 물이 흐르는 수로, 샘물, 달콤한 냄새가 나는 약초들, 향기로운 꽃, 그리고 앉아서 그 모든 것들을 한꺼번에 즐길 수 있는 정자들이 있는 장소를 의미했다"고 합니다.[14]

고대 이집트, 팔레스타인, 바빌론의 문학을 보면 왕들이 특히 정원을 사랑해서 드넓은 공간에 희귀한 꽃과 나무를 모아 놓은 정원을 가꾸었음을 알 수 있습니다. 동방인들에게 정원은 그늘이 있는 곳이었고, 원기를 회복시켜 주는 청량한 공간이었습니다. 낙원을 그린 고대의 그림들을 보면 대개 그늘진 정원, 꽃과 과일의 달콤한 향내가 밴 공기, 반주로 흐르는 물소리의 음악과 기대 누워 쉴 수 있는 긴의자를 찾아볼 수 있습니다. 특히 히브리 사람들에게는 '정원'에 대한 언급이 에덴동산의 아름다움과 완벽한 조화를 생각나게 했습니다.

건조하고 땡볕이 내리쬐는 사막(팔레스타인을 둘러싼 사막처럼)을 며칠 동안 여행하다가 아름답게 그늘진 정원을 만나게 된 사람만이, 이런 정원들이 낙원과 얼마나 비슷하게 보이는지를 제대로 실감할 수 있습니다.

따라서 술람미의 질을 정원에 비유하는 것은, 꽃이 만개한 동방의 정원처럼 보기에 아름답다는 뜻입니다. 꼼꼼하게 공들여 가꾼 동방의 정원이 맛있는 '과일'을 맺듯이, 술람미의 정원도 '가꾸면' 맛좋은 열매(성적인 쾌락)를 맺는 원천이 됩니다. 그리고 나아가 비옥한 다산(多産)의 장소이기도 합니다. 그녀와 사랑을 나누면 마치 낙원으로 들어가는 것 같습니다. 그녀가 주는 쾌락은 아무도 볼 수 없는 은밀한 것으로서, 오직 정원의 적법한 주인인 솔로몬만을 위해 존재하는 것입니다.

다른 한편으로 솔로몬은 아내의 질을 '봉인된 샘물'이라고도 표현합니다(4:12). 동양에서는 물이 귀했기 때문에 샘물을 소유한 사람들은 태양빛에 순식간에 말라 버리는 진흙으로 샘물 입구를 바르곤 했습니다. 따라서 봉인된 샘물은 모든 더러운 것들이 들어올 수 없도록 닫혀 있었고, 적법한 주인이 아니라면 아무도 그곳에서 물을 마실 수 없었습니다.

이와 같이 술람미는 세상에 닫혀 있으며, 아무도 그녀의 순수한 마음을 동요시키거나 순결한 몸을 더럽힐 수 없습니다.

♛ 솔로몬

그대의 여울들은 석류나무가 자라는 과수원,
잘 고른 과일, 헤나꽃, 나드 풀,
나드와 사프론, 창포와 계피가 자라고
유향나무와 몰약, 알로에가
세상에서 가장 좋은 향료들과 함께 자라는 곳. (4:13-14)

서로를 내어 주는 첫날밤

구약성경에서 '여울들'로 번역되는 히브리어는 화살처럼 발사하는 무기나 일반 무기를 뜻하는 말로 쓰입니다. 그리고 식물이나 열매(렘 17:8; 시 80:12)를 가리키는 데 쓰이기도 합니다. 그런데 이 두 가지 의미 모두 이 대목에서는 전혀 통하지 않습니다. 솔로몬은 특별히 연가에 통용되는 고유한 의미를 이 단위에 부여한 것 같습니다. 그가 '기름'이나 '정원'이나 '과일' 같은 평범한 단어들을 골라 에로틱한 의미를 부여하는 솜씨를 보면, 이런 표현도 그다지 놀랄 만한 것은 아닙니다. 몇몇 주석가들은 이 단어를 '발사되는 것들'이라고 번역해야 한다고 주장합니다.[15] 그러나 이것은 문자 그대로의 뜻에 충실하다는 장점은 있지만, 의미는 별로 통하지 않는 번역입니다.

앞에 나오는 시구가 여성의 신체부위들을 가리키는 것으로 미루어 볼 때, 이 대목 역시 아랍어의 'shalkh', 즉 여성의 질을 뜻하는 말로 보아야 한다는 해리슨 허쉬버그의 견해가 정확한 것 같습니다.[16] 그러니까 '여울들'은 곧 '정원'과 같은 뜻이 되겠지요. 4장 14절에는 그녀의 '여울들'에서 유향 향기가 난다는 이야기가 나오며, 5장 1절에는 '정원', 즉 질에서도 같은 향기가 난다는 표현이 나옵니다. 이렇게 해석할 경우 '여울들'이라는 복수형을 쓰는 것이 좀 어색합니다만, 이는 아마 'elohim'('하나님'이라는 뜻으로서 신성한 권능을 강조하기 위해 복수형을 사용한 경우)처럼 강조하기 위한 복수형으로 보아야 할 것입니다. 조클러는 '풀들'(plants)이라는 말이 풀 한 포기를 뜻한다고 주장합니다.[17]

솔로몬은 술람미를 '정원', 즉 석류나무 과수원이라고 부르면서, 그녀의 정원이 세상에서 가장 맛좋은 과일들을 맺는다고 말합니다. 그는 그곳에서 자신을 기다리고 있는 쾌락을 이야기하고 있는 것입니다.

나머지 구절들에서는 이국적이고 향기로운 식물들이 열거되는데, 대부분 솔로몬이 팔레스타인으로 수입해 들여온 향목들입니다. 솔로몬은 이런 식물들을 통해 술람미의 '정원'을 에로틱하게, 그리고 시적으로 그리고 있습니다.

나드는 좋은 향기를 풍기는 식물입니다. 사프론은 노란색의 화초이고 창포는 갈대 같은 줄기에 황갈색 빛을 띤 습지식물입니다. 그리고 계피는 서인도제도에서 자라는 식물로서 키가 9미터에 달합니다. 또 몰약나무에서 얻어지는 몰약이라는 향유는 입 안을 씻고 입냄새를 없애는 데 쓰였습니다.[18]

고대인들은 갖가지 향수를 즐겼으며, 온몸과 발에 향유를 문질러 발랐습니다. 특별히 고안된 향로에서는 여러 말린 향초가 든 주머니나 송진, 또는 송진이 밴 나무토막을 태웠습니다.[19] 또 향수는 입냄새를 좋게 하는 데에도 쓰였습니다(아 7:8). 그들은 옷에도 향수를 뿌렸고(시 45:8; 아 3:6; 4:11), 긴의자와 침대에도 향수를 뿌렸습니다(잠 7:17). 입에서 상쾌한 냄새가 나게 하려고 유향을 씹는 일도 있었습니다.[20] 알로에는 인도에서 자라는 식물로서, 훌륭한 향기가 나서 원주민들이 경건한 마음으로 다루었다고 합니다.

여성의 질과 좋은 향기를 연결시키는 것을 의아하게 생각하는 여성들이 많습니다. 아내들은 여러 가지 이유로 자신의 성기를 혐오스럽다고 믿으며, 남편이 왜 그곳을 매력적이라고 생각하는지 모르겠다고 말합니다. 그러나 하나님께서는 남편들이 성기를 포함한 아내의 육체 전부를 즐기도록 창조하셨습니다. 여성이 성적으로 흥분하게 되면, 비누와 물로 깨끗하게 씻은 질에서는 그 촉촉한 느낌을 연상케 하는 희미하면서도 아주 자극적인 냄새가 납니다. 술람미의 정원이 '세상에서 가장 좋은 향료'를 품고 있다는 말은, 그곳이 세상에서 가장 귀한 향기 나는 풀보다 더 귀하고 값지다는 뜻입니다.

이 부분에 대해서도 '정원'의 '향기'를 칭송하는 말에 담긴 명백한 뜻에 애써 고개를 돌리려는 몇몇 주석가들의 태도는 아주 흥미롭습니다. 예컨대 조클러는 레인지(Lange)의 주석을 평하면서, "정원의 개별 산물에 대한 특정한 해석은 전체적으로 엉터리이며, 점잖은 취미에 크게 거슬린다"라고 합니다.[21] 그러나 하나님께서 성경에 써 넣으셨고 아름답고 신성한 것으로 인정하신 것이 어째서 '점잖은 취미'를 거스른다는 말입니까?

솔로몬

그대는 정원의 분수,
깨끗한 물이 가득한 우물,
레바논에서 흘러나오는 시내. (4:15)

이제 술람미는 솔로몬에게 봉인된 정원이 아닙니다. 지치고 목마른 여행자가 샘물을 마시듯이 기꺼이 물을 마시고 기운을 차릴 수 있는, 뚜껑이 활짝 열린 우물입니다. 그러면 "레바논에서 흘러

나오는 시내"란 무엇을 가리키는 말일까요? 이 표현은 잠언 5장 15절부터 17절까지 말씀에서도 비슷한 성적 맥락에서 남성의 정액을 가리키는 말로 나옵니다.

> 너는 네 우물에서 물을 마시며 네 샘에서 흐르는 물을 마시라. 어찌하여 네 샘물을 집 밖으로 넘치게 하겠으며 네 도랑물(시내)을 거리로 흘러가게 하겠느냐?

즉, 오직 아내하고만 성관계를 맺으라는 말씀입니다.
매케인은 "'샘물'과 도랑물은 남성의 정액이다……"라고 말한 바 있습니다.[22]

> 그 물로 네게만 있게 하고 타인으로 더불어 그것을 나누지 말라.

"……낯선 여인과의 성교는 정액의 낭비다. 왜냐하면 그것은 남의 집에 가서 아이들을 키우는 것이요, 자신의 가세를 이루고 자손을 양육하는 일을 소홀히 하는 짓이기 때문이다."[23] 매케인은 그것이 부도덕한 짓이라는 말을 그만 빼먹었군요!
여기에는 아가서 4장 15절과 병치되는 생각이 엿보입니다. 두 구절 모두 같은 저자, 즉 솔로몬이 쓴 것입니다.
만일 남편의 샘물과 도랑물이 정액이라면, 아내에게서 흐르는 물은 무엇을 의미할까요? 정액이 남성이 성적으로 흥분한 결과이

잠언 5:14, 16의 아내	잠언 5:16의 남편
우물 네 샘에서 흐르는 물	샘물을 넘치게 하지 말라 도랑물

듯 흐르는 물 역시 여성의 성적 흥분으로 인한 분비물일 것입니다. 따라서 흐르는 물은 성교 중에 질을 촉촉히 적시는 유액을 뜻합니다. 시냇물은 심신을 새롭게 하는 것을 가리키는 상징입니다. 따라서 여기에서는 술람미의 정원에서 성적으로 새로워진다는 의미인 것입니다.

남편의 찬사에 화답하는 술람미

술람미가 충분히 젖은 뒤에야 비로소 성교를 요구한다는 사실(4:16)도 눈여겨 볼 만합니다. 처음부터 질을 자극하면서 성애를 시작한다든가, 특별히 아내가 절정에 가까워지고 질이 촉촉해졌다고 알려 주기 전에 삽입을 시도하려 드는 남성들이 아주 많습니다. 그러나 단순히 그곳이 촉촉해졌다는 사실만으로 여성이 준비가 다 되었다고 생각하면 안 됩니다. 술람미가 솔로몬에게 일러 주듯이 아내 스스로 당신에게 알려 주도록 하십시오.

♥ 술람미

깨어라, 오, 북풍아,
불어라, 남쪽 바람아.
나의 정원에 불어 향기를 날려라,

그 향내 넘실넘실 멀리까지 퍼지도록.
내 사랑하는 이가 그의 정원에 들어와
그 과일들을 따먹었으면!(4:16)

술람미가 비로소 솔로몬의 찬사에 응대합니다. 술람미는 솔로몬을 북풍과 남쪽 바람이라고 부릅니다. 북풍은 구름을 걷고 맑은 날씨를 가져다 주며, 남풍은 따스함과 촉촉함을 가져옵니다. 북풍과 남풍이 팔레스타인의 정원에 번갈아 불면, 서늘함과 더위, 냉기와 온기가 정원수들의 생장을 촉진시켜 줍니다. 술람미는 솔로몬에게 자신의 정원을 손으로 어루만져 성적인 흥분을 촉진시켜 달라고 부탁하고 있습니다.

'바람'이 방향을 바꾸어 가며 정원으로 불어올 때마다, 술람미의 성적 정열 또한 점차 커지다가 결국은 정원의 향내가 파도처럼 일어나 향료의 바다가 됩니다.[24] 술람미는 연인을 기쁘게 해 주기 위해 자신이 가진 모든 것을 최대한 사랑스럽고 강렬하게 전하고 싶어합니다. 동방의 정원을 지나치는 여행자는 달콤한 향내에 이끌려 정원으로 들어가게 됩니다. 술람미는 솔로몬의 애무를 받음으로써 자신의 정원이 점점 더 '매혹적인' 모습이 되기를 원합니다. 그녀는 솔로몬의 관심을 정원으로 이끌고 그가 성적으로 강렬한 흥분을 느끼게 해 주는 '향기의 바다'를 원하는 것입니다! 술람미는 자신의 여성성을 전적으로 인정하며, 자신이 줄 수 있는 것을 솔로몬이 남김없이 경험하기를 원합니다. 술람미는 솔로몬이 자신의 정원을 눈으로 보고 손으로 만지면서 성적으로 흥분한다는 사실을 즐깁니다. 얼마나 건강한 태도입니까!

흥분이 최고조에 달하자, 술람미는 솔로몬에게 그녀 안으로 들어오라고 말합니다.

솔로몬

나의 누이, 나의 신부여, 나는 내 정원에 들어가
내 발삼과 몰약을 거두었고,
내 벌집과 벌꿀을 먹었으며,
내 포도주와 우유를 마셨다오. (5:1a)

거두고 먹고 마시는 것은 모두 성적인 즐거움을 가리키는 말들입니다. 델리치는 "이것은 사랑의 결합을 전제로 한다. 이것이야말로 정혼과 결혼의 궁극적 결론이며, 도덕적인 범위를 벗어나지 않는 선에서 하나님이 정하신 성적 사랑의 목표이다"[25]라고 말합니다. 포도주와 우유의 비유는 당대의 문화에서는 당연히 다산의 상징으로 받아들여졌습니다.[26] 따라서 시인은 두 사람의 성애가 절정에 달해 자신의 사랑과 아내의 사랑이 한데 섞이고, 그의 정액과 아내의 질에서 분비된 유액이 한데 섞이는 모습을 노래하는 것입니다.

두 사람의 사랑이 마침내 완성되자 새로운 화자가 등장합니다.

먹어라, 내 친구들아,
마시고 한껏 들이켜라,

오, 사랑하는 사람들아. (5:1b)

    이 화자가 누구냐에 대해 주석가들 사이에 의견이 분분합니다. 이 장면의 농도 짙은 관계를 고려할 때, 진짜 누군가가 지켜보고 있었을 리는 없었겠지요. 그렇다고 이것을 연인들의 목소리로 볼 수도 없습니다. 오히려 그들은 이 말을 듣는 입장에 있지요.

    시인은 이것이 하나님의 목소리라고 말하는 것 같습니다. 이런 승인을 하실 수 있는 분은 오직 주님뿐입니다. 물론 그분은 그 누구보다 가까이에서 이들을 지켜보셨습니다. 두 사람의 사랑은 주님으로부터 온 것이니까요(8:7). 주님은 지금까지 일어난 모든 일을 전적으로 승인한다고 선언하십니다. 그리고 연인들이 성적 사랑이라는 선물을 마음껏 누리도록 격려하십니다.

    이 장에는 아름다운 일관성이 있습니다. 이 장은 솔로몬의 찬사와 신부의 정서적 상태에 대한 배려(4:1-7)를 보여 주는 것으로 시작합니다. 두 사람의 성희가 잠시 휴식을 취하는 사이, 솔로몬은 북부 레바논으로 밀월여행을 갈 것을 술람미에게 약속합니다(4:8). 이윽고 두 사람은 사랑을 재개하고 솔로몬의 맥박은 점점 더 빨라집니다(4:9-11). 그는 술람미의 정원을 애무하기 시작하며 아내의 성감대를 자극합니다(4:12-15). 술람미는 솔로몬에게 자기 안으로 들어오라고 합니다(4:16). 마침내 두 사람은 절정에 도달하고(5:1), 주님께서는 그동안의 모든 일을 기꺼이 승인한다는 것을 선포하십니다.

이 시대의 아가

두 사람이 사랑을 나누면서 서로를 자극하기 위해 매우 에로틱하고 육감적인 언어를 사용한다는 점을 눈여겨보십시오. 술람미는 자신의 정원에서 풍기는 향내가 넘실넘실 퍼져 나간다고 말합니다. 그리고 솔로몬에게 정원의 과일을 따먹으라고 합니다. 솔로몬은 그녀의 질을 과일이 열린 과수원이라고 부르며, 촉촉하게 젖은 질의 액은 레바논(이곳은 술람미의 고향이지요)에서 흐르는 시내라고 부릅니다. 솔로몬의 성기는 아가서 2장 3절에서 '과일'로 불리며, 술람미의 성기는 4장 12절부터 16절까지 말씀에서 '정원'으로 불립니다. 아가서는 지극히 에로틱하고 사적인 주제를 아주 섬세하게 다룸으로써 읽어 내려가는 독자가 거부감을 느끼지 않게 합니다.

로버트 고디스는 이와 같은 주제를 다루면서 시적 상징의 가치를 훌륭하게 논하고 있습니다.

> 여성이 간접적으로나마 사랑에 대한 욕망을 매번 표현하는 부분은 아가서의 섬세함을 특징적으로 잘 보여 준다. 적나라한 고백은 그 조잡함 때문에 거부감을 주겠지만, 한편으로는 의도를 드러내면서 다른 한편으로는 그것을 숨기는 상징을 세련되게 사용하는 것은 그 표현되는 정서에 매혹을 더해 준다. 정신분석 이론은 인간의 영혼에 강력하게 호소하는 이 같은 상징의 힘에 대해 대단히 그럴싸한 설명을

제공한다.

정신분석학에 따르면, 무의식은 의식을 지키고 있는 '검열관'을 피할 만한 표현의 통로를 끊임없이 모색한다고 한다. 상징은 이러한 무의식을 해방시키는 역할을 훌륭하게 달성하는데, 이는 쓰인 그대로의 말보다 상징을 사용할 때 본질적으로 훨씬 더 많은 것을 표현할 수 있기 때문이다. 따라서 미묘한 어감은 상징의 내용만큼이나 중요한 의미를 띤다. 겉으로 드러난 상징의 의미에는 검열관의 경계심을 자극할 만한 내용을 담지 않으면서도, 그 사이 더 깊숙이 숨어 있는 뜻은 의식의 문지방을 넘을 수 있다.[27]

상징의 의미를 해석하는 사람은 투박하고 적나라하게 보일 위험을 감수해야 합니다. 바로 이 책이 처음부터 끝까지 그런 위험성에 처해 있습니다! 만일 하나님께서 성의 은밀한 면을 말씀하시면서 속어를 쓰셨다면 사람들은 당장 심리적인 검열기제를 발동시켰을 겁니다. 그리고 의학용어를 사용하셨다면, 그 경우 역시 기계적이고 과학적인 느낌을 줄 것이며 어딘지 모르게 어색한 느낌을 줄 것입니다.

주님께서는 시적 상징을 사용하심으로써 두 가지 문제를 모두 비껴 가십니다. 그러나 아가서를 해석하는 사람은 시를 시로서 남겨 둘 수가 없습니다. 그렇게 하면 현대의 독자들에게 낯설게만 느껴질 동방의 상징들에 대해 아무런 해석도 할 수가 없을 테니까요. 해석자의 역할은 요한계시록을 해석할 때처럼 상징들을 풀어서 설명해 주는 것입니다.

배우자에게 매력적으로 보이도록 노력하라

하나님께서 사람의 마음을 보시는 것도 사실이고 요즘 옷차림과 외모가 지나치게 강조되고 있는 것도 사실이지만, 그렇다고 해서 결혼한 뒤에는 싸구려 옷만 입는 추레한 '아줌마'가 되라는 법은 없습니다. 그러나 전형적인 주부의 외모를 보면 그렇게 되기 쉬운 것 같습니다.

> 수퍼마켓에서 쇼핑수레를 밀고 가는 여자들을 보라. 열 명 중 아홉 명은 마치 적십자에서 나눠 준 구호물품을 걸치고 있는 난파선 생존자처럼 보인다. 이들은 새롭게 유행하는 립스틱 색깔을 고르기보다는 잘 생긴 양배추 덩어리를 고르는 데 더 많은 시간을 들인다.
> 다음에 쇼핑하러 가면, 평범한 남자가 섹시하다고 느낄 만한 여성들이 몇 명이나 되는지 세어 보라. 수퍼마켓의 복도에는 추한 여성들이 끔찍할 정도로 많이 모여 있다. 머리를 쓱쓱 뒤로 넘겨 하나로 질끈 묶은 '걸스카우트 조장' 타입은 옷솔기조차 가지런하지 않고, 지퍼가 고장난 버뮤다 통원피스를 입은 '좋은 엄마' 타입(플라스틱 롤을 지나치게 오래 말아서 머리카락이 뽀글뽀글하다)은 손톱에 금이 가 있다.[28]

여성들은 스스로 이런 질문을 던져 보십시오. '내가 결혼하기 전에도 그이에게 이런 모습을 보여 주고 싶어했던가?' 하고 말입니다. '그렇다'는 대답이 나오지 않는다면 여러분은 달라져야 합니다. 직장으로 출근하는 남편은 마음속에 당신의 그림을 담고 갑니다. 오후에 커피를 마시며 잠시 쉬는 동안, 그의 마음속에 남아 있는 당신의 이미지가 로맨틱한 연상을 불러일으킬까요? 솔로몬은 술람미의 이미지가 그런 연상을 불러일으켰다고 말하고 있습니다!

아내와 남편이 별로 관계 없는 사람들에게는 최고로 멋지게 보이려고 꾸미면서도, 둘만 있을 때에는 대충 아무렇게나 입는 것은 참 이상한 일입니다. 하루 종일 '힘들게' 일하고 소파에 털썩 드러눕는 당신을 남편이 이해하리라고 기대합니까? 당신이 지겹도록 세세하게 오늘 얼마나 힘들었는지 설명을 했으니까 남편이 이해를 해야만 한다고 생각할 수도 있습니다. 하지만 그러다가도 보험 설계사나 친구가 찾아오면, 갑자기 만면에 웃음을 띠고 커피를 끓여 내오고 즐겁게 대화를 나누지 않습니까? 남편이 퇴근할 때 당신은 어떤 모습입니까? 집을 제대로 치워 놓았습니까? 아니, 그보다 남편을 맞이할 몸단장을 끝마쳤습니까?

남자에게는 끊임없이 그를 끌어당길 '자석'이 집에 있어야 합니다. 만일 집에 그런 자석이 없으면 자신이 일하는 바깥 세상에서 수백 개의 자석을 찾게 되지요. 사무실에서 일하는 여성들은 그에게 항상 최고로 꾸민 모습만을 보여 주니까요!

술람미의 옷차림은 남편에게 그녀의 매력을 결정적으로 강조하는 효과를 갖습니다. 솔로몬이 술람미가 차려 입은 '옷의 향기'를 칭찬하는 4장 11절을 주목해 보십시오. 그녀는 최대한 자신의 매력을 돋보이게 해 주는 향수와 화장품을 능숙하게 사용합니다(1:9, 10, 15; 4:1-7; 6:4-9; 7:1-7).

이런 이야기를 하려면 물론 조건을 달아야겠지요. 하루 24시간 내내 미장원에서 갓 나온 듯한 모습을 유지할 수 있는 여자는 없습니다. 집은 '머리칼을 풀어내리고' 편안하게 쉬는 공간이어야 합니다. 다만 지나치게 머리를 풀어 내린 나머지 생각 없는 행동을 해서는 안 되겠지요.

남자들이라고 해서 여자들보다 단정한 것은 아닙니다. 집 안에서 펑퍼짐한 티셔츠나 더러운 작업복을 입고 돌아다니는 남자들도 아주 많습니다. 그런 남자들은 허리띠 위로 과중한 뱃살을 내어놓고 TV 앞에 드러누워 축구시합을 보고 빈둥거리면서, 아내가 왜 성적으로 반응해 오지 않는지 이상하게 생각합니다.

아내가 소중한 존재임을 표현하라

솔로몬은 그렇게 했습니다! 그는 술람미의 몸을 바라보고 그 목의 고아한 자태를 칭찬하면서(4:4), 시적인 언어로 아내에게 이렇게 말합니다. "당신은 내게 언제나 힘과 용기를 주고 있어. 내가 이스라엘의 왕으로서 책임을 다하기 위해서는 당신이 꼭 필요해."

아내에게 이런 이야기를 한 번이라도 한 적이 있습니까? 아내는 자신이 필요한 존재라는 느낌을 받을 수 있어야 합니다. 그리고 당신 역시 스스로 필요한 사람이라는 느낌을 받아야 합니다. 만일 상사가 날마다 당신에게 "너는 도무지 회사의 이익에 도움이 안 되는 인간이야"라고 말한다면, 일을 잘하려는 의욕에 찬물을 끼얹는 꼴이 되겠지요. 마찬가지로 아내에게는 당신과 가족이 곧 온 세상입니다. 당신에게 직장에서 확신이 필요하듯이 아내 또한 자기 '일'을 잘하고 있다는 확신이 필요합니다.

그런데 문제는, 정확히 어떤 이유로 남편이 자기를 필요로 하는지 아내 입장에서 알기가 힘들다는 점입니다. 아내는 침대에서 즐거움을 주고, 소지품을 챙겨 주고, 집 안을 깔끔하게 치우고, 매일매일 세 끼 식사를 차려 줍니다.

하지만 그 밖에 다른 이유는 없습니까? 아내는 자신의 격려를 당신이 얼마나 소중하게 생각하는지 알고 싶어합니다. 아내의 지원 덕분에 계속해서 일할 힘을 얻는다고 말하십시오. 아내가 당신을 믿고, 신뢰를 가지며, 의지하기를 바란다고 말하십시오. 당신이 아내의 필요를 인정하고 있으며 당신을 향한 그녀의 믿음에 크게 기대고 있다는 사실을 아내도 알아야 합니다.

포드 대통령은 대통령 취임사에서 이렇게 말했습니다. "저는 어떤 남자에게도 빚지지 않았으나 단 한 사람의 여성에게는 큰 신세를 졌습니다." 그는 아내가 자신의 성공에 큰 공헌을 했다고 공언했습니다. 아내에게 명예를 돌린 것이지요(벧전 3:7).

만일 이런 표현이 영 껄끄럽다면 스스로 노력해서 달라져야 합니다. 사랑이 넘치는 세세한 편지를 써서 등기로 아내에게 보내 보십시오! 아내는 설거지를 하고 마루를 닦는 등 '바쁜' 허드렛일을 잘 해냈는지 여부로 자신을 평가하기가 쉽습니다. 그러나 남편의 인생에서 스스로 중요한 존재라는 느낌을 아내에게 갖게 해 주는 것은 이런 집안 일들이 아닙니다.

아가서가 말하는 로맨스의 4가지 요소

여자들은 불치의 로맨스병 환자로서, 이 병을 치료할 생각이 별로 없습니다. 당신이 아내에게 사랑 편지를 보낸 적이 있다면, 틀림없이 아내는 그 편지 한 장 한 장을 모두 모아 놓았을 것입니다. 남자들은 여자들보다 로맨스 결핍증을 훨씬 가볍게 앓기 때문에, 아내에게 로맨스가 얼마나 중요한지 이해하기 힘듭니다. 남자는 로맨스가 없으면 일에 몰두하며 거기에서 보람을 찾지만, 여자들은 그렇지 못합니다. 아마 여성의 삶은 가정에 훨씬 더 초점을 맞추고 있기 때문에 남자보다 더 심각하게 로맨스의 결핍을 느끼는 것 같습니다.

어떤 남자가 결혼식날 아내에게 이렇게 말했습니다.

"내가 당신을 사랑한다는 사실을 알아 줬으면 해. 사랑하지 않았으면 결혼도 안 했을 거야. 계속해서 당신을 사랑하겠지만, 그렇다고 사랑에 대해 더 이상 무슨 말을 기대하지는 마. 기억해 둬. 나 지금 사랑한다고 말한 거다."

아내는 놀라서 할 말을 잃고 있다가 본능적으로 이렇게 대꾸했습니다.

"세상에, 난 그런 건 기억 못해요. 그걸 잊지 않게 하려면 자꾸 자꾸 이야기해 주어야 할걸요."

화초가 자라나려면 햇빛과 물이 필요하듯이 여자가 화사하게

꽃피려면 로맨틱한 사랑이 필요합니다.[29]

4장에서 우리는 로맨틱한 사랑의 아름다운 일화를 봅니다. 사실 아가서 전편이 로맨틱한 사랑의 예화라고 할 수 있습니다. 아가서는 로맨틱한 사랑을 아주 구체적으로 정의합니다. 많은 여자들이 별로 로맨틱하지 못한 남편을 두고 불평하면서도, 정작 '로맨스'라는 것의 신비한 실체를 정확하게 정의 내리지는 못하는 것 같습니다. 남성들은 잘 들어 두십시오. 이제 드디어 로맨스의 정의를 얻게 될 테니까요. 그것도 성경에서 말입니다! 아가서의 가르침에 따르면 '로맨스'에는 최소한 네 가지 요소가 있는 것으로 보입니다.

1. 예기치 못한 기쁨

솔로몬이 레바논의 삼나무로 침실을 지어(1:16, 17) 신부를 놀라게 했을 때, 그는 로맨틱한 행동을 한 것입니다. 또 레바논 산지로 여행을 가자는 예기치 못한 약속을 했을 때, 그는 로맨틱했습니다. '놀라움'은 로맨스에서 매우 중요한 요소입니다. 예컨대 별다른 일이 없는데도 줄기가 긴 장미 한 송이를 건네 주는 것은 로맨틱한 행동입니다.

반복되는 것은 무엇이든 로맨틱한 가치를 잃어 버립니다. 예컨대 매번 같은 식당에서 식사를 하고 그 다음에는 예외 없이 영화를 보러 가는 것처럼 말이지요.

2. 사전에 계획된 데이트

우리는 2장 8절부터 17절까지 말씀에서 솔로몬이 장래의 신부감과 데이트하는 모습을 봅니다. 결혼을 한 뒤에도, 솔로몬은 아내와 데이트를 합니다(7:11-8:14).

여기에서 '데이트'라고 말할 때는, 어느 날 저녁에 지루한 TV 프로그램을 보며 누워 있다가 갑자기 아내에게 신문을 툭 던지며 "여보, 괜찮은 영화 있나 찾아보고 애 봐 줄 사람한테 전화해서 좀 오라고 해"라고 말하는 것을 포함하지는 않습니다.

데이트는 당신이 그날 저녁에 할 일을 계획하고, 아이를 돌봐 줄 사람을 구하고, 아내를 데리고 외출하는 것입니다. 결혼하기 전처럼 말입니다. 평소에 아이를 봐 주던 사람들의 이름과 전화번호 목록은 아내에게 부탁해서 구할 수 있을 것입니다. 그러나 어디 가고 싶으냐고 아내에게 묻는 것은 무언가 좀 부족한 느낌을 줍니다. 결혼하기 전에 데이트를 할 때는 아내가 아이디어를 떠올릴 때까지 기다리지 않았지 않습니까?

또한 데이트는 남편과 아내 두 사람이 하는 것이지, 단체로 몰려가는 것이 아닙니다. 더블데이트는 고등학교 졸업파티 파트너하고 하는 것이지요. 물론 다른 부부들과 외출하는 것도 좋고, 그들과 자주 모임을 가지는 것도 좋습니다. 그러나 그것은 데이트가 아닙니다.

일반적으로 부부모임에 나가면 남편은 남편들끼리, 아내는 아내들끼리 이야기하다가 하루 저녁을 다 보내기 일쑤입니다. 그리고 일주일 뒤에 아내가 "당신 요즘 왜 나랑 데이트 안 해요?"라고 물으면 당신은 "지난주에 같이 외출했잖아" 하고 대답합니다.

그러나 당신은 아내와 데이트한 것이 아니라, 다른 아내의 '남편'과 '외출'한 것입니다. 다른 부부와 모임을 갖는 것은 '교인의 친목'이라든가 다른 이름으로 부르면 모를까, 아무튼 그것은 지금 여기에서 이야기하는 '데이트'는 아닙니다.

가끔씩 데이트가 즉흥적인 것처럼 보일 수 있도록 사전준비를 해야 합니다. 예를 들어, 아내와 저녁에 시내로 아이쇼핑을 나가자고 해 보십시오. 그때 우연히 식당 근처를 지나치면서 "들어가서 우리 뭐 좀 먹을까" 하고 말하는 겁니다. 식당에 들어가니 줄서서 기다리는 사람들이 무려 스물다섯 명이나 되고, 웨이터 말로는 자리를 잡으려면 한 시간 반이나 걸릴 거라고 하겠지요. 그 순간 지배인이 다가와 "안녕하십니까, 존스 씨. 시내 야경이 잘 보이는 곳으로 두 분 자리를 잡아 놓았습니다"라고 말하는 것입니다. 이것이 로맨스입니다! 즉 즉흥적인 것처럼 보이도록 꾸민 사전계획이지요.

그렇다면 데이트 때 할 수 있는 일로 무엇이 있을까요? 여기 몇 가지 아이디어가 있습니다.

- 가게들이 '문을 닫은 후에' 아이쇼핑을 하며 산책을 즐기는 것.
- 강 둔치에 가서 달빛을 받으며 낚시를 즐기는 것. 단, 낚시 자체에는 너무 신경쓰지 말 것.
- 인적이 뜸한 장소를 찾아 모닥불을 피우는 것.

- 자동차를 타고 드라이브를 하면서 이야기꽃 피우기.
- 자전거 타기.
- 스케이트나 롤러 스케이트 타러 가기.
- 동물원 가기.
- 공항에 놀러 가기(결혼 전에 그랬듯이 '비행기를 구경' 할 수도 있 겠지요).
- 야외에서 캠핑하기.
- 로데오 구경 가기.
- 박물관 가기.
- 어느 날 저녁 도서관을 찾아 섹스, 사랑, 결혼에 관한 책을 모조리 찾아보기.
- 하루 저녁을 잡아 앞으로의 계획을 함께 세우고 가족의 미래를 설계하기.
- 특이하고 이색적인 식당을 찾아 다정하게 대화를 나누며 저녁 시간 보내기.
- 저녁에 아이들과 전화가 없는 모텔에 가서 사랑 나누기. 자정까지는 집에 돌아올 것.
- 자동차 극장에 가기.
- 선물을 준비해서 요양소나 양로원을 찾아 환자와 노인들을 위로하고 격려하기.

3. 비실용성

침실을 짓는 데 레바논 산 삼나무를 쓴다는 것은 매우 비현실적인 일입니다. 게다가 왕들은 아내와 함께 레바논 산지의 숲속을 한가하게 돌아다닐 여유가 별로 없습니다(7:11). 정말 실제적이지 못하지 않습니까! 그러나 '실용성'을 강조하는 것은 로맨스의 천적입니다. 구약성경을 보면 이 비실용성을 아름답게 묘사하는 대목이 있습니다.

다윗과 그가 이끄는 막강대군이 블레셋 사람들과 전쟁을 하고 있었습니다. 어느 날 다윗은 무심코 베들레헴의 우물물을 마시고 싶다고 말했습니다(삼하 23:13-17). 그러나 문제는 그 우물이 당시 적군의 대열 너머 적군의 진지 한가운데 있다는 것이었습니다.

다윗의 군대를 총지휘하는 '오성장군' 중 세 명이 우연히 이 말을 엿들었습니다. 그날 밤 그들은 몰래 진영을 벗어나 전선을 뚫고 블레셋군의 진지로 잠입했습니다. 그리고 우물에서 물을 뜬 뒤, 아무에게도 들키지 않고 다시 이스라엘 진영으로 돌아왔습니다. 이들이 바친 선물을 받은 다윗은 감동에 겨워 자신은 이 물을 마실 자격이 없다고 말한 뒤, 주님의 제단에 뿌려 제물로 바쳤습니다.

말도 안 되는 일이 아닙니까! 다윗의 군대를 통솔하는 최고사령관 세 명의 목숨에는 군사작전 전체의 성공이 걸린 셈인데, 그런 위험을 감수하고 기껏 우물물 한 바가지를 떠오다니요! 이것은 비현실적이고 말도 안 되는 일인지 모르지만, 바로 이렇게 말도 안 되는 일들이 세상을 움직입니다!

합리적이고 실제적인 행동을 해야겠다는 욕구는 창의적이고 로맨틱한 사랑을 질식시키기 쉽습니다.

"이런 식으로 돈을 쓰는 건 전략적으로 현명한 일이 못 돼."

"이런 짓을 하기엔 우린 너무 늙었어."

"해야 할 일들이 많은데 다 끝내고 나서 하지."

무책임을 변호하자는 것이 아닙니다. 그저 실용성이 때로는 사랑에 찬물을 끼얹는다는 사실을 말하려는 것입니다. 가끔은 망설이지 말고 비효율적인 행동을 해 보십시오.

다림질판이 절박하게 필요한 아내에게 다림질판을 선물한다면 아주 '실용적' 이겠지만, 로맨스라는 측면에서는 낙제입니다.

어린 시절에는 어머니께 크리스마스 선물로 실용적인 칼이니 접시니 식탁매트 같은 것을 선물합니다. 물론 그런 선물들도 필요하지만, 이제 어른이 되었으니 어른다운 선물이 필요하지 않습니까? 아내에게 향수나 향비누, 레코드, 속옷, 과일이 가득 담긴 바구니, 집을 꾸밀 새 화분, 또는 아내가 늘 갖고 싶어했지만 엄두를 내지 못했던 새 옷을 선물해 보십시오.

4. 창의성

아가서 곳곳에서 느낄 수 있듯이 솔로몬은 아주 창의적인 연인이었습니다. 창의적이지 못한 사람은 그런 침실을 디자인할 수가 없습니다(1:16, 17). 그리고 솔로몬은 술람미의 아름다움을 시구로 표현합니다(4:1-7). 또 숲으로 산책을 나가 야외에서 사랑을 나누기도 하고(7:11-13), 자잘한 장신구와 보석을 아내에게 선물하기도 하며(1:11), 성애에서도 다양성을 추구합니다(7:1-11).

당신은 아내에게 얼마나 창의적인 사람입니까? 남성들은 범주를 정해 놓고 생각하는 경향이 있으며 아주 쉽게 결혼의 상투성에 안주해 버립니다. 남성들은 직장에서 체계적이고 범주화된 태도로 일할 뿐 아니라, 유감스럽게도 아내와의 관계까지 이런 식으로 생각하려 합니다.

언젠가 어떤 여성이 남편의 성애에 대해 이런 말을 했습니다.

"남편이 정확히 다음에 무슨 행동을 할지 알 수가 있어요. 내 몸의 부분에 따라 머무는 시간을 초까지 맞출 수 있다니까요. 20년 동안 한 번도 절차를 바꿔 본 적이 없으니까요."

그 여성은 '내 아이를 믿고 맡길 수 있는 엄마'에 대한 애정만으로 자신을 대하는 늙고 지친 노인은 싫었던 것입니다.

'틀에 박힌 일상과 무덤 사이에는 깊이의 차이만 있을 뿐'이라는 말이 있습니다. '9시 출근, 5시 퇴근', '심야뉴스 후 잠자리', '야영이나 휴가는 항상 자녀와 함께'라는 식의 틀에 박혀 있다면, 아내를 흥분시키는 연인이 될 수 없습니다. 성교 및 전체적인 부부관계에 솔로몬처럼 창의성을 도입해 보십시오.

남편의 창조성을 알아보는 '연인지수' 테스트

스스로 얼마나 창조적인 남편인지 알아보고 싶다면, 아래에 있는 '연인 지수 테스트'를 해 보십시오. 지난 6개월 사이에 한 적이 있는 일이면 그 항목에 10점씩 주십시오. 그리고 두 번 이상 한 일에는 20점을 주십시오.

- 평일에 아내에게 전화로 행선지를 말해 주지 않은 주말 데이

트를 신청한 적이 있습니까? 이것이 비밀에 싸인 데이트죠.
- 하루 저녁 아내가 일손을 놓고 푹 쉴 수 있게 해 준 적이 있습니까? 당신이 설거지를 하고 아이들을 재워 본 적이 있습니까?
- 안전하고 인적이 뜸한 곳에 차를 세워 놓고 서로 입맞추며 저녁 내내 이야기를 나눈 적이 있습니까?
- 저녁 식사 후에 아내를 위해 목욕물을 받은 적이 있습니까? 침실에 향초를 놓고 목욕물에 오일을 뿌린 뒤, 저녁 식사가 끝나자마자 아내를 목욕탕으로 들여보내고 나서 아내가 푹 쉬는 동안 당신이 상을 치우고 설거지를 하고 아이들을 재운 적이 있습니까?(제 아내 말로는 이 항목에서 점수를 따려면 남편이 목욕탕도 치워야 한다는군요!)
- 일하다 말고 아내에게 전화를 걸어 아내에 대한 기분 좋은 생각들을 하고 있다고 말한 적이 있습니까?(전화해서 고작 "혹시 나한테 편지 온 거 없어?" 하고 물어봤다면 이 항목의 점수는 빵점입니다!)
- 아내에게 연애편지를 써서 등기로 부쳐 본 적이 있습니까?(빠른우편도 좋겠지요.)
- 아내를 사랑하는 이유들을 녹음한 테이프를 만들어 본 적이 있습니까? 화려한 속옷에 싸서 아내에게 테이프를 선물해 보십시오.
- 아내에게 하루 동안 휴가를 준 적이 있습니까? 아내에게 무엇이든 하고 싶은 일을 하라고 외출을 보내 주십시오. 그리고

당신이 집을 청소하고, 식사를 준비하고, 아이들을 돌보십시오(제 아내 말로는 이 항목에는 30점을 주어야 한다고 합니다).
- 파도소리 효과음을 녹음한 테이프를 틀어 놓고 거실에서 누드로 하와이식 파티를 벌여 본 적이 있습니까?(이것이 좀 껄끄러운 사람은 특수효과음을 빼거나 침실같이 은밀한 곳에서 팝콘 파티를 하는 걸로 대체해도 좋습니다.)
- 저녁시간 내내(적어도 2시간 이상) 앞으로의 계획을 설계하고 아내와 아이들과 더불어 함께할 미래에 대해 이야기를 나누어 본 적이 있습니까?
- 깜짝 주말 이벤트를 준비해 본 적이 있습니까? 아이들을 이틀 동안 맡길 만한 곳을 수소문하고 예약을 해 놓습니다. 아내에게는 짐을 꾸리라고만 말하고 어디 가는지는 이야기해 주지 않습니다. 장소는 어디든지 로맨틱한 곳으로 정하십시오.
- 지난 6개월 동안 한 번이라도 자기 옷을 자기 손으로 옷걸이에 건 적이 있습니까?
- 향내 나는 로션과 진동 마사지기로 아내의 전신을 마사지해 준 적이 있습니까?
- 최소한 2시간 동안 로맨틱한 대화를 나누고, 서로의 꿈을 공유하며, 다양한 체위를 시도하고, 다양한 애무와 접촉을 가지면서 사랑을 나누어 본 적이 있습니까?
- 아내가 부탁하지 않았는데도 집안의 고장 난 곳을 수리한 적이 있습니까?

- 출근하기 직전이나 퇴근하자마자, 적어도 30초 동안 정열적으로 아내에게 입맞춘 적이 있습니까?
- 향수, 반지, 또는 옷가지 등 예기치 못한 선물을 한 적이 있습니까?
- 아내의 낡은 속옷을 새것으로 바꾸어 준 적이 있습니까?

저는 미국 전역의 남성들을 대상으로 이 우스꽝스런 테스트를 해 보았습니다. 당신의 점수를 그들의 점수와 비교해 보십시오.

- 200~360점 : 연인
  의심의 여지없이 당신의 아내는 전국에서 가장 만족한 부부생활을 누리고 있을 것입니다.
- 150~200점 : 준수
  이 범주에 들 수 있는 사람은 매우 적습니다.
- 100~150점 : 평범
  이런 남편은 약간 전형적인 데가 있으며 대개 가슴 설레는 연인이 되지는 못하는 편입니다.
- 50~100점 : 미달
  이 범주에 드는 사람이 너무 많습니다. 빠른 시일 내에 상위 범주로 올라가시기 바랍니다.
- 0~50점 : 남편
  '남편'과 '연인' 사이에는 어마어마한 차이가 있습니다. 당신의 아내는 그리스도인이기 때문에 마지못해 당신과 부부생활을 계속하는 것입니다. 당신의 아내는 무조건적인 현실수용에 특별한 재능이 있을 뿐만 아니라, 성경에는 이혼을 금하는 구절이 있으니까요.

이 테스트를 지나치게 심각하게 받아들일 필요는 없지만, 당신의 창의성 수준을 끌어올리기 위한 대책 마련에는 유용할 것입니다. 물론 이 목록에 있는 여러 항목들이 당신의 성향이나 부부관계에 꼭 들어맞지는 않을 겁니다. 당신만의 목록을 만들어 보십시오. 이것은 단지 재미있게 창의성을 자극해 보자는 생각에서 만들어 본 것이니까요.

남성들을 위해 성에 대해 강의하다가 이 테스트를 유머 섞인 결론 삼아 제시했더니, 반응이 각양각색이었습니다. 대부분의 남자들은 이 테스트를 좋아했고, 결혼의 일상을 깨뜨려 보겠다는 의지를 다지는 모습이었습니다. 그러나 한 남자분은 제게 편지를 보내 하나같이 말도 안 되게 바보스럽고 우스꽝스럽다고 하더군요! 그는 여러 사람과 이야기를 해 보았는데, 모두 같은 반응이었다고 합니다.

막상 여러분의 부부관계에 적용하려고 할 때 이 테스트가 우스꽝스럽게 느껴질 수도 있을 것입니다. 아내에게 매우 창의적인 태도를 보이는 진지하고 믿음 깊은 남성들이 테스트에서 아주 낮은 점수를 받은 경우도 있습니다. 중요한 것은 당신의 단 하나뿐인 특별한 결혼생활에 새로운 활력과 생기를 불어넣는 데 무엇이 가장 적합하겠는가 하는 점입니다.

언젠가 열었던 세미나에서 한 남자가 340점을 받아 '연인' 수준으로 판명이 났습니다. 그러자 앞줄에 앉아 있던 한 남자가 그 점수를 듣고 큰 소리로 웃음을 터뜨리더니 퉁명스럽게 대꾸했습니다.

"당신 결혼한 지 얼마나 됐소?"

그렇게 높은 점수를 받은 사람은 신혼임에 틀림없다고 생각한 것입니다. 몇 년 동안 결혼생활을 한 뒤 일단 결혼의 일상성이 정착되고 나면, 평범한 부부생활에서는 이런 일들을 기대하기 힘들다는 게 그 사람의 생각이었습니다. 이런 일들은 '신혼부부'에게나 어울린다는 것입니다.

이런 생각을 하는 분이 있다면, 이렇게 묻고 싶습니다. 예수 그리스도와 당신과의 관계도 시간이 지날수록 점점 '안주하는' 관계가 되고 있습니까? 그분을 알게 된 후 시간이 지날수록 자동적으로 창의성과 활력을 잃어버리고 있습니까? 그렇다면 당신은 주님과의 관계에 영적인 문제가 있는 것이 틀림없습니다. 관계가 성장을 멈추었으니 말입니다.

성경에 따르면 그리스도와 성도의 관계는 남편과 아내의 관계를 통해 설명됩니다. 영적 활기를 잃어버리면 영적인 곤란에 처하게 되듯이, 결혼생활의 활기가 자라나지 않는다면 부부생활에 문제가 있다는 뜻입니다. 만일 당신의 결혼이 진정 그리스도와 교회의 관계를 보여 주는 예라면, 날이 갈수록 점점 더 생기 넘치고 자유롭고 흥분되는 관계가 되어야 합니다.

물론 이 문제의 다른 측면에는 아내의 창의성이 자리잡고 있습니다. 이 점에 대해서는 아가서 7장 13절을 이야기하면서 몇 가지 제안과 함께 하겠습니다.

　이로써 아가서의 첫 부분은 끝을 맺게 됩니다. 이제부터는 남은 절반에 관심을 돌려, 결혼생활의 문제를 해결하는 통찰들을 하나씩 찾아보고자 합니다.

7
거절당한 사랑의 꿈 – 위기

회상 장면 9 아 5:2-8

잠시 아가서 첫 부분의 내용을 돌아봅시다. 1장 1절부터 5장 1절까지에서 술람미의 회상은 결혼식날과 신혼 첫날밤을 다루고 있습니다. 이 장들은 이상적인 사랑의 모습을 그리고 있으며, 젊음이 가득하면서도 로맨틱한 사랑의 아름다움을 예찬합니다. 반면 아가서의 후반부에 이어지는 7개의 회상들은 부부생활의 현실을 묘사하고 있습니다. 두 사람이 함께 살면서 활기 넘치는 부부생활을 유지하는 법을 배워 나가는 과정에는 자연히 여러 가지 문제점이 발생하게 마련이며, 따라서 적절한 대응과 조율이 필요합니다. 성경은 상당히 현실적입니다. '두 사람이 영원히 행복하게 살았다'는 식의 이상을 결론으로 제시하고 끝내지는 않습니다.

두 사람의 결혼생활 초기에 큰 영향을 끼친 문제는 크게 두 가지입니다. 하나는 성생활에 관련된 몇 가지 문제들입니다. 솔로몬은 나라 일로 바빠 술람미를 자주 만날 수 없었고, 이것이 술람미에게는 불만이었습니다. 더구나 솔로몬은 술람미가 이미 잠든 깊은 밤이 되어야 그녀에게 성적인 접촉을 해 오는 버릇이 있었습니다. 또 술람미는 성관계에 별로 흥미를 느끼지 못하는 듯한 모습을 보이며 솔로몬의 손길을 여러 번 거절했습니다.

두 번째 문제는 6장에서 표면으로 떠오릅니다. 술람미는 천상시골 아가씨입니다. 그래서 늘 전원의 자유를 그리워합니다. 솔로몬을 사랑하는 마음은 여전하지만, 레바논 산맥에 있는 시골집에 가 보고 싶은 마음이 굴뚝 같습니다.

아가서 후반부의 첫 부분(5:2-8:4)에는 두 사람이 성적인 갈등을 어떻게 극복했는지가 드러나 있습니다. 그리고 다음 부분에서는 술람미의 깊은 갈망에 대해 해결책을 제시합니다. 그것이 바로 레바논 산지로 휴가를 떠나는 것이지요(8:5-13).

첫 부분은 5개의 회상으로 이루어져 있습니다. '거절당한 사랑의 꿈'(5:2-8)으로 시작해서 '남편을 유혹하는 술람미'(6:13b-8:4)로 끝을 맺지요. 이것을 표로 그려 보면 오른쪽과 같습니다.

이 대목은 남편이 심야에 뻗쳐 오는 손길에 무심한 태도를 보이는 술람미의 모습으로 시작해서(5장 9절부터 6장 3절에 걸쳐 결정적인 태도의 변화가 일어난 후) 나중에는 술람미가 성희를 적극적으로 유도하는 대담한 면모를 보이는 것으로 끝납니다(6:13b-8:4). 결국 이것은 성적인 적응의 문제로서, 이 장에서 제시하는 많은 대안들은 오늘날의 결혼생활에도 그대로 적용할 수 있습니다.

'거절당한 사랑의 꿈'부터 '남편을 유혹하는 술람미'까지 (아 5:2-8:4)

문 제 거절당한 사랑	해 결 책 각자의 책임을 다하기			
	태도의 변화		사려 깊은 간주곡		행동의 변화
거절당한 사랑의 꿈	내 사랑하는 이, 나의 벗		돌아온 솔로몬	정원의 술람미	남편을 유혹 하는 술람미
"벌써 옷을 벗었는데 어떻게 다시 입겠어요?"	성에 관해 생각함	늘 함께 있을 수 없는 남편에 관해 생각함	"내 소중한 사람, 그대는 디르사처럼 아름답고" (6:4)	"돌아오너라, 돌아오너라, 오, 술람미 여인이여" (6:13a)	
	네 사랑하는 이는 어떤 사랑을 받고 있는가?	네 사랑하는 이는 어디로 갔는가?			
5:2 8	9 16	6:1 3	4 10	11 13a	13b 8:4

노래는 잠에서 덜 깬 술람미의 모습으로 시작됩니다. 술람미는 근심에 싸여 불안해하는 모습을 보이고 있습니다. 그녀의 "마음은 깨어" 있습니다. 가끔 기분 나쁜 사건에 대한 불안한 꿈이 그 사건에 대한 심리적 불안감의 정도를 보여 주는 일이 있지요. 사람들은 흔히 낮에 있었던 기분 나쁜 일이나 현재 직면하고 있는 특별히 걱정스러운 문제에 대해 꿈을 꾸곤 합니다. 아마도 아가서의 시인은 술람미의 고민이 그녀의 마음을 얼마나 고통스럽게 뒤흔들고 있는지 말해 주기 위해 이 꿈 이야기를 끼워 넣었을 것입니다. 꿈 속에서 벌받는 장면(성벽 수비대에게 맞는 장면)이 나오는 점으로 미루어 보아 우리는 그녀가 솔로몬의 성욕을 무시한 데 대해 죄책감을 느끼고 있음을 짐작할 수 있습니다.

솔로몬과 술람미의 아가

술람미

몸은 잠들었어도 마음은 깨어 있었지.
그이의 목소리야!
내 사랑하는 이가 문을 두드리고 있었지.
"나의 누이, 나의 연인,
나의 비둘기, 완벽한 그대여, 내게 문을 열어 주오!
내 머리는 이슬로 흠뻑 젖고
머리카락은 한밤의 습기로 축축하다오." (5:2)

마음이 깨어 있는 상태로 잠을 잔다는 것은 곧 꿈을 꾸고 있다는 말입니다. 히브리어 원문에는 좀더 직설적으로 "나는 잠들었고 내 마음은 계속 깨어 있었네"라고 쓰여 있습니다. 술람미는 계속 꿈에 시달리느라 불안한 밤을 보냈습니다. 근심스런 꿈으로 끊임없이 뒤척이며 밤새도록 선잠을 잔 기색이 역력합니다.

아가서의 이 대목은 술람미가 왜 이렇게 불안한 밤을 보내야 했는지에 대해 두 가지 가능한 이유를 제시합니다. 우선 술람미와 왕이 몇 가지 성적 문제점을 해결하지 못하고 어려움을 겪고 있었다는 것입니다(5:2-3). 둘째는 술람미가 시골 생활을 다시 그리워하기 시작했으며, 왕궁의 삶에 완전히 적응하지 못하고 힘겨워했다는 것입니다(6:12, 13; 7:12).

꿈속에서는 주로 성적인 문제점들에 초점을 맞추고 있습니다.

끊임없이 꿈에 시달리며 밤새 불안해하는 경우에는 보통 그 배후에 지속적인 문제가 깔려 있게 마련입니다. 술람미는 밤늦게 성교를 요구하는 솔로몬을 거절한 자신에게 화가 났던 모양입니다. 솔로몬은 술람미가 이미 잠자리에 든 늦은 밤에 성교하기를 원했고, 술람미는 그를 거절했지요. 술람미는 이에 대해 죄책감을 느끼고 있는 것이 분명합니다. 술람미는 꿈속에서 자신에게 거절당한 후 떠나 버린 남편을 영영 찾지 못하는 상상을 합니다.

팔레스타인에서는 이슬이 비처럼 옷을 흠뻑 적실 정도로 많이 내리는 기간이 몇 달 정도 있습니다(사 5:38). 나라 일을 돌보느라 너무 바빴던 솔로몬은 술람미의 꿈속에서 침실을 찾아와 사랑을 요구합니다. 이슬이 내리기 시작했다는 것을 보면 이미 밤이 깊었다는 사실을 알 수 있습니다.

술람미는 꿈속에서 자신이 시골집으로 돌아가 살고 있다고 상상하는지도 모릅니다. 최소한 이렇게 생각하면 이슬이라든가 창문이 열린다는 시인의 설정(5:4)을 쉽게 설명할 수 있지요. 그러나 꿈이란 아주 미묘한 것이므로, 그런 사실들에 너무 큰 의미를 부여할 필요는 없습니다. 아무튼 술람미가 꿈꾸는 동안 장면은 다시 예루살렘의 거리로 바뀝니다. 물론 현실에서는 이런 일이 일어날 수 없습니다.

이제 그녀는 사랑을 나누는 일이 그다지 내키지 않는 이유를 두 가지 듭니다.

술람미

벌써 옷을 벗었는데
어떻게 다시 입겠어요?
벌써 발을 씻었는데
어떻게 다시 더럽히겠어요?(5:3)

잠자리를 거부하는 이유치고는 이상하다는 생각이 들지 않습니까? 제가 보기에도 그렇습니다. 술람미는 문을 열어 주려면 옷을 입고 자리에서 일어나서 문까지 걸어가야 한다고 말합니다. 결국 "오, 솔로몬, 좀 참으면 안 되나요? 제가 이렇게 피곤에 지쳐 곤히 잠든 걸 보고도 모르겠어요?"라고 말하는 셈이지요.

그리고 그녀는 두 번째 핑계로 종교적인 이유를 댑니다.

발을 더럽힌다는 것은 일상생활 속에서 저지르는 사소한 잘못들로 인한 도덕적 오염의 상징으로 여겨졌습니다(요 13:10). 그래서 이스라엘 사람들은 예수님께서 제자들에게 하셨듯이(요 13:10), 밤이 되면 일종의 의식처럼 경건하게 발을 씻음으로써 매일매일 죄를 씻고자 하는 욕구를 표현하곤 했습니다.[1] 그러니까 술람미의 말은 이런 뜻입니다. "지금 당신에게 문을 열어 주어 사랑을 나누려면, 마룻바닥을 맨발로 걷느라 발이 더러워질 거예요. 그러면 잠자리에 들기 전에 발을 또 씻어야 한다고요."

이렇게 보면 술람미의 말들이 모두 핑계라는 게 확연해지지요! "옷도 걸쳐야 하고, 발도 더럽혀야 한단 말이에요!" 하는 얘기니까요. 술람미가 심야에 찾아든 연인에게 하고 싶어하는 말은 결국

'나는 피곤하고, 벌써 잠든 지 오래이며, 무엇보다 기분이 안 난다'는 것입니다. 이슬이 내렸으니 밤이 늦어도 한참 늦은 시간이었을 것입니다. 아마 TV에서 '한밤의 이야기쇼'가 끝나갈 즈음이겠지요. 그런데 술람미는 이제 잠이 완전히 깨어 마침내 솔로몬의 욕구에 반응하기 시작합니다.

술람미

내 사랑하는 이가 문틈으로 손을 내미니
내 마음 그를 향해 흔들려.
사랑하는 이에게 문을 열어 주려고 일어났지.
문빗장을 잡는 내 손에
몰약이 뚝뚝 떨어지네.
몰약즙이 손가락 사이로 떨어지네.
사랑하는 이에게 문을 열어 주었건만
내 사랑하는 이는 그만 등돌려 떠나 버렸구나!
내 마음 그를 따라 달려나갔지……
하지만 찾을 수 없었네.
그의 이름 소리쳐 불렀건만 대답이 없었네.
성내를 순찰하는 파수꾼들이 나를 보더니
때려서 상처를 입혔네.
성벽을 지키는 수비대원들이 내 숄을 빼앗아 가 버렸네. (5:4-7)

고대에는 현관문을 빗장이나 걸쇠로 잠그는 것이 관습이었으며, 밤에는 작은 버튼이나 핀으로 이를 고정시키곤 했습니다.[2] 문의 윗부분에는 둥근 구멍이 뚫려 있어서, 이 구멍이 막혀 있지만 않다면 누구나 밖에서 손을 집어넣어 빗장을 들어 낼 수 있었지요. 술람미는 솔로몬의 손을 본 순간 그의 갈망을 느꼈고, 그를 거부한 데 대해 어쩐지 죄책감이 들었습니다. 솔로몬의 생각이 그리 나쁘지는 않다는 생각과 함께 술람미의 마음이 흔들리기 시작합니다.

꿈의 환상 속에서 술람미는 남편의 성적인 접근을 향내 나는 로션과 연결합니다. 그 문화에서는 애인이 다녀갔다는 표시로 문가에 향내 짙은 몰약을 두고 가는 일이 있었습니다.[3]

꿈속에서 술람미는 솔로몬이 떠나는 모습을 보고 슬퍼합니다. 그는 사랑을 나누러 왔으나(적당한 시간이 아니었지요. 그것은 솔로몬의 잘못입니다) 술람미는 그를 거절했고(이것은 술람미의 잘못입니다), 솔로몬은 자존심에 상처를 입은 채 돌아선 것입니다. 배우자의 성적 접촉을 계속해서 거절하는 것만큼 자존심에 치명적인 상처를 입히는 일은 없지요.

남편이 떠나 버렸다는 사실을 깨달은 술람미는 더욱 깊이 자책합니다. 그리고 그를 찾아 나섰다가 수비대에게 벌을 받는 상상을 합니다.

술람미는 솔로몬을 거절한 후 예루살렘의 거리로 뛰쳐나가 그를 찾아헤매는 자신의 모습을 꿈속에서 상상합니다. 두말할 필요 없이 현실이라면 파수꾼 따위가 감히 왕비에게 손을 댄다는 건 엄두도 못 낼 일이지만 이것은 꿈입니다. 파수꾼들이 술람미를 때렸다는 것은 그녀가 솔로몬을 거절한 일에 대해 깊은 죄책감을 느낀다는 뜻으로 볼 수 있을 것입니다.

♡ 술람미

간청하마, 오, 예루살렘의 딸들아,
내 사랑하는 님을 찾거든
이렇게 전해 다오.
나는 상사병이 났단다. (5:8)

꿈에서 일어난 사건들을 정확히 시간 순서대로 쫓아가기는 어렵습니다. 주석가들 사이에서도 꿈이 어디에서 끝나 현실로 되돌아오는지에 대해 명쾌한 합의가 이루어지지 못한 것 같습니다. 그러나 제가 보기에는, 말투도 달라지고 특별한 청자(聽子)를 염두에 두고 말하기 시작하는 5장 8절에서 꿈이 끝나고 새로운 장면이 소개되는 듯합니다. 코러스와 술람미는 꿈에 함축된 의미와 두 사람의 문제를 해결할 몇 가지 실마리를 짚어 가며 대화를 나누고 있습니다.

꿈이 6장 3절까지 계속된다고 주장하는 이들도 있습니다. 그러나 어떻게 보든지 간에 시인이 전달하려는 메시지의 주조를 이해하는 데는 아무런 차이가 없습니다. 따라서 5장 8절을 꿈의 결론(다음 장면으로 전환하려는 목적으로 시인이 끼워 넣은 것)으로 보아도 좋고 다음 장면의 도입부로 보아도 좋겠습니다.

술람미는 존재하지 않는 가상의 코러스에게 솔로몬 찾는 일을 도와 달라고 부탁하면서 자신이 '상사병'에 걸렸다고 전해 달라고 합니다. 이것은 2장 5절에서 사용된 단어와 똑같은 것으로서, 술람미가 성적으로 몹시 들뜬 상태라는 뜻이 들어 있습니다.

이제 꿈은 끝났지만, 꿈 끝에 여운으로 남은 후회와 이별의 강렬한 감정이 술람미의 잠을 깨웁니다. 잠에서 깬 그녀는 솔로몬이 자기 옆에 없음을 깨닫고 코러스에게 남편을 찾는 일을 도와 달라고 청합니다. 그때의 꿈이 너무나 실감났던 나머지 지금 그 꿈을 실제의 경험처럼 회상하고 있는 것이지요.

꿈은 술람미의 성욕구에 불을 당긴 것임에 틀림없습니다. 술람미가 '상사병'에 걸린 채 잠에서 깨어났으니 말입니다. 코러스는 솔로몬에게 술람미가 그의 사랑을 강렬히 원하고 있다는 소식을 전하는 역할로 나타납니다. 만일 예루살렘의 딸들이 실존인물이라면 이것은 가당치도 않은 일일 것입니다. 이 경우에 코러스라는 문학적 장치는 주위에 아무도 없을 때 술람미가 자신의 속마음을 표현할 수 있게 해 줍니다.

술람미는 잠에서 깨어, 남편이 나라 일에 바빠 자리를 비웠다는 사실을 깨닫습니다(6:2-3). 그리고 솔로몬과 결혼하기 전 자기가 얼마나 이해심이 깊었는지 돌이켜보게 됩니다. 술람미는 결혼 전에 이미 모든 대가를 계산해 보았고, 이러한 헤어짐이 문제로 대두할 줄을 미리 예측했습니다. 즉 이것이 불시에 당한 일은 아니었던 것입니다.

술람미는 원한을 품거나 화를 내는 대신, 두 사람이 선택한 삶의 틀 속에서 자신은 물론 솔로몬의 욕구까지 충족시켜 주는 창조적인 대안으로서 주기적으로 떠나는 전원으로의 여행을 생각해 냅니다(7:11).

이렇게 볼 때 이 꿈은 3장 1절부터 4절까지에서 꾸었던 꿈과 의도적인 대조를 이루고 있음을 알 수 있습니다. 두 번의 꿈 모두에서 술람미는 남편을 찾아 헤맵니다(3:3; 5:7). 첫 번째 꿈은 신혼 첫날밤 직전에 꾸었고, 두 번째 꿈은 첫날밤을 지낸 바로 다음에 나옵니다. 첫 번째 꿈에서 술람미는 남편을 찾아나서 결국 그를 찾습니다. 두 번째 꿈(5:2-8)에서는 찾아 나섰다가 파수꾼에게 혼이 나지요.

'이별의 꿈'에서 우리는 남편을 그리워하는 술람미의 모습을 봅니다. 그리고 '거절당한 사랑의 꿈'에서는 오히려 강조점이 남편의 성욕을 당연한 것으로 여기는 데에 주어집니다. 이러한 대조는 술람미의 거부가 갖는 의미의 중대성을 한층 두드러지게 강조합니다.

이 시대의 아가

이러한 대목들을 보면 서로 성적으로 적응하는 일이 자동적으로 이루어지지 않는다는 사실을 알 수 있습니다. 젊은 신혼부부들은 결혼해서 잠자리에 같이 들기만 하면 그 즉시 황홀한 성관계를 누릴 거라고 생각하는 일이 많지요. 성경은 항상 그렇지는 않다는 사실을 아주 현실적으로 보여 줍니다. 한 연구결과에 따르면 성문제로 인한 부부 불화가 무려 75-80퍼센트에 달한다고 합니다.[4]

성적 적응에 관련된 몇 가지 흔한 문제점들은 다음과 같은 것들입니다.

성생활에 나타나는 문제점

다음의 편지는 농담 삼아 쓴 것이지만, '거부'라는 문제를 아주 재미있게 다루고 있습니다.

사랑하는 아내에게

지난 1년 동안 나는 당신과 365번 사랑을 나누려고 시도했지. 그런데 겨우 36번밖에 성공하지 못했어.
평균 열흘에 한 번 꼴이지. 다음은 어째서 내가 더 자주 성공하지 못했는지 그 이유를 적어 본 거야.

> 아이들이 깰까 봐   27번
> 너무 늦어서   23번
> 너무 더워서   16번
> 너무 추워서   5번
> 너무 일러서   15번
> 잠자는 척해서   46번
> 창문이 열려 있어서 이웃들이 들을까 봐   9번
> 허리가 아파서   26번
> 머리가 아파서   18번
> 이가 아파서   13번
> 낄낄대며 웃느라고   6번
> 기분이 안 나서   36번

너무 배가 불러서　10번
　　　아기가 울어서　17번
　　　'한밤의 이야기쇼'를 보느라고　17번
　　　내가 '한밤의 이야기쇼'를 봤다는 이유로　15번
　　　머드팩 하느라고　11번
　　　옆방에 손님이 있어서　11번
　　　화장실에 가고 싶어서　19번

　　　　　　　　　　　　　　　　총계 329번

내가 어찌어찌해서 성공했던 36번의 경우에도,
다음 몇 가지 이유 때문에 완전히 만족스럽지는 못했어.

1. 여섯 번은 당신이 내내 껌을 씹었지.
2. 일곱 번은 당신이 내내 TV를 봤어.
3. 열여섯 번은 당신이 나한테 빨리빨리 해치우고
   끝내라고 말했지.
4. 여섯 번은 끝났다는 걸 말해 주려고 당신을 깨워야만 했어.
5. 한 번은 당신이 움직이길래 혹시 내가 아프게 했나
   걱정이 되더군.

여보, 내가 이렇게 짜증스런 남편이 된 것도 다 이유가 있다구!

　　　　　　　　　　　　　당신을 사랑하는 남편이

이 편지는 '거부'가 육체적인 문제인 동시에 심리적인 문제임을

보여 줍니다. 적극적인 거부는 물론이고, 수동적이고 무관심한 태도도 마찬가지로 배우자를 거부하는 것입니다. 어떤 아내는 남편에게 토요일 아침마다 해야 할 집안 일을 줄줄이 적어 주었다고 합니다. 남편이 목록에 적힌 일을 모두 해내면 토요일 밤에 '보상'을 하겠다는 것이지요. 다른 것이 거절이 아닙니다! 이것이야말로 심리적인 거절입니다.

다음의 성경말씀을 새겨 봅시다.

> 남편은 그 아내에게 대한 의무를 다하고 아내도 그 남편에게 그렇게 할지라. 아내가 자기 몸을 주장하지 못하고 오직 그 남편이 하며, 남편도 이와 같이 자기 몸을 주장하지 못하고 오직 그 아내가 하나니 서로 분방하지 말라. 다만 기도할 틈을 얻기 위하여 합의상 얼마 동안은 하되 다시 합하라. 이는 너희의 절제 못함을 인하여 사단으로 너희를 시험하지 못하게 하려 함이라. (고전 7:3-5)

이 부분의 성경말씀은 몹시 단호합니다. 배우자의 성적 욕구를 거부하는(능동적이든 수동적이든) 행위는 죄인 것입니다. 혹독하게 들릴지도 모르지만, 각양각색의 상황에 대해 심도 있는 상담을 실시한 경험에 비추어 볼 때 저 역시 같은 결론에 이르렀습니다. 육체적으로 배우자를 거부하는 데에는 한없이 심각하고 진지한 이유들이 있게 마련이지만, 근원을 캐고 들어가 보면 대개 어딘가에 이기심과 죄의 문제가 도사리고 있었습니다.

위의 말씀을 보면 부부가 정상적인 성생활을 삼가는 데 합당한 조건은 '상호간의 합의가 있을 때', '단기간일 때', '기도에 전념하고자 할 때', 오직 세 가지뿐입니다.

앞서 제시한 편지에는 남편을 거부하는 핑계가 수도 없이 적혀 있지만 기도라는 이유는 빠져 있습니다. 저는 '기도'라는 이유를 대고 배우자를 거절하는 사람을 한 번도 본 적이 없습니다!

아가서에서는 술람미가 남편을 거부하지만, 반대의 경우도 자주 있습니다. 최근의 연구결과들에 따르면, 남자는 성생활에 늘 관심이 있고 여자는 별로 욕구가 없다는 통념이 그다지 큰 지지를 얻고 있지 못한 것 같습니다. 150명의 그리스도인 부부들을 조사한 마일즈는 "성교를 하고 싶을 때마다 정말 할 수 있다면, 얼마나 자주 성교를 하고 오르가슴을 경험하고 싶습니까?"라는 질문을 던졌습니다. 남편들은 평균 2.7일에 한 번이라고 대답했고 아내들은 3.2일에 한 번이라고 했습니다.[5]

따라서 이 연구 결과만 놓고 보면 양쪽의 차이가 거의 없습니다. 근대 이전까지는 오히려 여성이 더 왕성한 성욕을 가졌다고 믿었습니다.[6] 아가서 전편과 고린도전서 7장에서도 남녀간에 성욕 내지는 성충동에 큰 차이가 없음을 은근히 전제하고 있다는 사실은 무척 흥미롭습니다. 이 문제에 관한 한 성경은 여성의 욕구를 남성의 욕구와 동등하게 생각합니다. 심리적 태도, 타이밍, 기타 다른 요소에서는 남녀간에 두드러진 차이가 있으나, 성생활의 능력과 성욕에서는 양편이 대등합니다.

술람미가 솔로몬을 거부하는 대목에서는 '정상적인' 빈도의 문제가 제기됩니다. 예컨대 한 여성은 상담자에게 자신의 남편이 어찌나 섹스과다인지, 자기가 그러자고만 하면 한 달에 두 번씩 꼬박꼬박 할 기세라며 신세한탄을 했습니다. 마일즈가 면접한 부부들은 일주일에 평균 3.3번 오르가슴에 달할 정도의 성교를 즐긴다는 사실이 밝혀졌습니다.[7] 그러나 개별 부부들의 문제를 놓고 볼 때, 이러한 통계는 전혀 의미가 없습니다. 문제는 두 사람만의 관계에 무엇이 적합한가 하는 것이지 '국민평균' 따위가 아닙니다.

셜리 라이스는 고린도전서 7장 3절부터 5절까지의 말씀을 토대로, 배우자의 성적인 요구를 거절할 때 생길 수 있는 세 가지 위험 요소를 다음과 같이 제시했습니다.

- 성경의 명령을 어기는 것은 죄악이므로 주님과 당신의 관계가 위기를 맞을 수 있다.
- 당신과 배우자와의 관계가 돌이키기 어려울 정도로 악화될지도 모른다.
- 배우자의 분노와 좌절을 초래하여 간음을 저지르도록 유혹하는 것이 될 수도 있다.[8]

수많은 남자들이 온통 섹스 생각에만 골몰하는 것처럼 보이는 이유 중 하나는 아내로부터 충분한 만족을 얻지 못하기 때문입니다. 5일 동안 굶은 사람은 냉장고 앞을 지나갈 때마다 먹을 것 외엔 아무 생각도 하지 못하겠지요. 음식과 마찬가지로 성생활이 인생에서 가장 중요한 것은 아닙니다. 그러나 아내가 성관계를 아예 허락하지 않는다면, 성은 남편에게 일종의 강박관념이 되고 말 것입니다.

술람미가 성적으로 내키지 않아 하는 이유는 단순히 피곤해서 일찍 잠자리에 들었다는 것뿐입니다. 최근 '크리스천 패밀리 라이프'가 조사한 바에 따르면, 여성의 10퍼센트가 성생활의 가장 큰 문제점으로 피로감을 들었다고 합니다.[9] 심각한 문제를 세 가지까지 지적하라고 했다면, 훨씬 더 많은 수의 여성들이 피로감을 문제점으로 들었을 겁니다. 물론 아픈 아이들을 돌봤다든가 하는 등등의 이유로 아내가 너무 지쳐서 절정에 달할 수 없는 경우는 있게 마련입니다. 그러나 어느 다정한 아내가 표현했듯이 "그래도 남편을 즐겁게 해 주는 일에서 큰 기쁨을 얻을 수는" 있습니다. 만일 사랑을 나누기에 너무 지쳤다고 느껴지더라도, 가끔씩은 "여보, 나 오늘은 절정에 이르기가 힘들 것 같아요. 하지만 당신을 기쁘게 해 주고 싶어요"라고 말해 보는 것도 나쁘지 않을 것입니다. 그리고 남편을 품에 안고 당신 자신을 그에게 주십시오. 남편의 귓가에 그를 사랑한다고, 그에게 기쁨을 줄 수 있어서 행복하다고 속삭여 주십시오.

더 나아가 남편이 그런 요구를 할 때 스스로 이기적이라는 느낌을 갖게 해서는 안 됩니다. 위와 같이 반응할 때 당신은 '이용당하는' 것이 아니라(남편이 상습적으로 당신이 피곤할 때마다 요구하지만 않는다면 말이지요), 자신을 바치는 사랑을 베푸는 것입니다. 그저 그의 품에 안기는 것만으로 즐거워할 수는 없을까요? 매번 아내가 오르가슴에 도달하라는 법은 없습니다. 성애에서 가장 중요한 문제는 오르가슴을 얻는 것이 아닙니다. 그보다는 서로의 사랑을 나누는 것이 훨씬 더 중요합니다. 활기 넘치고 건강한 부부관계에서는 이런 태도야말로 정상적인 반응입니다. 그러나 얽히고설킨 의사소통의 장벽이 서로를 가로막고 있다면, 이런 태도가 낯설게만 느껴지겠지요.

늦은밤에 잠자리를 요구한 솔로몬의 태도에는 고칠 점이 많습니다. 마찬가지로 심야에 잠자리를 요구하는 많은 20세기 남편들의 태도도 조금은 달라져야 하겠습니다. 다음과 같은 상황을 한번 생각해 보십시오.

평균적인 미국 남편인 티피컬 앨머('전형적인 앨머'라는 뜻-옮긴이)는 아침에 재치 있는 대화, 다정한 포옹 등등의 절차를 거친 다음 출근하고, 출근할 때와 변함없이 퇴근합니다. 그는 집에 들어서며 아이들에게 잠깐 고개를 끄덕여 보이고는 아내에게 몇 마디 투덜거리고 나서 편지 온 것 없느냐고 묻습니다. 그리고 멍하게 6시 뉴스를 바라보며 머리에 자극을 좀 줍니다.

"쉬잇!"

앨머의 아내는 아이들에게 주의를 주지요.

"시끄럽게 굴지 마. 아빠가 텔레비전을 보고 계시잖니."

정확하게 때가 되면, 아내는 TV가 있는 방에 살금살금 발끝으로 걸어가 말합니다.

"여보, 저녁 준비 다 됐어요."(앨머는 제때 밥을 먹지 못하면 아주 화를 냅니다.)

그는 직장에서 최근 어떤 일을 했는지 이야기하고, 아내는 이웃들의 최신 가십거리와 아이들이 잘못한 일들을 시시콜콜 읊어 댑니다. 정말 재미있는 저녁 시간이지요! 앨머는 식사 후 꺼억 트림을 하고 나서 식탁에서 일어나 가 버리면 아내는 혼자 남아 부엌을 치우고, 아이들 기저귀를 갈고, 빨래를 하고, 진공청소기로 집을 청소하고, 시부모님께 편지 쓰는 일을 몽땅 도맡아 처리합니다. 그리고 대강 9시 반이 되면 파김치가 되어 쓰러져 잠들어 버리지요. 그동안 앨머는 '화요명화극장'을 보며 졸다 깨다 합니다.

　새벽 한시쯤 '국가'가 울려 퍼지면 앨머는 갑자기 정신이 확 듭니다. 그는 TV의 전원을 끄고 나서 갑자기 믿음직한 투창을 뽑아 들고는, 머리에 담쟁이잎 관을 쓰고 로마식 가운을 입은 독재자의 모습으로 변신합니다. 그런 다음 침대로 돌진해 가서 '자, 이제 시작해 볼까' 하고 큰 소리로 외치는 겁니다. 앨머는 '완전한 한밤중'이 되기 전에 '즐거운 시간'을 갖고 싶어합니다. 물론 아내도 성적으로 흥분한 채 반응해 와야 한다고 생각하면서 말이지요. 사려 깊은 남편인 앨머는 "자, 일 끝내지" 순서에 들어가기 전에 '아내를 위해' 60초나 봉사를 합니다. 착하고 열심히 일하는 앨머는 어째서 매번 아내가 열정적으로 반응해 오지 않는지 이해가 되질 않는다는군요!

　혹시 아내가 새벽 한시용 남편의 충동적인 손길에 몸을 허락하더라도, 열렬히 정열을 불태우며 잠자리에 몰두할 수는 없게 마련입니다.[10] 앨머는 깊은 밤이 되어 잠자리를 같이하고 싶은 마음이 들기 전까지는 아내에게 전혀 관심을 기울이지 않는 수많은 남편들의 전형적인 모습을 가지고 있는 사람입니다. 이런 남편들은 육체적으로 흥분하지 않는 이상, 아내의 문제라든가 아내의 삶에 전혀 관여하지 않습니다.

페이지 윌리엄스는 어린 소년과 나누었던 재미있는 대화를 이야기해 주고 있습니다. 그는 꼬마에게 아버지 직업이 뭐냐고 물었다고 합니다. 그랬더니 소년은 "주로 보는 일을 하세요"라고 대답하더라는군요.

"야간 순찰대원이시냐?"

"아뇨, 그게 아니구요, 그냥 구경만 하세요."

소년은 언성을 높였습니다.

"글쎄, 도대체 뭘 보시는데?"

"전부 다 말할 수는 없지만, 몇 가지는 말해 줄게요."

"그래, 한번 말해 보렴."

"텔레비전도 보시고요, 엄마가 집안 일하는 것도 보시고요, 신문배달하는 아이도 보시고요, 날씨도 보시지요. 다른 여자들도 보시는 것 같아요."

소년은 장난기 넘치는 미소를 지으며 말했습니다.

"또 증권시장도 보시고요, 축구시합이나 스포츠 경기도 보시고, 엄마가 우리 엉덩이 때리는 것도 보시고, 우리가 숙제하는 모습도 보세요. 가족들이 교회 가고 학부모 모임에 가고 쇼핑하는 것도 보시고요, 형이 잔디를 깎거나 우리가 낙엽을 긁어모으는 것도 구경하시지요. 누이동생이 설거지하는 것도 보시고 제가 개하고 장난하는 것도 구경하세요. 엄마가 청구서 지불하는 것도 보시고, 저도 많이 보세요. 하지만 주로 그냥 보기만 하세요."

소년의 목소리는 어쩐지 서글프게 들렸습니다.[11]

만일 당신이 '티피컬 앨머'나 '보기만 하는 사람'이라면, 아내가 성적인 반응을 보이리라고는 아예 기대하지 마십시오.

솔로몬은 '보기만 하는 사람'은 아니었겠지만, 아내에게 접근하는 시간에 대해서는 좀 배울 필요가 있었습니다. 이 부분에 대해 누가 연구를 했는지는 모르겠습니다만, 제 추측으로는 대부분의 부부들이 사랑을 나누는 시간은 하루의 일을 모두 마무리한 늦은 밤이 90퍼센트일 것입니다. 저녁도 배불리 먹고, 부엌도 치우고, 신문도 보고, 아이들 숙제도 도와주고, 가족 예산도 논하고, 바보상자도 세 시간 정도 멍하니 구경한 후겠지요. 그리고 나면 5분에서 10분 가량 '점잖게' 성관계를 가지고 나서 곧장 코를 골기 시작합니다. 몇 년쯤 이런 식으로 지내고 나면 섹스는 우리에게 별로 중요한 일이 아니라는 상태가 되게 마련이지요. 성생활의 활력과 불꽃 튀는 긴장은 사라져 버립니다.

휴스턴의 부인과 전문의는 젊은 신부들에게 이런 충고를 해 준다고 합니다. "저녁 7시 이후에는 절대 남편과 잠자리를 같이하지 마세요." 물론 이것은 지나친 과장입니다만, 솔로몬은 이 충고를 귀담아 들었어야 했습니다.

늦은 밤에 일상적으로 치르는 잠자리 행사는 성적인 애정의 천적입니다. 즐거운 성관계는 '자연스럽게' 되는 것이기도 하지만, 가장 의미 깊은 성관계는 보통 사전에 준비한 경우에 가능합니다. 아내에게 전화 한 통을 걸어 사랑한다고 말하면서 "오늘은 저녁 시간을 비워 두고 사랑을 나눕시다"라고 한다면, 아내의 기분은 몇 시간에 걸쳐 천천히 고조될 것입니다. 아침에 아쉬운 듯 남기는 작별 키스는, 직장에 가기보다 아내와 함께 집에 머무르고 싶어하는 당신의 애틋한 마음을 아내에게 전해 줄 뿐 아니라, 차근차근 멋진 저녁을 준비하는 첫 단계가 되겠지요.

솔로몬이 성적 접근에 별로 사려 깊지 못한 데 반해, 술람미의 반응은 시사하는 바가 큽니다. 술람미는 토라져 앉아 자기를 '이용하려' 했다고 남편을 책망하면서 성적인 욕구를 끊어 버리는 대신, 자신의 태도와 행동을 고치려고 노력합니다. 5장 9절부터 6장 3절까지에서 우리는 술람미의 태도가 결정적으로 바뀌는 모습을 볼 수 있습니다. 그리고 7장 1절부터 13절에서는 결정적인 행동의 전환이 일어납니다.

8
부부간의 성문제 극복하기

회상장면 10, 11, 12 아 5:9-6:13a

7장에서 술람미와 솔로몬은 육체적 관계에 문제가 생겨 실의에 빠져 있었습니다. 이번에 살펴볼 대목에서는 이 문제의 실마리가 풀리기 시작합니다. 그리고 10장과 11장에서는 궁극적인 해결책이 그 모습을 드러냅니다.

흥미롭게도, 두 사람이 서로의 차이를 해결하는 비결은 상대방의 잘못보다 각자 자신의 책임을 더욱 강조하는 데 있습니다. 술람미는 계속해서 밤늦게 성관계를 요구해 오는 솔로몬의 무심함을 탓하는 대신, 스스로 내면의 태도를 고치려고 노력합니다. 그리고 솔로몬은 자신을 거절하는 술람미가 너무 이기적이라고 생각하는 대신, 그녀를 무조건 사랑하며 '모욕을 축복으로 갚고자' 노력합니다.

부부간의 문제를 해결하려면, 그 문제의 내용이 무엇이든지 간에 위와 같은 방식을 따라야 합니다. 배우자의 결점에 끊임없이 화를 낸다고 해서 무슨 소용이 있겠습니까? 심판의 자리에 앉으신 그리스도 앞에 우리가 섰을 때, 그분은 배우자가 우리를 어떻게 대했는지 묻지 않으실 것입니다. 오히려 우리가 책임감을 가지고 자신의 몸가짐을 바르게 했는지 물으실 것입니다. 어긋난 행동을 하는 배우자를 벌하는 것은 하나님께서 하실 일이지 우리가 할 일이 아닙니다.

솔로몬과 술람미의 아가

태도의 변화 회상 장면 10(5:9-6:3)

술람미는 다음날 아침, 꿈으로 뒤숭숭했던 잠에서 깨어납니다. 잠이 깨기 전에 그녀는 코러스에게 사랑하는 이를 찾아 달라고 부탁하지요. 술람미는 성적으로 몹시 흥분한 상태이고(5:8) 솔로몬을 거절한 것에 죄책감을 느끼고 있기 때문에(5:6, 7) 솔로몬을 만나 이를 보상하고 싶어합니다. 이때 술람미가 코러스에게 하는 대사는 자연스러운 장면의 전환을 가져옵니다. 술람미의 말은 코러스에게 두 가지 질문을 던질 구실을 제공해 주고, 이 질문을 통해 술람미가 자신의 태도를 고치려고 결심했다는 것이 드러납니다.

첫 번째 질문은 5장 9절에서 찾아볼 수 있습니다. 즉 "네 사랑하는 이는 어떤 사람이지?"라는 질문입니다. 두 번째는 6장 1절에 나오는 것으로서 "네 사랑하는 이는 어디로 갔지?"라는 질문입니다.

첫 번째 질문에 답하기 위해 술람미는 남편의 고귀한 품성과 매력적인 외모, 부드러운 심성을 떠올립니다. 이렇게 술람미는 솔로몬의 긍정적인 측면들과 더불어 그의 성적인 매력에 생각의 초점을 맞추기 시작하고, 그녀의 욕망은 점점 더 커져 갑니다.

두 번째 질문인 "네 사랑하는 이는 어디로 갔지?"에 대답하는 과정에서, 술람미는 두 사람의 문제가 상당 부분 남편이 하는 일의 성격 때문임을, 즉 이스라엘 백성이라는 "양 떼를 치는"(6:2) 책임 때문임을 깨닫게 됩니다. 생각이 여기에 다다르자, 술람미는 스스로 맹세했던 바를 떠올리고, 몇 가지 해결할 문제점이 있음에도 불구하고 남편이 여전히 온전히 자신의 것이라는 확신을 얻습니다.

코러스

오, 여인 중에 가장 아름다운 여인아,
네 사랑하는 이는 어떤 사람이지?
네 사랑하는 이가 어떤 사람이기에
이토록 우리에게 간청하는 거지? (5:9)

이 질문의 목적은 무엇일까요? 이것은 마치 술람미에게 남편의 좋은 점들을 환기시켜 주기 위해서 코러스가 일부러 만든 질문 같습니다. 항상 떨어져 있는 일이 아무리 힘겹고 고통스럽다 해도,

하나님께서 술람미에게 허락하신 이 남자의 훌륭한 품성을 생각한다면 그것을 감수할 만한 가치가 있다는 것입니다. 이 질문은 특정한 효과를 염두에 두고 있습니다. 다음에 이어지는 구절에서 술람미는 사랑하는 사람의 미덕을 극구 칭찬하며, 국정을 돌보기 위해 남편이 멀리 떠나 있다는 사실을 좀더 느긋하게 받아들이게 됩니다.

술람미

내 사랑하는 이는 발그레한 안색에 눈이 부시고
만 명이 있어도 눈에 뜨인단다.
그이 머리는 황금, 그것도 순금이고
대추야자 송이 같은 그이의 머리칼은
까마귀처럼 까맣단다.
그이의 두 눈은 우유로 목욕을 마치고
흐르는 시냇물가 보금자리에서
쉬고 있는 비둘기 같아.
그이의 두 뺨은 발삼꽃밭,
달콤한 향내를 풍기는 향초 더미 같고
그이의 입술은 몰약 향유가 방울방울 흐르는
나리꽃 같단다. (5:10-13)

이어지는 묘사는 육감적인 세부묘사를 담고 있어서, 술람미가 이전에 솔로몬과 나누었던 사랑을 회상하고 있거나 마음속으로 그의 벗은 몸을 상상하고 있음을 은근히 암시합니다. 여기서도 예루살렘의 딸들은 왕의 훌륭한 미덕을 끌어내기 위해 사용되는 단순한 문학적 장치 역할을 합니다.

'눈이 부시다'는 것은 생김새가 수려하다는 뜻이고, '안색이 발그레하다'는 것은 건강해서 뺨에 붉은 빛이 돈다는 뜻입니다. 이것은 솔로몬의 탁월한 아름다움을 표현한 말이지요.

술람미는 이처럼 머리부터 시작해서, 아무것과도 비교할 수 없는 심상들을 사용해 솔로몬의 맵시 좋은 몸매를 그려 나갑니다. 황금은 탁월한 미덕을 뜻하지요.

솔로몬은 아름다운 검정 머리칼을 지녔습니다. 까마귀는 새끼를 먹여 기르는 끈질긴 능력으로 유명한 새입니다. 그래서 피조물을 돌보는 하나님의 손길을 상징하는 데 자주 쓰이지요.[1] 술람미는 솔로몬이 언제나 자신을 돌봐 주고 보살펴 준다는 사실을 잘 알고 있었습니다. 빛나는 흰자위에 둘러싸인 검은 눈동자는 우유로 목욕한 비둘기로 그려지고 있습니다. "발삼꽃밭"이라는 표현은 수염에 향수를 뿌리는 관습을 가리키는 것입니다.

여기서 말하는 나리꽃은 아마도 붉은 나리일 겁니다. 그리고 몰약 향유는 향기로운 솔로몬의 숨결을 가리키는 것 같습니다. 당시에는 입냄새를 좋게 하기 위해 달콤한 향이 나는 풀을 씹거나 물과 섞어 입 안을 헹구곤 했습니다.

 술람미

그이 손가락은 황금 막대기 같아.

보석이 박혔지.
그이의 복부는 조각한 상아에
사파이어를 새긴 것 같단다.
그이의 다리는 황금 받침 위에 세운
설화 석고 기둥 같아.
그이의 모습은 레바논 같고,
최상품 백향목 같단다.
그이의 입엔 달콤함이 가득하고,
그이의 모든 것에 내 마음이 끌린단다.
이 사람이 바로 내 사랑, 내 벗이란다.
오, 예루살렘의 딸들아. (5:14-16)

솔로몬의 손가락은 충분히 살이 붙어서 둥글었습니다. 손톱은 투명한 분홍빛입니다.

복부는 옷으로 가려진 속살을 말합니다. 그의 복부는 상아처럼 하얗고 매끄럽습니다. 또 상아 같다는 말은 평평하고 단단하다는 뜻이기도 합니다. 그런가 하면 몸의 '새하얀' 부분들을 본다는 말은 평상시에는 옷으로 가려져 햇빛을 받지 못한 부분들을 바라본다는 뜻이 됩니다. 아마도 술람미는 남편의 벗은 몸에 대해 백일몽을 꾸고 있는 모양입니다. 푸른 사파이어들에 대한 언급은 좀 이해하기가 어렵습니다. 하얀 속살에 나뭇가지처럼 비치는 푸른 핏줄들이 아닐까 싶습니다.[2]

'다리'라는 히브리어는 보통 다리의 윗부분, 허벅지를 뜻합니다. 허리 아래(창 29:2; 출 28:42; 단 2:32), 또는 두 다리가 갈라지는 부분까지를 포함하는 말이지요.[3] 그 두 다리는 대리석처럼 희고 튼튼한 설화 석고 기둥으로서, 황금 받침으로 묘사된 두 발 위에 세워져 있습니다.

레바논은 왕답게 기품 있는 외모를 가리킵니다. 이곳은 아름다운 곡창지대로 유명한 곳이었습니다(신 3:25). 백향목은 나무들 중에서 가장 키가 크고 강한 목재입니다. 따라서 술람미의 연인은 남자들 중에서도 특출한 인물이고, 강한 힘과 남성다움을 지닌 사람입니다.

이 부분에 나오는 입은 입맞추기 위한 것이 아니라 말하는 데 쓰이는 기관입니다. 술람미는 지금 솔로몬의 다정한 말솜씨를 칭찬하고 있습니다. 그녀는 솔로몬이 단순히 육체적으로 남자답다는 점뿐 아니라(5:9-15) 함께 있을 때 다정하고 친절하게 대해 주는 모습에도 마음이 끌렸던 것입니다(5:16). 바울은 하나님의 '연인'에게는 두 가지 특징이 있다고 말씀했습니다.

> 이는 남편이 아내의 머리 됨이 그리스도께서 교회의 머리 됨과 같음이니 그가 친히 몸의 구주시니라(엡 5:23).

> 남편들아, 아내 사랑하기를 그리스도께서 교회를 사랑하시고 위하여 자신을 주심같이 하라(엡 5:25).

남자는 아내에게 '머리', 즉 지도자가 되어야 합니다. 그러나 바울은 동시에 남자는 아내에게 사랑을 주는 '연인'의 역할도 해야 한다고 말씀합니다. 성경은 주 예수님에 대해 다음과 같이 말씀합니다.

> 말씀이 육신이 되어 우리 가운데 거하시매 우리가 그 영광을 보니 아버지 독생자의 영광이요 은혜와 진리가 충만하더라(요 1:14).

이에 따르면 남편의 특징은 강인한 힘과 부드러움입니다(5:9-16). 남편은 지도자이자 연인이어야 합니다(엡 5:23-25). 또한 은혜와 진리로 충만해야 합니다(요 1:14). 이것이 바로 성경이 말하는 바, 남성이 해야 할 역할의 기본적인 특징입니다. 주 예수님은 은혜로운 분이었습니다. 그는 여인들 앞에서 눈물을 흘리셨으며 어린아이들을 편히 안아 주셨고, 깊은 다정함과 연민의 마음을 보여 주셨습니다. 그러나 그는 동시에 성난 군중들 사이를 뚫고 나가시며, 자신을 고소하는 자들을 고소하지 않으시고, 강철 같은 의지로 죽음 앞에 순종하실 수 있었습니다.

오늘날 결혼생활에서 일어나는 문제점들 중 상당수는, 남편이 이 두 가지 측면 중에 한 면만을 갖고 있어 균형을 잃은 데에 그 원인이 있습니다.

 코러스

네 사랑하는 이는 어디로 갔지?

오, 여인들 중에 가장 아름다운 여인아,
네 사랑하는 이는 어디로 갔지?
우리가 함께 그를 찾아 주마. (6:1)

코르스는 술람미의 대답에 만족하면서 새로운 질문을 던져 옵니다. 이 질문의 목적은 술람미의 주의를 돌려 남편이 그녀와 함께 있을 수 없는 이유가 바로 나라 일에 몰두하고 있기 때문이라는 사실을 깨우쳐 주려는 것입니다. 술람미는 결혼하기 전에 자신이 남편에 대해 가졌던 이해심을 기억해 내고, 자신이 바라는 만큼 남편을 곁에 둘 수 없다는 자기연민을 털어놓게 됩니다.

♡ 술람미

내 사랑하는 이는 그의 정원에,
발삼꽃밭에 갔단다.
정원에서 양 떼를 치고
나리꽃을 따 모으러 갔단다.
나는 사랑하는 이의 것이요 내 사랑하는 이는 나의 것,
그는 나리꽃 틈에서 양 떼를 먹인단다. (6:2-3)

이미 이야기했듯이(1:7; 2:16) 이 비유적 표현은 솔로몬이 나라 일에 몰두하고 있음을 암시합니다.

술람미는 내면의 평화를 찾았습니다. 그녀는 왕의 아내입니다. 남편은 비록 일 때문에 멀리 떠나 있지만, 술람미는 남편의 사랑

을 확신에 찬 어조로 자신합니다.

술람미가 남편을 양 떼를 먹이는 목자로 보고 있다는 사실은 의미심장합니다. 솔로몬도 수많은 결점이 있는 사람이지만, 그래도 술람미에게는 전폭적인 사랑 아래 보호와 보살핌을 받고 있다는 느낌을 주고 있습니다. 술람미는 솔로몬을 이스라엘의 목자뿐 아니라 자신을 돌보아 주는 목자로 여기고 있습니다.

여기에서 우리가 적용할 만한 목자의 특성이 두 가지 있는데, 바로 보호자와 지도자라는 것입니다. 보호자로서 목자의 임무에 대해서는 할 수 있는 말이 많습니다(이 이하의 이야기는 프레드 라이트의 책을 참조한 것입니다).[4] 양 떼를 먹이는 일을 제외한 목자의 주된 일은 강도나 다른 동물들이나 날씨로부터 양들을 보호하는 것이었습니다.

목자의 장대는 대략 150센티미터에서 180센티미터 정도 길이의 막대로서, 간혹 끝이 구부러진 모양도 있었습니다. 이것은 대개 지팡이처럼 짚고 다니는 데 쓰였지만, 다른 한편으로 양 떼를 다루는 데 사용되기도 했습니다. 따라서 시편 23편에서 다윗이 "주의 지팡이와 막대기가 나를 안위하시나이다"라고 한 것은 주님의 보호가 그를 위로함으로써 그가 안전함을 느끼게 되었다는 말인 것입니다.

'보호'를 이루는 요소들에는 희생적인 사랑의 노력들이 포함됩니다. 목자가 자기 목숨을 잃을 위험을 무릅쓰고 양 떼들을 지키기 위해 전심전력을 다한다는 사실은 그의 깊은 사랑과 관심을 단적으로 보여 줍니다(물론 목자에게는 이것이 소유권과 이익이 걸린 문제이기 때문에 그렇게 하는 것이 당연하다고 생각할 수도 있습니다. 그러나 남편이 아내를 기쁘게 해 주는 일 역시 소유권과 이익이 걸린 문제가 아니겠습니까?). 좋은 남편은 '날마다 아내를 위해 기꺼이 목숨을 바칠' 각오가 되어 있어야 합니다. 사실 날마다 목숨을 내놓는 일은 단 한 번 닥치는 육체적인 죽음을 맞이하는 일보다 어렵습니다. "남편들아, 아내 사랑하기를 그리스도께서 교회를 사랑하시고 위하여 자신을 주심같이 하라"(엡 5:25).

왜 이렇게 해야 합니까? 호의가 호의를 낳기 때문입니다. 당신이 먼저 "당신이 원하는 걸 이뤄 주기 위해 내가 원하는 바를 기꺼이 희생하겠어"라고 말한다면, 아내 역시 당신에게 같은 태도로 반응해 올 것입니다. 처음에는 놀라움과 호기심을 나타내거나 '얼마나 오래가나 보자'는 식의 태도를 보일 수도 있겠지만 결국은 당신의 노력을 인정하고 고마워하며 아내 역시 자신의 필요를 기꺼이 희생하겠다고 말하게 될 것입니다. 사랑은 사랑을 낳고 격려는 격려를 낳으며 배려는 배려를 낳습니다.

동방의 목자들은 양 떼들의 지도자로서, 서양의 양치기들처럼 뒤에서 가축을 모는 것이 아니라 가축들 앞에서 길을 이끌곤 합니다. 물론 가축 떼 옆이나 뒤에서 따라가는 적도 있긴 합니다. 대개 저녁이 되어 우리로 돌아갈 때 그렇게 하지요. 그럴 때 목자는 뒤에 서서 무리에서 뒤처지는 가축들을 거두고 야생동물의 습격을 받지 않도록 보호합니다.

양 떼가 우물에서 물을 먹을 때나 우리에 들어갈 때 간혹 몇 무리의 양 떼가 섞이는 수가 있습니다. 그러나 무리들을 따로 모아야 할 때 목자들이 차례대로 자기 양들을 목청껏 외쳐 부르면, 양 떼는 일제히 고개를 들고 한참 이리저리 뒤섞여 법석을 떨다가 결국 차례차례 자기 목자를 좇아갑니다. 양들은 자기 목자의 목소리를 아주 잘 알고 있기 때문에 낯선 이들이 목자의 소리를 흉내내어 불러도 절대로 따라가는 법이 없다고 합니다.

예수님은 그의 양 떼는 오직 그의 목소리를 알아듣고 따라온다고 말씀하셨습니다. "양들이 그의 음성을 아는 고로 따라오되 타인의 음성은 알지 못하는 고로 타인을 따르지 아니하고 도리어 도망하느니라"(요 10:4, 5). 목자가 진심으로 사랑하고 배려하는 마음이야말로 양 떼들이 그의 목소리만을 따르는 핵심적인 이유입니다. 양들은 목자를 알고 그의 인도를 전적으로 신뢰합니다(특히 믿음직한 목자임이 입증되었다면 더욱 그렇겠지요).

좋은 목자가 양 떼를 얼마나 속속들이 알고 배려하는지를 보여 주는 이야기가 있습니다. 레바논 지역의 양치기 한 사람이 양 떼의 숫자를 매일 저녁 세느냐는 질문을 받았습니다. 그는 아니라고 대답했지요. 그러자 이번에는 세지도 않으면서 양 떼가 빠짐없이 들어왔는지 어떻게 아느냐고 물었습니다. 그러자 그는 이렇게 대답했습니다. "어르신, 천을 한 장 가져와서 제 눈을 가리고 아무 양이나 한 마리 데려와 보십시오. 그 녀석 얼굴에 손만 한 번 대 보면 당장 내 양인지 아닌지 말씀드릴 수 있습니다."

H. R. P. 딕슨(H. R. P Dickson)은 아랍 사막을 방문했을 때, 몇몇 양치기들이 자기 양 떼들을 얼마나 기막히게 잘 알고 있는지 보여 주는 사건을 목격했다고 합니다.

어느 날 저녁, 날이 어두워지자 아랍인 양치기 한 사람이 큰 소리로 어미양 쉰한 마리의 이름을 부르기 시작하더라고 합니다. 그러더니 아기양들을 하나씩 집어다가 제 어미의 품에 가져다 주어 젖을 빨게 했습니다. 환한 대낮도 아닌, 빛이라곤 찾아볼 수 없는 어둠 속에서, 그것도 새끼양을 찾아 우는 어미양과 어미양을 찾아 우는 새끼양들의 울음소리 한복판에서 이 일을 해냈던 것입니다.

그러나 어느 동방의 목자도 우리의 위대한 목자이신 예수님께서 그의 양 떼를 아시듯이 자기 양 떼를 속속들이 알고 있지는 못합니다. 주님은 "나는 선한 목자라. 내가 내 양을 알고"(요 10:14)라고 하셨습니다.

많은 여성들은 남성의 인도를 받고 싶어합니다. 여성들은 망신을 당하거나, 생각할 줄도 모르고 결정을 내릴 줄도 모르는 바보 취급을 받거나, 결단을 내리기엔 너무 성숙하지 못한 어린아이처럼 감싸고 돌기를 바라는 것이 아닙니다. 여성들을 이렇게 대하는 것은 지도력의 발휘가 아니라 독재이며, 따르는 이의 필요를 고려하지 않는 교만한 자아의 표현일 뿐입니다.

술람미의 '백일몽'은 성에 관련된 두 사람의 견해 차이를 해결하는 데 근본적으로 도움이 될 만한 두 가지 태도를 보여 줍니다. 술람미는 무엇보다 먼저 남편을 향한 욕구를 고조시키는 방법으로 남편의 몸을 떠올립니다. 그러고 나서 남편이 목자로서 자신을 보호하고 보살펴 주며 편안히 돌보아 준 사실을 생각합니다. 이렇게 함으로써 남편의 결점에 매달리는 대신, 그의 장점들에 집중하는 것입니다. 술람미는 자신의 태도에 책임을 져야 한다고 믿으며 솔로몬의 결점들을 주님의 손에 맡깁니다.

아내를 향한 사랑에 변함없는 솔로몬 회상 장면 11(6:4-10)

두 사람의 불화(5:2-8)와 화해(7:1-8:13) 사이의 간주곡이 진행되는 동안, 두 가지의 기본적 태도가 나타납니다. 앞에서 살펴본 회상에서 우리는 술람미가 남편의 장점에 생각을 집중하는 모습을 보았습니다. 이제 이어지는 회상에서 시인은 우리에게 부부간의 갈등을 해결하는 또 하나의 중요한 구성요소를 소개합니다. 그것은 모욕을 축복으로 갚는 태도입니다.

이 장면의 막이 오르면 솔로몬이 이미 돌아와 있습니다. 그는 아내의 아름다움을 찬미하고 아내만을 향한 사랑의 마음을 확인시켜 줍니다. 아가서 전체를 통해서 솔로몬은 훌륭한 남편의 모범을 보여 줍니다. 두 사람의 관계에 어떤 문제가 있었든지 간에(5:4-6), 그것 때문에 솔로몬이 술람미에게 사랑을 표현하고 찬사를 바치는 데 조금이라도 거리낌을 느끼는 기색은 전혀 없습니다.

대부분의 남편들은 아내에게 성적인 요구를 했다가 퇴짜를 맞으면 홱 토라져서 '퉁명스럽게' 반응하는 경우가 많습니다. 그러나 솔로몬은 진실한 사랑을 보여 주며, 언제라도 경우 바른 태도를 잊지 않고, 만사를 주님께서 해결해 주시리라는 확신 아래 다정한 인내심을 보여 줍니다.

👑 솔로몬

내 소중한 사람, 그대는 디르사처럼 아름답고
예루살렘처럼 사랑스럽고
깃발을 높이 든 군대처럼 위엄이 넘치네.
나를 쳐다보지 마오.
그대 두 눈이 나를 흔드네. (6:4-5a)

디르사는 옛 가나안의 도시로서 빼어난 아름다움으로 유명했습니다. 솔로몬이 죽은 뒤에는 왕의 도읍으로서도 명성을 얻었지요. 술람미는 북부 고산지대 출신이었는데, 디르사 역시 북부 고산지대에 자리잡고 있었습니다.[5]

어째서 술람미가 완전무장을 갖춘 군대처럼 위엄이 넘치는 느낌을 주는 것일까요? 그것은 그녀가 아름다운 두 눈동자로 솔로몬의 심장을 관통하고 무장을 완전히 해제해 버리는 무시무시한 힘을 발휘했기 때문입니다. 술람미의 꿰뚫는 듯한 눈길 한 번에 솔로몬의 심장은 녹아 버리고 있습니다. 솔로몬은 신혼 첫날밤에 읊은 바 있는 술람미의 미모에 대한 묘사를 다시 한 번 반복합니다 (4:1-7).

👑 솔로몬

그대 머리카락은
길르앗 산에서 내려온 염소 떼 같고
그대 이는 방금 털을 깎고

갓 목욕을 마친 암양 떼 같아.
저마다 쌍둥이를 낳고
새끼 잃은 어미 한 마리 없는 암양 떼.
그대 관자놀이는
베일 속 석류 조각 같아. (6:5b-7)

이 부분에서 솔로몬이 던지는 찬사가 신혼 첫날밤(4:1-3)에 술람미에게 바친 찬사와 거의 똑같다는 사실을 눈여겨볼 필요가 있습니다. 그 결과, 솔로몬은 "아무것도 변하지 않았소. 당신이 내게 어떻게 대하든 내 사랑은 변함이 없소. 당신의 태도가 내 기대에 못 미친다 하더라도, 이제껏 그랬듯이 변함없는 사랑으로 그대를 바라보겠소"라고 말하는 셈이 됩니다.

이러한 태도는 그리스도가 교회를 사랑하심같이(엡 5:25) 솔로몬이 아내를 진심으로 사랑하고 있음을 보여 줍니다. 그렇다고 해서 술람미에게 고칠 점이 있는데도 고칠 필요가 없다는 이야기는 아닙니다. 우리가 그리스도와의 관계에서 우리 행동을 고쳐 나가야 하는 것과 마찬가지입니다. 그러나 술람미가 용납을 받기 위해 꼭 지켜야 할 법이 있는 것은 아닙니다. 이와 관련해서 베드로전서 3장 7절 말씀을 생각해 봅시다.

남편 된 자들아, 이와 같이 지식을 따라 너희 아내와 동거하고

70인역 성경에서는 '동거하다'라는 동사를 계속 '성교하다'로 번역하고 있습니다(신 22:13; 24:1; 21:13; 22:22; 25:5; 사 62:5; 창 20:3). 그리고 '지식을 따른다'는 것은 개인적인 조사 과정을 통해 지식과 통찰을 얻는다는 뜻이지요. 따라서 이 구절을 풀어서 다시 쓰면 이런 뜻이 됩니다.

> 남편 된 자들도 이와 같이 아내에게 필요한 바를 스스로 탐구해서 얻은 통찰에 기초하여 아내와 성교하고.

이번에는 베드로전서 3장 9절을 봅시다.

> 악을 악으로, 욕을 욕으로 갚지 말고 도리어 복을 빌라. 이를 위하여 너희가 부르심을 입었으니 이는 복을 유업으로 받게 하려 하심이라.

배우자를 이해하는 마음으로 성교하기 위해서는 마음이 상했을 때 모욕으로 대응할 것이 아니라 축복으로, 즉 배우자의 장점을 인정하고 사랑하는 태도로 대응할 필요가 있습니다. 술람미가 사랑을 거부했을 때 솔로몬도 자존심에 큰 타격을 입었을 것입니다. 그러나 그는 이를 모욕으로 갚는 대신 아내를 칭송하고 아내에게서 가장 아름다운 모습을 찾아내려 합니다.

많은 남편들은 어떻게 하면 아내가 좀더 매력적이고 대담해질 수 있을까 고민합니다. 최소한 아내의 기를 꺾는 확실한 방법은 알 수 있습니다. 그것은 아내의 행동이 자신의 기대에 못 미친다고 해서 모욕을 주는 것입니다. 이런 태도는 두 사람의 관계에 쐐기를 박아 버리고, 결국 아내는 성적인 욕구를 완전히 잃어버리게 되어 더 큰 성적 불화를 초래하게 됩니다.

남편과 아내가 서로 올바르게 대처할 때 어떤 약속이 기다리고 있는지 베드로전서 3장 10절을 살펴봅시다.

> 그러므로 생명을 사랑하고 좋은 날 보기를 원하는 자는
> 혀를 금하여 악한 말을 그치며…….

부부관계가 좋아지기 바란다면, 배우자가 성적인 문제로 거슬리는 행동을 했을 때 주님께 영광을 돌릴 수 있는 반응을 보이도록 노력하십시오.

솔로몬은 계속해서 아내를 칭찬합니다.

솔로몬

> 내겐 60명의 비와 80명의 후궁이 있고,
> 시녀들도 헤아릴 수 없이 많지만
> 나의 비둘기, 내 완벽한 사람은 하나뿐 (6:8-9)

솔로몬의 일부다처제에 대해서는 이 책에서도 이미 이야기한 바 있습니다(1장). 이 당시에는 솔로몬이 여러 여자들을 섭렵하지 않았을지도 모릅니다. 우리는 솔로몬이 다윗에게서 하렘을 물려

받았음을 알고 있습니다. 상왕이 후계자에게 하렘을 물려주는 것은 오랫동안 지켜온 관습이었습니다. 롤랑 드 보에 따르면 "최소한 군주제 초기에는, 왕의 하렘이 후계자에게로 대물림되었던 것으로 간주된다"고 합니다.[6]

따라서 솔로몬은 통치 후기, 즉 그가 방탕한 여색놀음으로 타락하게 되는 시기가 되기 전에는 이 수많은 첩들과 성관계를 갖지 않았을 수도 있습니다. 어쨌든지 간에 솔로몬이 표방하는 원칙의 유효성에는 변함이 없습니다. 하나님께서는 아가서를 성경의 한 책으로 정하심으로써 이 원칙들을 승인하셨습니다.

솔로몬이 술람미와 다른 여자들을 비교하는 이유는 무엇일까요? 솔로몬은 술람미가 나라 안의 모든 비와 후궁보다 특출하다고 말합니다. 고대 근동에서 첩(후궁)은 두 가지 역할을 했습니다. 우선 아이를 못 낳는 아내가 첩을 통해 아들을 낳을 수 있었습니다.[7] 그러나 무엇보다 그들은 남자의 '쾌락'을 위한 존재였지요. 솔로몬은 이에 대해 전도서 2장 8절에서 다음과 같이 말했습니다.

> 은금과 왕들의 보배와 여러 도의 보배를 쌓고 또 노래하는 남녀와 인생들의 기뻐하는 처와 첩들을 많이 두었노라.[8]

여기서 "기뻐하는"으로 번역된 히브리어는 성적인 애무와 성애의 쾌락들을 뜻하는 말입니다.[9] 아가서 7장 6절에서 술람미가 쓰는 단어와 똑같은 말이지요. 술람미는 "그대는 어찌 그리 아름답고, 어찌 이리 큰 기쁨을 내게 주시는지요"라고 말하는데, 이는 곧 성적인 쾌락을 느끼도록 기교 있게 애무해 준다는 뜻입니다. 또한 첩은 일종의 정부라고 볼 수 있습니다.

오늘날의 콜걸은 어느 정도까지는 당시의 첩과 비슷합니다. 요즘의 '정부'들은 자녀 양육이라는 부담을 내팽개쳐 버렸다는 점만 뺀다면 말이지요! 이들은 숙련된 기교로 성적인 쾌락을 제공해 줄 뿐입니다. 사업의 세계는 이렇게 부도덕한 젊은 여성들로 그득합니다. 그러나 사실 이들이 가진 기교는 일반적 상식에 불과합니다. 그래서 집에서 만족을 느끼지 못하는 남편, 아내와 성교하지 못하는 남편들이나 이런 여인들에게 빠져드는 법입니다. 집에 남자를 끌어당기는 '자석'이 없으면, 한눈을 팔 수 있습니다! 사도 바울도 바로 이 점에 대해 경고한 바 있습니다.

> 서로 분방하지 말라. 다만 기도할 틈을 얻기 위하여 합의상 얼마 동안은 하되 다시 합하라. 이는 너희의 절제 못 함을 인하여 사단으로 너희를 시험하지 못하게 하려 함이라. (고전 7:5)

이것은 남편과 아내가 서로를 성적으로 만족시켜 주지 못하면, 다른 곳에서 성적 만족을 찾게 만드는 사단의 유혹에 넘어갈 수 있다는 말씀입니다. 간음을 방지하는 가장 좋은 대책은 바로 집에서 완전한 만족감을 얻는 것이지요.

솔로몬은 술람미가 어느 모로 보나 어떤 후궁보다 더 훌륭한 여자라고 말합니다. 솔로몬이 당시 이런 여성들과 잠자리를 같이하지 않았다 하더라도, 그들의 '기교'에 대해서는 우리만큼이나 익히 들어 알고 있었겠지요. 술람미는 성애의 파트너로서 탁월한 여성이며, 어떤 첩보다 더 '기교 있는' 아내입니다!

제가 만나 본 사람 중에 가장 믿음이 깊은 어느 여성의 이야기를 아내가 들은 적이 있는데, 저는 그 말씀의 메시지를 잊을 수가 없습니다. 그녀는 이 시대의 가장 특출한 복음주의 지도자의 아내로서 전국 각지에서 쇄도하는 강연 요청을 한몸에 받고 있으며 그녀의 간증은 몇 권이나 되는 책으로 기록되었습니다. 그녀는 한 무리의 주부들에게 부부의 성생활에 관해 강연을 했습니다.

그 강연 내용을 핵심만 추려 말하자면 다음과 같습니다.

"여러분, 창녀는 자기가 알지도 못하고 사랑하지도 않는 사람에게 성적인 기쁨을 주려고 온갖 테크닉을 다 사용하고 익힙니다. 그들이 알지도 못하고 사랑하지도 않는 남자를 대상으로 그저 돈을 벌기 위해 그렇게 한다면, 우리는 우리가 사랑하는 남편에게 성적인 기쁨을 주기 위해 더욱더 세련된 기교를 익혀야 하지 않겠습니까?"

남편의 눈에는 언제라도 정부로 만들 수 있는 여자들 전부보다 술람미가 더 훌륭한 여자로 보였습니다. 당신도 그렇습니까? 솔로몬은 술람미가 참으로 그러했다고 말합니다. 아가서는 결혼한 부부의 성을 "여호와의 바로 그 불길"(8:6)로 표현하고 있습니다.

이와 똑같은 생각을 잠언 5장 1절부터 23절까지의 말씀에서도 찾아볼 수 있습니다.

부도덕한 창녀(음녀)	사랑하는 아내
"네 길을 그에게서 멀리하라." (5:8)	"너는 네 우물에서 물을 마시며" (5:15)
	"네가 젊어서 취한 아내를 즐거워하라"(5:18)
	"너는 그 품을 항상 족하게 여기며"(5:19)
	"그 사랑을 항상 연모하라"(5:19)
5:1 5:14	5:15 5:23

아내 여러분, 여러분의 남편들은 당신의 성적 기교를 즐거워하고, 연모하며, 족하게 여기고 있습니까? 음녀의 유혹을 아내의 사랑과 비교하여 대조한 데는, 아내가 남편에게 직업적 창녀보다 더 큰 만족을 줄 수 있어야 한다는 뜻이 들어 있음에 틀림없습니다.

저는 아내들에게 질문 한 가지를 던짐으로써 이 문제에 대한 이야기를 마무리하려고 합니다. 이런 질문을 던진다고 해서 제가 부도덕을 옹호한다고 여기지는 마십시오. 만약 당신의 남편이 정부를 찾아 나선다면 바로 당신이 뽑힐 것이라고 생각하십니까? 당신은 성적으로 그렇게 뽑힐 자격을 갖추고 있습니까? 만약 그렇지 않다면 조금쯤은 달라져야겠다고 생각할 수 있지 않겠습니까?

솔로몬은 아내가 궁전의 모든 여인들보다 뛰어나다고 칭찬합니다. 이어지는 시구에서 그는 어째서 그토록 술람미를 칭찬하는지 그 이유를 몇 가지 밝힙니다.

👑 솔로몬

나의 비둘기, 나의 완벽한 사람은 하나뿐
그녀는 어머니의 외동딸,
그녀를 낳은 여인의 순전한 자녀라네.
처녀들은 그녀를 복된 이라 부르고
모든 비와 후궁들도 그녀를 칭찬하며 말하기를
"새벽빛처럼 퍼져 나가는 이 사람은 누구일까?
보름달처럼 아름답고
깃발을 높이 든 군대처럼 위엄이 넘치네." (6:9-10)

이 구절은 술람미가 어머니에게 가장 사랑받는 자녀였음을 시사합니다.

"그녀는 하늘에서 산맥을 굽어보고 땅을 내려다보는 이른 새벽빛처럼 다른 이들을 무색케 하는 빛을 발하고 있다"고 조클러는 말합니다.[10]

그녀는 빛나는 광채를 발합니다. 아랍의 시인들은 종종 여성의 아름다움을 해와 달에 비유했습니다.

정원의 술람미 회상 장면 12(6:11-13a)

이 대목에서 술람미는 솔로몬에게 양해를 구해서 묵상할 곳을 찾아 궁전의 정원으로 갑니다. 술람미에게는 두 가지 문제, 솔로몬의 성적 요구를 거절한 데 대한 자책과 전원의 풍광을 다시 한 번 보고 싶은 갈망이 있었습니다. 첫째 문제는 솔로몬이 술람미를 있는 모습 그대로 인정하고 아낌없는 찬사를 바침으로써 해결되었습니다. 이제 남은 문제는 하나, 고향을 향한 그리움입니다.

이 장면과 이전에 나온 시구들 사이의 논리적 연결 관계는 6장 10절("새벽빛처럼 퍼져 나가는 이 사람은 누구일까?")에서 제기된 질문과 그 대답 사이의 관계와 비슷합니다. 이 장면에 나타나는 것처럼, 술람미의 대답은 자신은 시골 처녀로서 왕궁에 살고 있는데 사랑하는 레바논 산지를 찾아가기를 간절히 갈망하고 있다는 것입니다.

♡ 술람미

나는 호두나무 과수원으로 내려갔지.
골짜기의 꽃망울들을 보려고.
포도나무에 싹이 났는지 석류꽃이 피었는지 보려고.
내가 미처 깨닫기 전에 내 영혼이 나를
내 귀한 백성의 전차 위에 데려다 놓았네. (6:11-12)

이 대목은 계절이 바야흐로 또다시 봄에 접어들었다는 사실을 암시합니다. 술람미는 연애 시절 솔로몬이 자기 집을 찾아왔던 어느 봄날을 생각하고 있는지도 모릅니다.

이상은 아가서 전체를 통틀어 가장 해석하기 까다로운 대목입니다. 각양각색의 해석들이 나와 있습니다만, 우리는 13절("돌아오너라, 돌아오너라, 오, 술람미 여인이여.")을 염두에 두어야 할 것 같습니다. 여기에는 술람미가 머릿속으로 왕궁을 떠날 생각을 하고 있다는 것이 암시되어 있습니다.

이 부분에서 술람미가 하는 생각은 다음과 같은 것이라고 여겨집니다. 술람미는 정원에 앉아 가만히 주위의 아름다움을 음미하며 고향을 떠올립니다. 이리저리 떠돌던 그녀의 생각은 차츰 궁전의 생활로 옮겨 가 솔로몬을 기다리며 보낸 외로운 시간들을 떠올리고, 가끔씩 찾아오던 고독감, 버림받은 느낌을 돌이킵니다. 이것은 왕의 궁전에 홀로 떨어져 있는 시골 처녀의 느낌입니다.

술람미가 이렇게 혼자만의 생각 속에 몰입해 있는데, 먼 길에서 덜컹덜컹 흔들리며 달리는 전차의 바퀴소리가 아침의 정적을 깨뜨립니다. 별안간 전차를 한 대 잡아타고 궁전을 무작정 떠나고 싶은 욕망이 술람미의 마음속에서 불쑥 고개를 듭니다. 본문을 보면 술람미가 실제로 떠나지는 않는 것이 분명합니다만, 그녀의 '영혼은 그녀를 전차 위에' 놓았습니다. 술람미는 전차를 타고 떠나기를 간절히 바라는 것입니다. 그렇다고 솔로몬을 버리려는 마음은 아닙니다. 그저 사랑하는 고향 땅으로 도망치고 싶은 급작스런 충동일 뿐이지요. "내 귀한 백성의 전차"는 왕실 수행원들의 전차를 뜻하는 말입니다.

코러스

돌아오너라, 돌아오너라, 오, 술람미 여인이여,
돌아오너라, 돌아오너라, 우리가 너를 바라볼 수 있도록!(6:13a)

심리학적으로 이야기하자면 코러스는 "돌아오라"라는 말을 네 번 반복해 외침으로써, 그리움에 찬 술람미의 마음을 현실로 되돌아오게 합니다. 이 대목에서는 아가서 전편을 통틀어 처음으로 "술람미 여인"이라는 말이 사용됩니다. 이 단어는 의심할 여지없이 '솔로몬'의 여성형입니다.[11] 이는 그녀가 솔로몬의 '다른 반쪽'이라는 뜻입니다. 술람미는 솔로몬과 한몸입니다. 이 깨달음으로 인해 그녀의 묵상은 다시금 사랑하는 사람과 사랑을 나누고 싶은 욕망으로 돌아오게 됩니다.

이 시대의 아가

목자는 '보호자' 이자 '지도자' 입니다. 남편으로서 당신은 이런 역할을 하고 있습니까? 당신이 이 역할을 못 하고 있으며 당신의 아내도 성적으로 그리 탐탁치 않은 반응을 보이고 있다면, 바로 이런 요인들과 연관이 있을지 모릅니다. 한 조사결과에 따르면, 아내와의 성관계에서 남자들이 가장 고민하는 것은 아내가 충분히 대담한 반응을 보여 오지 않는 것이라고 합니다. 이 조사는 그리스도인 남편들 중 19퍼센트(이 책을 읽는 사람들 중 다섯에 하나꼴입니다)가 자신들의 아내가 성관계에 흥미를 보이지 않는다는 불만을 토로했다고 합니다.[12] 당신의 지도력과 아내의 사랑 사이에 어떤 관계가 있다고 생각해 본 적이 있습니까? 여기에 대해 좀더 설명해 보겠습니다.

남편들의 역할, 아내 보호와 인도

하나님께서는 인간 존재의 모든 영역(가정, 교회, 국가)에서 일련의 권위를 정하셨습니다. 하나님이 이렇게 하신 데는 마땅한 이유가 있습니다. 누구도 혼자 모든 책임을 떠맡을 수는 없습니다. 당신 직장의 상사는 자기의 책임을 당신에게 떠맡기지 않습니다. 그러나 세상에는 하나님께서 지워 주지 않은 부담까지 혼자 떠맡은 아내들이 너무나 많습니다. 예컨대, 가정에서 아이들을 가르치고 양육하는 데 따른 심정적 부담은 누가 지고 있습니까? 성경에 따르면 그런 부담을 져야 하는 사람은 아내가 아닌 바로 남편들입니다!(엡 6:1-4)

명령계통을 제대로 돌아가게 하는 동력은 바로 충격을 완충하는 능력입니다. 살다 보면 항상 무언가 문제가 생기곤 합니다. 그 여파가 항상 아내에게 미칩니까? 아니면 당신이 참여해 충격을 완화해 줍니까?

직장에서도 마찬가지입니다. 웨스트코스트의 한 회사는 최근 탁월한 사업적 성취로 수많은 상을 받았습니다. 그러나 회사 직원들은 평상시에 일하는 과정에서 건전한 사업경영을 위한 원칙들을 상당 부분 위반하고 있었습니다. 운영에 대한 심도 깊은 조사를 실시한 결과, 이 회사의 성공은 충격을 흡수하는 역할을 맡은 단 세 사람에게 달려 있었다는 사실이 밝혀졌습니다. 이들은 재정적인 파탄이나 사업의 전도(顚倒), 개인적 문제, 또는 법률적인 골칫거리가 회사의 앞날을 위협할 때마다 나서서 충격을 완화했습니다. 충격여파는 명령계통을 따라 아래로 아래로 내려가다가 이 세 사람에게 걸려 산산조각이 나서 결국은 멈추고 말았던 것입니다! 그 결과 밑에서 일하는 직원들은 큰 걱정이나 부담 없이 일할 수 있었고 이로써 최선의 능력을 발휘할 수 있었습니다.

당신의 아내도 직원과 마찬가지입니다. 삶의 굴곡에서 생겨나는 충격 여파가 당신의 가정을 덮칠 때, 남편이 앞에 나서서 충격을 몸으로 막아 주고 가족들에게 보호막을 쳐 준다면 아내는 감정적으로 해방되어 '여성'이 될 것입니다. 이것은 자기 문제를 아내에게 털어놓고 상의하지 말라는 이야기가 아닙니다. 오히려 툭 터놓고 모든 것을 함께 의논해야 합니다. 그녀는 삶이라는 은총을 당신과 함께 상속받은 사람이기 때문입니다. 애초에 아내와 결혼한 이유도 아내가 당신에게 새로운 기운을 샘솟게 해 준다는 데 있지 않았습니까? 중요한 것은 어떤 방식으로 문제를 상의할 것인가 하는 데 있습니다.

혹시 우울하고 낙담한 기색으로 온갖 불평불만을 늘어놓으면서, 아내가 이미 가진 문제에 당신의 문제를 덤으로 얹어 주지는 않습니까? 아니면 "여보, 우리가 하나님께 맡겨야 할 문제들이 몇 가지 있어. 직장에서 해고를 당했고 앞으로 취직할 일도 막막한 데다가 돈도 없어. 지금 당장은 무슨 일을 해야 할지 모르겠지만 하나님께서 뜻하시는 바가 있으리라고 믿어. 그래서 그분의 역사를 기대하는 마음도 드는군. 우리 기도하면서 이 상황을 주님께 맡깁시다"라는 식으로 말합니까?

이렇게 말하는 것은 아내에게 문제들을 몽땅 떠넘겨 버리고 아내가 당신을 떠받쳐 주길 기대하는 게 아니라, 하나님께 문제를 맡기는 일에 동참해 달라고 아내에게 부탁하는 것입니다. 그 차이는 바로 당신의 태도에 달려 있습니다. 양쪽 다리가 총에 맞아 떨어져 나가도 묵묵히 미소를 지으며 휘하의 부대를 전장으로 끌고 나가는 강력한 지도자가 되라는 말이 아닙니다. 단지 당신이 항상 불평을 늘어놓으면서 자신의 약점을 내보일 경우, 침대에서든지 어디에서든지 자신있게 당신을 따를 마음이 아내에게 생길 리가 없다는 말이지요.

당신이 남편으로서 보호자이자 지도자의 역할을 하고 있다면, 가정과 아내의 행복을 개인적으로 책임지는 사람이라면, 자녀 양육과 각종 청구서와 가족의 장래와 목표를 모두 몸소 책임지고 있다면, 당신은 솔로몬과 같은 목자라고 할 수 있습니다. 더 나아가 당신은 아내가 편안하게 느끼고 신뢰할 수 있는 분위기, 당신을 믿고 의지할 수 있는 분위기를 만들어 주고 있는 것입니다.

목자가 되는 일과 성적인 사랑 사이에는 어떤 관계가 있을까요?

세이무어 피셔는 5년 동안 500명의 여성을 추적 조사한 대규모 연구를 통해, 여성들 사이에 가장 흔한 성문제인 불감증에 대해 깜짝 놀랄 만한 결론을 내렸습니다. 몇몇 연구들은 20년 이상 결혼생활을 한 미국 여성들 중 40퍼센트가 한 번도 오르가슴을 느껴 본 적이 없음을 보여 줍니다. 제가 직접 158명의 여성을 대상으로 행했던 연구에 따르면, 39퍼센트의 여성이 오르가슴을 "가끔 느끼거나, 드물게 느끼며, 전혀 느끼지 못한다"라고 응답했습니다.[13]

피셔의 연구에서는 불감증세를 보이는 주부들 중 상당수는 상실감을 경험하고 있다는 공통점이 있었습니다. 또한 소중한 사람과 물건에 더 이상 기대고 의존할 수가 없다는 느낌이 강할수록 오르가슴에 이르기는 더 힘들다는 사실을 알 수 있었습니다."[14]

부부관계에 불안한 분위기가 형성되면 상실감이 느껴지게 마련입니다. 전폭적인 안정감을 느끼지 못한다면, 아내는 두려운 마음 때문에 '주저하는 태도'를 털어 버리지 못할 것입니다. 부부 사이에 금실이 두텁지 못하고 남편이 불안정하며 예측불가능한 행동을 할 때, 아내의 심리적 안정감은 무너지고 맙니다.

최근에 이에 대한 아주 좋은 예화를 한 가지 들었습니다. 지붕 위에 올라간 한 남자가 TV안테나를 고치려 하고 있었습니다. 그런데 느닷없이 비가 오기 시작했고, 전선줄과 씨름하던 남자는 그만 발을 헛디디고 말았습니다. 그는 지붕을 우당탕퉁탕 굴러 내려오다가 최후의 힘을 짜내어 처마의 물받이를 가까스로 붙잡았습니다. 3층 높이의 지붕 끝에 매달려 있는 상태에서 손가락의 힘이 점점 빠져 나가고 있었습니다. 필사적으로 매달려 있으려 노력했지만 남은 힘이 얼마 없었습니다. 어찌할 바를 모르던 남자는 하늘을 쳐다보고 물었습니다.

"그 위에 절 도와주실 만한 분 안 계시나요?"

그때 작은 구름이 생겨나더니 둘로 갈라지면서 구름 뒤에서 목소리가 흘러나왔지요.

"믿고 손을 놓아라."

그 남자는 30초 정도 멍하니 하늘을 바라보다가 큰 소리로 외쳤습니다.

"절 도와주실 만한 다른 분 안 계세요?"

그 남자는 '믿고 손을 놓기 전에' 그 목소리가 자기 말을 책임질 수 있는지, 땅바닥에 떨어지기 전에 자기를 잡아 줄 것인지 알고 싶었습니다. 즉, 그 '누군가'에 대해 신뢰감을 얻고 싶었던 것입니다.

아내가 오르가슴을 얻고자 하는 것도 이와 비슷한 상황이라고 할 수 있습니다. 남자와 여자는 성교를 생각하는 관점이 서로 약간씩 다릅니다. 남자는 성교를 획득이나 소유로 생각하는 경향이 있는 반면에 여자는 성교를 양보이자 자신을 주는 행위로 보는 경향이 많습니다. 따라서 아내가 완전히 자유롭기 위해서는, 남편의 변함없는 사랑과 안정된 부부관계 안에서 안전하다는 느낌을 가져야만 합니다.

아내가 오르가슴을 향해 가는 동안, 성적인 긴장이 차츰차츰 강해져 현실인식이 흐릿해지는 지점에 도달하게 됩니다. 사물의 윤곽이 희미해지면, 관계가 '머릿속에서 사라진다'는 느낌을 가질 수도 있습니다. 전적으로 몸을 맡기는 일은 '믿고 손을 놓는 것'과 비슷합니다. 현실감은 점점 희미해지고 아내는 '손을 놓을' 시점에 도달합니다. 만일 부부생활에 신뢰가 부족하거나 조금이라도 불안감을 느끼고 있다면, 아내는 잠재의식 속에서 움찔 물러서게 되고, 인식되는 현실이 어두워지는 순간에 '손을 놓지' 못합니다. 침실 바깥에서 느끼는 부부생활의 불안감이 침실에서 아내가 절정에 도달하는 것을 방해하는 장벽이 되고 마는 것입니다.

물론 아내의 불감증이 모두 이 때문인 것만은 아니지만, 이런 것이 아주 큰 원인으로 작용하고 있는 것은 틀림없습니다. 물론 훌륭한 '목자'이면서도 한 번도 오르가슴을 느끼지 못한 아내를 둔 남편들도 많이 있습니다. 그러나 신뢰할 수 있는 든든한 부부관계의 결핍에서 문제의 근원을 찾게 되는 경우가 훨씬 더 많습니다.

아내는 남편을 남자로 느끼고 싶어합니다. 당신이 자신을 보호해 주고, 이끌어 주며, 영원히 돌보아 줄 것이라고 느끼고 싶어합니다. 당신이 아내에게 무심함, 약점, 고의적인 무신경을 암암리에 전해 준다면, 아내의 감정적 기제는 균형을 잃게 됩니다. 따라서 대개 성문제는 단순히 여성만의 문제가 아니라 부부관계의 문제입니다.

어떤 남편들은 아내에게 의사한테 가서 뭐가 잘못된 건지 물어보라고 합니다. 그러나 대체로 잘못된 건 여성의 신체가 아니라 부부관계이고, 여기에는 아내뿐 아니라 남편의 책임도 큽니다.

어느 유명한 성문제 클리닉은 여자 중에 '불감증' 환자는 없다는 독단적인 결론을 내렸습니다. 불감증이라는 문제를 지닌 결혼생활이 있을 뿐이지요. 문제는 관계 자체이지 여성이 아닙니다!

에드가 라이스 버로우즈(Edgar Rice Burroughs)는 타잔 이야기에서 올바른 남녀관계를 보여 줍니다. 아프리카의 정글에 사는 원숭이 인간은 고릴라들의 손에 키워졌습니다. 어느 날 제인이라는 이 여성(박사학위를 가졌던 것 같습니다)이 타잔의 세계에 나타나고, 그와 결혼하게 됩니다. 타잔은 자기가 무엇을 원하는지 잘 알았고 제인도 그랬지요. 제인은 타잔을 원했습니다. 제인은 박사학위를 가졌는지 모르지만, 주도권은 타잔에게 맡겼지요. 이 문제를 일단 확실히 정리한 두 사람은 함께 줄을 타며 즐거운 시간을 보냈습니다! 타잔은 제인에게 안정감을 느끼게 해 주었고, 힘을 주었으며, 그녀를 보호해 주었던 것입니다.

남편의 몸과 연애하라

술람미는 남편의 몸과 연애를 합니다. 그녀는 백일몽 속에서 남편의 남성다운 육체를 에로틱하게 그려 봅니다. 술람미는 솔로몬만큼 왕성한 성욕을 느끼지 못한다는 문제가 있습니다. 그래서 성욕을 고조시키기 위해 낮 시간 동안 남편에 대해 성적인 상상을 합니다. 셜리 라이스는 남편에게 '거룩한 욕정'을 느끼라고 말합니다. 술람미는 그렇게 했습니다(5:9-16).

당신은 남편을 성적으로 상상합니까? 아니면 '참 괜찮은 남자야' 하는 식으로 생각하는 것에 그칩니까? 당신은 남편을 환상적인 사랑을 나눌 상대로 생각합니까? 아니면 '좋은 아빠이며 좋은 가장' 이라고 생각합니까? 낮 시간 동안 남편에 대해 에로틱하고 성적인 상상을 하는 일은 처음부터 끝까지 '거룩한' 일입니다. 그것은 성경에 쓰여 있는 일인 것입니다.

절정에 도달하지 못하는 여성들은 한 인격으로서의 남편과 남편의 성기를 따로 떨어뜨려 생각하는 일이 많습니다. 그런 여성들은 남편의 몸을 두고 술람미처럼 몽롱한 백일몽에 빠지지는 않을 것입니다. 오히려 그들에게는 그 일이 혐오스럽게 느껴질 것입니다. 이것 역시 오르가슴 장애의 주된 원인입니다. 남편의 성기 역시 그의 일부라고 생각해 보십시오. 정액을 남편의 생명으로 생각해야 합니다! 잉태와 임신이라는 관점에서 보면 이렇게 생각하기가 쉽겠지만, 성관계의 관점에서만 볼 때 이렇게 생각한다는 것은 쉬운 일이 아닙니다.

성문제 해결을 위한 3가지 태도

이어지는 세 장면의 회상들은 성적 문제가 시작되고 해결되는 사이에 술람미와 솔로몬이 취하는 세 가지 기본적인 태도를 보여 줍니다. 이 세 가지는 부부관계의 모든 불화를 해결하는 데 결정적으로 필요한 태도입니다.

첫 번째로, 배우자를 탓하기보다는 자기 태도를 책임감 있게 다스려야 합니다.

문제를 해결하기 위한 두 번째 기본 태도는 배우자가 마음을 아프게 하더라도 이를 축복으로 갚는 것입니다(벧전 3:9).

이 대목에 나타나는 세 번째 기본적인 태도는 자신의 감정을 배우자에게 솔직히 털어놓고 함께 나누어야 한다는 것입니다. 자기 행동에 책임을 지고 축복으로 반응하기만 하면 모든 불화가 해결되리라고 말하는 것은 문제를 너무 단순화하는 것으로서, 부정적인 감정들을 억누르는 부작용을 낳을 수도 있습니다. 부정적인 감정까지 모두 남김없이 자유롭게 분출해야 합니다. 심지어 분노도 남김없이 쏟아 내야 합니다.

성경은 "분을 내어도 죄를 짓지 말라"라고 가르칩니다(엡 4:26). 저는 우리의 분노를 인신공격이나 독기 띤 대꾸, 혹은 욕설로 풀지 말라는 뜻으로 이 말씀을 받아들입니다. 부부관계에서 억압된 갈등이 '폭발'하면 오히려 아주 건전한 효과를 낳을 수 있습니다. 배우자가 당신의 마음을 상하게 했다면, 상처받은 마음을 표현하고 당신의 감정을 보여 주십시오. 문제가 뭔지 제대로 모른다면, 어떻게 해결하기 위해 노력할 수 있겠습니까? 그러나 그렇다고 해서 끊임없이 바가지를 긁고 남편을 비난한다면 오히려 역효과가 날 것입니다.

당신의 감정을 알려 주되 가능한 한 '독촉'은 하지 마십시오. 하나님께서 변화를 가져다 주실 것을 믿고 맡기십시오. 그래도 반응이 없다고 여겨지면, 의사소통의 길이 완전히 얼어붙어 관계를 풀 길이 아예 없어지기 전에 전문가의 도움을 받으십시오.

아가서의 두 연인은 성적인 조화를 이루는 과정에서 직면한 문제를 훌륭하게 해결해 나가고 있습니다. 해결책을 찾아 나서는 첫걸음은 태도의 변화입니다. 이제 다음에 살펴볼 회상에서는, 두 사람의 성희에서 대담하게 주도권을 잡으면서 행동의 변화를 보이는 술람미의 모습을 볼 수 있습니다.

9
남편을 유혹하는 술람미

회상 장면 13 아 6:13b-8:4

앞서 살펴본 회상에서는 '술람미가 살 곳은 궁전이니 돌아오라'고 부르는 코러스의 목소리가 술람미의 마음속에 들려왔습니다.

코러스

돌아오너라, 돌아오너라, 오, 술람미 여인이여,
돌아오너라, 돌아오너라, 우리가 너를 바라볼 수 있도록!(6:13a)

이 구절은 자연스럽게 다음 장면으로 넘어가게 해 줍니다. 전환의 시점은 바로 '바라보다'는 단어에 있습니다. 가상의 문학적 장치인 코러스가 '바라보는' 행동의 주체일 리는 없습니다. 이 '바라봄'이라는 주제는 솔로몬이 자기 눈앞에서 춤추는 아름다운 아내를 바라보는 다음 장면에서 다시금 부상합니다(두 사람은 단 둘이 궁전에 있습니다).

이 대목을 앞 장면과 논리적으로 연결을 지어 보면 다음과 같습니다. 술람미는 고통스런 꿈에서 깨어나 남편이 곁에 없다는 사실을 깨닫습니다. 그 꿈은 술람미의 마음을 흔들어 남편과 사랑을 나누고 싶은 욕망을 격하게 고조시켰습니다(5:8).

솔로몬이 돌아와 술람미가 어떤 일을 해도 자기 사랑은 변치 않는다는 확신을 줍니다(6:4-10). 그런 다음 솔로몬은 궁전으로 돌아가고, 술람미는 홀로 생각에 잠겨 정원으로 산책을 나갑니다. 시골 고향 집의 향수에 빠져 있는 술람미의 마음속에서, 궁전의 삶으로 돌아오라고 다급하게 외쳐 부르는 코러스의 목소리가 들려옵니다. 그 순간 술람미의 생각은 급작스럽게 사랑하는 사람에게로 돌아가고, 그의 품에 안기고 싶은 욕망이 새삼 솟구칩니다 (5:8).

그래서 다음 장면에서 사랑을 하기 위해 남편을 찾아 나서지요. 술람미는 늘 좋지 않은 시기에 자신과 사랑을 나누고 싶어 찾아온 솔로몬을 여러 번 거절했습니다. 이제 그녀는 5장 6절부터 8절까지에서 단단히 마음을 고쳐먹고 남편을 찾아 나서며, 적극적으로 남편과의 사랑을 주도합니다(6:13b-7:9).

문제의 발단이 상당 부분 솔로몬의 잘못에 있음에도 불구하고, 술람미는 먼저 자신의 행동부터 책임지고 고치려 합니다. 5장 10절부터 6장 3절까지에서 술람미는 이전과 달라진 태도를 보여 주며, 6장 14절부터 8장 4절까지에서는 행동의 변화를 보여 줍니다.

솔로몬과 술람미의 아가

솔로몬과 술람미는 단 둘이 궁전에 있습니다. 술람미는 남편과 사랑을 나누고 싶어하며, 대담하게 주도권을 잡습니다. 술람미는 남편을 성적으로 흥분시키기 위한 일종의 전희로서, 그의 눈앞에서 춤을 춥니다.

♡ 술람미-코러스에게

어찌 둘만의 무도회에서처럼
술람미 여인을 바라보려 하는 거지?(6:13b)

사랑하는 사람 앞에서 춤을 추는 술람미는 몹시 수줍음을 타면서 "코러스가 왜 내 모습을 보려는 거지?"라고 묻습니다. 대답은 분명하지요. 솔로몬의 눈에 아내의 모습은 마냥 아리따우며, 그저 바라보기만 해도 좋기 때문입니다. 술람미의 이 말은 6장 13절 상반절에서 가상의 코러스가 했던 대사에 대한 대꾸입니다. 그리고 이 말을 기점으로 문학적·논리적인 장면 전환이 일어나 아가서의 한 대목이 끝나고, 새로운 대목이 시작됩니다. 이어지는 구절로 보아 새로운 장면에서는 술람미와 솔로몬 단 둘이서 사랑의 대화를 나누며 지극히 은밀하고 다정한 모습을 연출하고 있음이 분명합니다(7:6, 10)!

"둘만의 무도회"란 무엇일까요? "둘만의"(two companies)라는 표현은 히브리어 'mahanaim'을 번역한 말입니다. 마하나임은 다윗이 압살롬으로부터 도망쳐 달아난 곳입니다(삼하 17:24). 이 곳은 얍복 강 북쪽에 자리잡은 소도시로서, 멀지 않은 곳에 요단 계곡이 있었습니다. 여기서 이 도시를 언급한 이유는, 아마도 바로 이 장소에서 약속된 땅으로 돌아오던 야곱의 눈앞에 천사의 모습이 나타났기 때문이 아닌가 싶습니다. 어째서 솔로몬이 마하나임을 언급하는지는 분명치 않습니다. 어쩌면 마하나임의 춤이 천사의 춤처럼 장엄하고 황홀하다는 뜻일 수도 있습니다. 혹은 솔로몬의 눈에는 술람미가 눈앞에서 춤추는 '천사'처럼 보인다는 말일 수도 있지요.

이런 춤이 서구인들의 취향에는 마냥 낯설게 느껴질지도 모르지만, 구약성경이 태동하던 시기의 동방에서 기쁨과 춤은 불가분의 관계였습니다(전 3:4). 여기서의 기쁨은 단순히 젊음에 충만한 삶의 행복한 감정이 아니라 영적이고 성스러운 희열까지(시 87:7) 포함하는 단어입니다.[1]

다음에 이어지는 묘사적 표현들이 솔로몬의 대사라는 조클러의 주장은 상당히 설득력이 있습니다.

솔로몬

샌들을 신은 그대의 발은 참으로 아름다워,
오 군주의 딸이여!
그대 엉덩이의 곡선은
예술가의 손이 깎은 보석 같아.
그대의 배꼽은 한데 어우러진 포도주가 넘치는

둥근 유리잔 같고 (7:1-2a)

솔로몬은 술람미가 우아한 동작으로 춤춘다고 말하고 있습니다. 레어먼과 델리치는 "엉덩이의 곡선"이 솔로몬 앞에서 춤추는 술람미의 엉덩이가 흔들리는 모습을 뜻한다는 데 의견을 같이합니다.[2] "엉덩이의 곡선"이라는 구절은 델리치의 번역에서 "그대 허벅지의 떨림"으로 옮겨졌습니다.[3] 이는 아마 원을 그리는 운동으로서, 십중팔구 허벅지를 이용해 신체의 윗부분을 돌리는 움직임을 지칭하는 것이리라 생각됩니다.

아무튼 술람미는 전희의 일환으로 남편 앞에서 춤을 추고 있습니다. 허벅지의 윗부분, 배꼽, 배, 젖가슴에 대한 표현은 술람미가 옷을 거의 걸치지 않고 있거나 아예 나체라는 점을 암시합니다.

"배꼽"이라는 말은 오역이 틀림없습니다. 아마도 번역자가 너무 점잖은 사람이었나 봅니다. 히브리어 원어에 그런 뜻으로 해석될 여지가 있긴 하지만, 요즘은 주로 '음부'로 번역되곤 합니다. 브라운, 드라이버, 브릭스 등이 모두 같은 해석을 따랐습니다.[4] 말하자면 솔로몬은 나체로 춤추는 아내의 "정원"을 바라보고 있으며, 그녀 역시 남편을 바라보고 있는 것입니다. 솔로몬은 아내의 정원이 "둥근 유리잔" 같다고 말합니다. "둥근 유리잔"에 해당하는 히브리어는 '반달 모양의 사발'입니다.[5] 이것을 보면 여성의 성기를 암시한다는 점이 뚜렷해지지요. 더 나아가 솔로몬이 아내를 묘사하는 말이 4장 1절부터 8절까지처럼 아래에서 위쪽으로 계속 올라간다는 점을 감안하면, 이런 해석이 더더욱 불가피해집니다.

(10) 머리카락 – 머리채 7:5

(9) 머리 – 갈멜 산처럼 그대에게 관(冠)을 씌웠다 7:5

(8) 코 – 레바논 망대 같다 7:4

(7) 눈 – 헤스본의 연못 7:4

(6) 목 – 상아탑 7:4

(5) 젖가슴 – 두 마리 새끼 사슴 7:3

(4) 배 – 밀단 7:2

(3) 정원 – 배꼽 – 반달 모양의 사발 7:2

(2) 허벅지 윗부분 – 엉덩이의 곡선미 7:2

(1) 발 – 7:1

"배꼽"이 정말 배꼽이라면 이 대목이 따르고 있는 명백한 순서가 흐트러지게 되지요.

솔로몬은 아내의 정원에 언제나 다양한 포도주가 흐른다고 말합니다. 아가서 전편(1:2; 2:4; 5:1)은 물론이고 동방의 에로틱한 시들에서, 포도주는 성적 쾌락의 상징으로 사용됩니다. 솔로몬의 말은 아마도 술람미의 "정원"이 마를 줄 모르는 성적 쾌락의 원천이라는 뜻일지도 모릅니다. "한데 어우러진 포도주"는 자신의 성적 쾌락이 술람미의 즐거움과 어우러지고, 포도주와 우유가 어우러지며(5:1), 몰약과 발삼이 어우러짐을 일컫는 말이라 생각됩니다.

 솔로몬

그대의 배는 백합꽃으로 울타리를 친

밀단 같아.

그대의 두 젖가슴은 두 마리 새끼 사슴,

쌍둥이 가젤 같고 (4:5 참조)

그대 목덜미는 상아탑 같아 (7:2b-7:4a)

시리아에서는 도리깨로 탈곡하고 키질을 마친 밀알의 노르스름한 빛깔을 띤 피부를 흠 없이 완벽한 피부로 여겼습니다.[6] 술람미의 배꼽과 복부는 포도주와 꿀입니다. 이러한 상징들은 맛있는 식사의 이미지를 떠올리게 합니다. 따라서 포도주와 꿀이라는 두 이미지가 한데 어우러져 술람미의 "배꼽"과 복부가 진수성찬을 이룬다는 것을 암시하게 되지요.[7] 이것은 이 부분들에 입맞추고 싶어하는 솔로몬의 욕망을 드러내 줍니다. 솔로몬은 그 다음 대목에서 아내의 젖가슴에 입맞추고 싶은 욕구를 표현합니다.

술람미의 목은 희고 매끄러우며 늘씬합니다.

솔로몬

그대 두 눈은 헤스본의 연못,

바드랍빔 문 옆에 있는 연못 같고

그대의 코는 다메섹을 바라보는

레바논 망대 같아.

그대 머리는 갈멜 산처럼 그대에게 관을 씌우고

물결치는 머릿결은 자줏빛 실타래 같아서

왕을 사로잡았네. (7:4b-5)

헤스본은 온화하고 아름다운 연못들로 이름난 도시입니다. 이런 상징들은 술람미의 눈빛에 깃든 평화를 의미합니다.

도시의 관문은 사람들이 많이 모여 집회를 여는 곳입니다.

다메섹을 향하고 있는 망대는 나라의 안전을 지키는 곳입니다. 어떤 이는 "이와 마찬가지로 술람미의 기품 있는 자태는 그녀를 보호하는 강인한 성품을 반영하고 있다"라고 말했습니다.[8]

위풍당당한 갈멜 산은 팔레스타인의 비옥한 평야 한가운데 우뚝 서 있습니다. 이처럼 술람미의 아름다운 얼굴도 그 사랑스런 몸매 위에 우뚝 서 있는 것입니다. 자줏빛은 왕족의 빛깔입니다. 솔로몬의 눈에 비친 술람미의 모습에는 '왕비다운' 기품이 넘칩니다. 솔로몬은 사슬에도 묶이지 않는 강인한 왕이지만 술람미의 아름다운 머리채에는 꼼짝없이 포로가 되고 말았습니다.

솔로몬

매혹이 흘러넘치는 내 사랑,
그대가 어찌 그리 아름답고 즐거운지,
그대의 자태는 종려나무 같고
젖가슴은 그 열매 같아.
나는 말했지. "내 손수 종려나무에 올라
열매 달린 가지를 잡으리라."
오, 그대 젖가슴이 포도송이 같기를.
그대 숨결에서는 사과향내가 풍기고
그대의 입은 최고급 포도주 같아. (7:6-9a)

술람미는 당당한 기품을 지닌 여성입니다. 종려나무 열매를 보면 맛보고 싶은 마음이 절로 들겠지요. 이러한 주관적 반응의 은유는 술람미의 젖가슴에 입맞추고 싶어하는 솔로몬의 욕구를 암시합니다.

"종려나무"는 솔로몬의 연인을 아주 아름답게 묘사해 주는 표현입니다. 종려나무는 바람이 불 때 형용할 수 없을 만큼 우아하게 이리저리 흔들리지만, 결코 부러지지 않습니다. 줄기는 키가 크고 늘씬하며 부드럽게 휘어집니다.[9] 종려나무 가지는 예로부터 기쁨의 원천이었습니다(레 23:4; 느 8:15; 계 7:9).[10] 이 나무는 우아함과 품위와 당당한 태도의 전형적 상징입니다.[11]

'종려나무에 오르는' 행동에는 특별한 의미가 있습니다. 고대 근동에서는 옛날부터 숫종려나무의 꽃을 이용해 암종려나무의 꽃을 인공적으로 수정시키곤 했습니다. 암수 꽃은 서로 다른 나무의 잎사귀 사이에서 다발로 핍니다. 암종려를 수정시키기 위해서는 사람이 숫나무에 기어올라가 꽃을 꺾어 와야만 했습니다. 그러고 나서 암나무에 기어올라 암꽃송이 사이에 꽃가루가 흠뻑 묻어 있는 수꽃다발을 묶어 주는 것입니다.[12]

따라서 종려나무에 오른다는 것은 곧 번식을 의미합니다. 솔로몬은 당시 포도원에서 사용하던 말들을 써서 당장 술람미와 사랑을 나누고 싶은 마음을 표현하고 있는 것입니다!

이어서 솔로몬은 열매가 달린 가지, 즉 그녀의 젖가슴을 애무하겠다고 합니다. 그리고 젖가슴에 대한 이미지를 종려나무 열매에서 포도송이로 바꾸는데, 이것은 훨씬 더 적절한 표현으로 보입니다. 포도알은 익어 가면서 점점 더 통통하게 부풀며 둥글어지고 탄력이 생깁니다. 이것은 성적인 흥분을 느끼는 여성의 젖가슴과 비슷하지요.

술람미의 입은 "최고급 포도주"입니다. 즉 한없는 쾌락의 원천이라는 뜻이지요. 그녀의 입맞춤은 포도주보다 더 달콤합니다.

술람미

그것은 내 사랑하는 이에게로
매끄럽게 흘러내려가 잠든 이들의 입술을 보드랍게 적시네.
나는 내 사랑하는 이의 것, 그가 나를 원하네.
내 사랑하는 이는 내 것이요 나는 그의 것.
나는 사랑하는 이의 것이요 내 사랑하는 이는 나의 것.
나는 내 사랑하는 이의 것, 그가 나를 사모하네.

(7:9b-10; 2:16; 6:3; 7:10)

도대체 뭐가 흐른다는 말일까요? 바로 '포도주', 즉 고조된 성적 쾌락입니다. 술람미는 자신의 사랑이 남편에게 완벽하고 충만한 기쁨을 준다고 말하고 있습니다. 이것이 "매끄럽게 흘러내려가"는 것이지요. 그녀는 자신의 성적 기교에 자신감을 가지고 있으며, 남편을 만족시킬 수 있다고 믿고 있습니다. 포도주를 마시면 몸이 나른해지고 졸음이 오듯이, 두 사람은 사랑으로 달콤한 피로감에 빠지고 서로의 품에 안겨 잠이 듭니다.

솔로몬이 자신을 육체적으로 원한다는 사실에 술람미는 흥분을 느낍니다. 아가서에서 반복되는 이 후렴구는 앞에 나온 세 구절과 비교해 볼 때 아주 약간씩 달라졌습니다만, 그 변화는 매우 의미심장합니다.[13]

이러한 변화는 술람미가 솔로몬의 사랑에 대해 더 깊은 확신을 갖게 되었음을 뜻하는 것으로 보입니다. 처음 연애 시절에 술람미가 이 후렴구를 말했을 때는, 솔로몬이 자기 것이라는 것이 우선이었고 자신이 솔로몬에게 속한다는 점은 그 다음이었습니다. 두 번째 후렴구에서 술람미는 순서를 바꾸어서 솔로몬이 자신을 소유한다는 사실을 앞에 놓게 되는데, 이것은 솔로몬에 대한 확신이 강해졌다는 뜻입니다. 그리고 이제 두 사람의 러브신이 끝나고 남편을 완전히 충족시킨 지금, 술람미는 자신이 솔로몬의 사람이라는 점을 가장 앞에 놓을 뿐 아니라, 그의 욕망이 자신을 향하고 있다고 말함으로써 그 점을 다시금 힘주어 강조합니다. 술람미는 솔로몬에게 온 정신을 쏟은 나머지 솔로몬이 자기 사람이라는 말을 생략합니다. 술람미는 자신의 '여성적 힘', 즉 자기 남자를 육체적으로 만족시킬 수 있는 능력을 한껏 만끽하고 있습니다. 여기에 나오는 "사모"(desire)에 해당하는 히브리어는 창세기 3장 16절에 "너는 남편을 사모하고"에 나오는 것과 같은 단어입니다.

두 사람은 방금 성행위의 절정에 이르렀습니다. 남편과 함께 누워 있던 술람미는 오랫동안 마음에 품고 있던 이야기를 꺼냅니다. 그녀는 고향에 가 보고 싶다고 하면서, 솔로몬이 첫날밤에 약속했던 '둘만의 휴가'(4:8)를 떠나자고 말합니다.

술람미

자, 내 사랑하는 이여, 전원으로 나가요.
시골 마을에서 밤을 보내고
새벽같이 일어나 포도원에 나가요.
포도밭에 꽃망울이 맺혔는지,
꽃봉오리가 벌어졌는지,
석류나무꽃이 피었는지 보러 가요.
거기서 제 사랑을 드릴게요.
합환채가 향기를 내뿜고
우리 문 위에는 사랑하는 그대를 위해
잘 골라서 모아 둔
온갖 묵은 과일, 햇과일이 달려 있어요. (7:11-13)

이 노래에서 술람미는 북쪽 레바논 산지의 숲으로 휴양을 떠나자고 솔로몬을 조릅니다. 그곳에 가서 야외에서 사랑을 나누자고 하는군요! 제 생각으로는 결혼한 부부라면 술람미의 충고를 따라, 해마다 몇 번쯤 일상을 벗어난 여행을 떠나서 육체적 사랑에 새로운 활기를 불어넣고 결혼생활과 인생의 목표를 재평가해 보는 시간을 갖는 것이 좋을 듯합니다. 아내와 저도 최소한 1년에 두 번은 그런 시간을 가지려고 노력하지요. 한 달에 한 번씩 그런 시간을 낼 수 있다면 얼마나 좋겠습니까!

꼭 침대에서 사랑을 해야 하는 것은 아닙니다. 아내들은 궁전을 떠나 모험을 하자고 제안하는 사람이 술람미라는 점을 눈여겨보십시오. 술람미는 전원의 맑은 공기를 마시며 사랑을 나누자고 제안합니다. 조금만 주의 깊게 찾아본다면, 여러분도 푸른 하늘 아래에서 배우자와 단 둘이 일요일 오후를 보낼 수 있을 만한 은밀한 장소를 발견할 수 있을 겁니다. 다만 철저한 사전조사를 거쳐야 한다는 점을 잊지 마십시오. 잘못하면 둘만의 소풍장소에 느닷없이 보이스카우트 대원들이 들이닥쳐 숲이 들썩거리도록 왁자지껄 뛰어다닐지도 모르니까요.

술람미는 "포도밭에 꽃망울이 맺혔는지, 꽃봉오리가 벌어졌는지" 보고 싶어합니다. 이것을 보면 계절이 봄이라는 점을 알 수 있지요. 두 사람은 한창 봄이 무르익었을 때 만나 사랑했고 결혼했습니다(2:10-14). 어쩌면 이제 결혼한 지 1주년이 되었는지도 모르겠습니다. "합환채가 향기를 내뿜고……."[14] 고대인들은 합환채가 최음제라고 생각했습니다. 합환채가 향기를 내뿜고 있다는 것은 봄날의 전원이 사랑을 나누기에 좋다는 말을 시적으로 표현한 것이겠지요.

술람미는 "……우리 문 위에는 사랑하는 그대를 위해 잘 골라서 모아 둔 온갖 묵은 과일, 햇과일이 달려 있어요"라고 말함으로써, 둘이 야외에서 사랑을 나눌 때 오래된 것과 새로운 것을 한꺼번에 보여 주겠다고 약속합니다. 두 사람이 야외에 나와 있다는 사실을 염두에 두고 볼 때, '문'은 나뭇가지와 탁 트인 푸른 하늘을 뜻합니다. 과일은 일반적으로 성적인 쾌락을 의미합니다. 따라서 술람미는 익숙한 성적 즐거움뿐 아니라, 새봄 햇과일들을 거두는 시기에 맞춰 새로운 성적 즐거움을 준비했다고 남편에게 말하는 셈입니다. 술람미는 창의적으로 사랑을 합니다! 그녀는 남편의 성적 상상력에 호소함으로써 교묘하게 남편의 기대감을 고조시킵니다.

술람미

오, 그대가 우리 어머니의 젖을 빨았던
오빠라면 얼마나 좋을까요.
그러면 밖에서 그대를 만날 때 입맞추어 줄 수 있을 텐데.
그래도 손가락질할 사람 아무도 없을 텐데.
나 그대의 손을 잡아끌고
예전에 나를 가르쳐 주신 내 어머니의 집으로 데려올 텐데.
나의 석류를 즙내어 만든 향기로운 포도주를 그대에게 드릴 텐데.
그의 왼손으로 내 머리를 고이고
그의 오른손으로 나를 품어 주었으면. (8:1-3)

술람미는 단 둘이 있을 때는 물론이고 사람들 앞에서도 거리낌 없이 남편에게 입맞추고 싶은 마음을 털어놓습니다. 오빠라면 사람들 앞에서 거리낌없이 입을 맞추어도 문제가 되지 않습니다. 아무도 성적인 연상을 하지 않을 테니까요("그래도 손가락질할 사람 아무도 없을 텐데"). 그러나 밖에서 남편에게 입맞추는 것은 예나 지금이나 사회적으로 점잖지 못한 일로 간주됩니다.

또 술람미는 솔로몬이 오빠라면 두 사람이 시골 고향 집에서 같이 살 수 있었을 것이라고 말합니다. 그리고 그에게 자신의 석류즙(술람미가 가진 성적 쾌락의 포도원에서 난 것)을 주고, 예전에 어머니의 말씀을 따랐듯이 그의 가르침을 따르면서 살았을 것이라고 합니다.

술람미는 7장 12절과 13절의 대사를 염두에 두고 있습니다. 두 사람은 전원에서 사랑을 나누게 될 것입니다. 솔로몬이 오빠라면 어떨까 짧은 순간 그려 본 술람미는 이제 백일몽에서 깨어나, 전원에서 남편과 사랑을 나눌 기회를 갈망합니다. 푸르른 초원에 남편의 왼팔을 베고 누워, 남편의 오른손이 자신을 '품고' 자신의 젖가슴과 '정원'을 '애무' 하는 상상을 합니다.

그리고 이제 술람미는 아가서에서 세 번째로, 하나님께서 마땅한 남자(즉 하나님께서 결혼의 인연으로 정해 준 사람)를 허락하시기 전에 성적인 정열을 불태우지 마라는 경고를 되풀이합니다.

술람미

오, 예루살렘의 딸들아, 맹세해 다오.
기뻐할 때까지
사랑을 일깨우지 말려무나. (8:4)

술람미는 세 번째로 가상의 코러스를 향해 경고를 합니다. 이 경고들을 다시 한 번 살펴봅시다.

첫 번째 경고는 2장 7절에 나옵니다. 결혼생활에서 절정에 이르는 성적 환희와 충만감을 맛보고 싶다면, 하나님께서 정해 준 사람이 아닌 남자와 결코 성적으로 흥분하지 말아야 합니다.

두 번째 경고는 3장 5절에 나옵니다. 자유로운 입장에서 상대를 객관적으로 평가하고 특정한 사람과 결혼을 했을 때 치러야 할 대가를 따져 보고자 한다면, 성적으로 자극받거나 객관성을 잃지 않도록 조심해야 합니다. 그렇지 않으면 중대한 문제를 그르칠 염려가 있습니다.

세 번째 경고는 8장 4절에 나오는 것으로서, 성적인 적응은 '결혼서약을 한 뒤에' 해야 할 일이라는 관점에서 혼전순결의 중요성을 강조하는 경고라고 생각합니다. 혼전에 성관계를 갖게 되면, 결혼한 뒤 성문제를 해결하는 능력에 지장을 받을 수 있습니다. 이것은 단순한 탁상공론이 아닙니다. 결혼상담자라면 누구나 혼전 성관계가 결혼한 뒤 성적인 적응과정에 미치는 영향에 대해 수많은 실례를 들 수 있을 것입니다.

예컨대 남자의 경우는 조루증을 초래하기 쉽습니다. 또 혼전 성관계에 죄책감을 품은 아내들은 정서적으로 깊은 상처를 입게 되어 그 후유증으로 부부간의 성관계까지 죄로 여겨서 성교할 때 몸이 굳어지게 됩니다. 남편과 성교를 할 때마다 혼전에 관계를 맺었던 남자의 이미지가 마음속에 떠올라서 고민하는 여성들도 있습니다. 이런 이미지들은 죄책감을 유발합니다. 그러므로 술람미의 경고는 오늘날에도 여전히 유효합니다. 이른바 새로운 도덕관념이라는 것은 수세기에 걸쳐 헤아릴 수 없는 사람들에게 고통을 주고 수많은 부부를 파경으로 이끈 낡은 생각에 불과한 것입니다.

다행스럽게도 그리스도를 믿는 사람은 십자가를 통해 죄사함을 받을 수 있습니다. 우리가 앞으로 지을 수 있는 죄에 대해서도 예수님은 이미 대가를 지불하셨습니다. 우리가 할 일은 구원자이신 그를 의뢰하는 것입니다. 이 얼마나 큰 자유입니까! "그러므로 이제 그리스도 예수 안에 있는 자에게는 결코 정죄함이 없나니"(롬 8:1). 살인자도 용서하신 하나님께서 혼전 성관계를 용서하지 않으시겠습니까? 바로 지금 주님의 용서를 구하십시오(요일 1:9)!

이 시대의 아가

이 아름다운 러브신과 그 뒤에 이어지는 대화는 오늘날의 부부 생활에 여러 모로 적용할 수 있습니다.

남편을 시각적으로 유혹하라

앞에서 이미 말했지만, 술람미는 성에 대해 거리낌이 없습니다. 알몸을 고혹적으로 드러내고 이런 춤을 추는 것이 우리의 눈에는 약간 기묘하게 느껴질지 모르겠습니다. 그러나 우리는 성경이 근동에서 쓰여진 책이라는 점을 감안해야 합니다. 당대의 문화적 맥락에서 보면 이것은 결코 경우에 어긋나는 행동이 아니었습니다. 더구나 술람미가 이렇게 분방한 행위를 한다고 해서 우리 모두가 이를 따라해야 한다는 법도 없습니다. 다만 술람미는 자신의 성격과 문화가 허락하는 범위 내에서 남편을 최대한 만족시키기 위해 적극적으로 창의성을 발휘하고 있는 것입니다. 성경은 여성이 자신의 성격에 전혀 어울리지 않는 행동을 해야 한다고 말하지 않습니다. 그러나 심리적인 거리낌이 있는 여성의 경우, 자신의 성격을 조금쯤 바꾸어서 남편의 필요를 채워 주고자 노력하기를 하나님은 바라실 것입니다.

침실에서 아내들이 이런 전희를 하지 못하는 주된 이유는 아마 몸매에 대한 걱정 때문일 것입니다. 스스로 뚱뚱하다고 생각하는 아내라면, 남편이 불룩하게 처진 자기 뱃살만 바라볼 거라는 생각에 침실에서 이런 행동을 하기가 몹시 곤란하겠지요. 어느 현명한 여성은 이렇게 충고했습니다. "거울 앞에 누드로 서서 찬찬히 자기 모습을 살펴보세요. 앞모습만 보지는 마세요. 남편은 뒷모습도 본답니다. 옆으로 서서 남편에게 자기 모습이 어떻게 보일지 생각해 보세요." 개선할 점이 있다고 생각되면, 개선하십시오!

결혼상담자들은 여성의 불감증을 초래하는 제1원인으로 심리적인 거리낌을 지목합니다. 남편을 위해 마하나임의 춤을 춘다는 생각은 이 문제를 극적으로 표면에 부각시킵니다. 아마도 성문제를 바라보는 우리 사회의 관점이 왜곡되어 있기 때문에, 많은 아내들이 오히려 극단적인 역반응을 보이는 것인지도 모릅니다. 여성의 신체를 도착적으로 착취하는 수많은 실례들을 생각하면, 세상이 여성의 몸을 노출시키는 것만큼 아내들은 몸을 가리는 것이 당연할지도 모릅니다. 그러나 이유야 어떻든지 간에 아내가 성적인 거리낌을 갖는다면 부부생활에 심각한 성적 불화를 초래할 수도 있습니다.

심리적인 거리낌을 극복하기란 매우 어렵습니다. 하지만 정숙과 '도덕'에 관한 우리의 고정관념들 중 상당수가 성경과는 아무 상관이 없다는 사실을 깨닫는다면, 조금이나마 도움이 될지도 모르겠습니다. 조셉과 로이스 버드 부부는 《성적 사랑의 자유》(The

Freedom of Sexual Love)라는 책에서 바로 이 문제를 정면으로 다룹니다. "남편과 아내 사이에서 벌거벗는다는 것은 정숙함이라는 미덕과 추호도 상관이 없다. 결혼이라는 친밀한 관계에서 서로를 위해 옷을 벗는 일은 함께 웃고 함께 기도하는 일과 마찬가지로 자연스럽고 거리낌없는 행동이어야 한다."[15]

술람미는 남자가 처음에 시각적 자극으로, 즉 육체적인 접근으로 흥분한다는 사실을 잘 알고 있습니다. 흔히 여자들은 자기들이 원하는 로맨스라든가 부드러운 태도 등등의 방식으로 남자들에게 접근하는 경우가 많습니다. 물론 그것도 나쁘지는 않습니다만, 남편의 입장에서 볼 때는 당신의 이기적인 마음에서 나온 무심함일 수도 있습니다. 반대로, 남편들은 자신들이 원하는 좀더 육체적이고 단도직입적인 방식으로 아내에게 접근하는 경향이 있습니다. 그래서인지 남편들이 너무 성급하게 성기를 자극하는 단계로 돌입한다고 말하는 아내들이 상당히 많습니다. 그 이유는 남편들이 로맨스와 부드러움을 갈망하는 아내의 욕구를 심각하게 생각지 않고, 자신들이 매력적이라고 생각하는 방식만 이기적으로 고집하기 때문입니다.

솔로몬이 아내에게 성적으로 접근할 때 언제나 로맨스와 분위기와 온화한 태도를 잊지 않는다는 사실을 주목해서 보십시오(4:1-8). 반면에 술람미는 더욱 육체적인 방식으로 춤을 추면서 대담하게 남편을 유혹합니다(7:1-9). 두 사람 모두 자기 방식대로의 성관계를 고집하지 않고 배우자의 욕구를 충족시켜 주는 일에 관심을 쏟고 있는 것입니다.

물론 이런 춤을 춘다는 것이 서로에게 어색한 부부들이 많겠지만, 이 대목에서 표현된 바와 같이 남편과 아내 사이가 자유롭고 허물 없는 관계라면(그렇지 않다고 해서 특별히 잘못되었다는 것은 아닙니다) 몇 가지 제안들을 시도해 보는 것도 좋으리라 생각합니다. 근동의 무희들은 춤출 때 고혹적인 속옷을 입곤 했습니다. 술람미도 얇은 속옷을 걸치고 샌들을 신었지요(7:1, 2). 이처럼 샌들과 매력적인 속옷은 전희를 묘사하는 성경적인 표현의 일부입니다!

자기를 부인하고 자기 몸을 상대에게 주라

팀 라헤이는 남성과 여성의 성충동 주기에 근본적인 차이가 있음을 지적했습니다. 그는 다음과 같은 도표로 이를 설명합니다.[16]

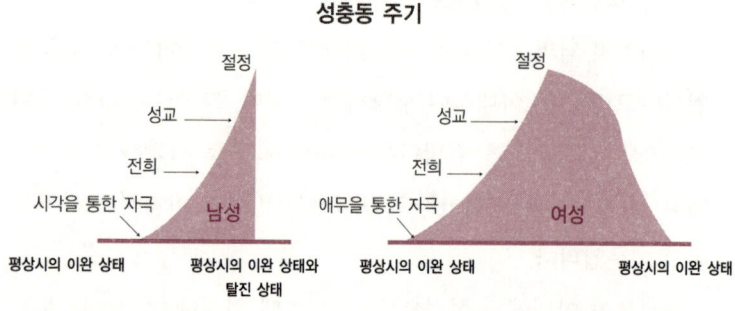

성충동 주기

아가서는 이러한 주기의 차이를 아름답게 드러내고 있습니다. 두 사람은 사랑으로 한몸이 된 후 다정한 대화를 나누다가 서로의 품에 안겨 잠이 듭니다(7:9-13). 상당수의 남편들이 오르가슴을 느낀 뒤에 이런 식으로 다정하게 사랑을 표현하지 못합니다. 그 이유는 아래의 도표에 나타나 있듯이, 남자는 일단 오르가슴에 달하면 그 즉시 평상시의 이완상태로 돌아가고 심지어 탈진 상태에까지 빠지기 때문입니다. 이 시점에 오면 수많은 남편들이 돌아누워 잠들어 버리지요!

그러나 아내의 성적인 흥분감은 차츰차츰 잦아들어 한참 후에야 평상시의 이완상태로 돌아갑니다. 남편이 아내의 이런 기분을 몰라 준다면, 아내는 자기가 당연한 소유물처럼 취급받는다는 느낌을 가지게 될 것입니다. '저 남자가 나한테서 원하는 건 섹스뿐이야' 라든가 '섹스를 하고 싶을 때만 나한테 다정하게 굴지' 라는 생각을 하게 되는 것입니다.

바울은 부부간의 성교는 그리스도와 교회의 관계와 같다고 가르쳤습니다(엡 5:31-32). 이것은 참으로 놀랄 만한 병치(倂置)로서, 기독교가 성을 반대한다는 세간의 관념에 일찍이 선수를 친 발언임에 틀림없습니다. 이러한 병치의 핵심이 무엇일까요? 바로 죽음입니다! 바울은 그리스도께서 교회를 사랑하셔서 자신을 주셨듯이 남편도 아내를 사랑해야 한다고 말씀했습니다. 믿는 이들은 역설적이게도 자신을 부인하고 생명을 잃음으로써 비로소 참 생명을 찾습니다(막 8:35). 서로 자아를 버리고 자아에 대해 죽는 것이 영적으로, 육체적으로 하나가 되는 열쇠인 것입니다.

아내가 육체적인 영역에서 자신을 죽이려면 바로 심리적인 거리낌을 버려야 합니다. 억제는 가끔씩 교묘한 반항의 형태가 되기도 합니다. 바울은 아내는 더 이상 제 몸의 주인이 아니며 남편 또한 제 몸의 주인이 아니라고 말씀했습니다. 일단 결혼을 하면 배우자의 몸이 곧 자신의 몸이 되는 것입니다(고전 7:4). 그러므로 심리적인 거리낌은 제 것이 아닌 것을 제 것이라고 우기는 일이며, 따라서 죄입니다.

반대로 남편은 아내에게 온화함과 낭만을 표현할 때 느끼는 당혹감과 민망한 기분을 버려야 합니다. 성적인 사랑 속에 완전히 한몸이 되기 위해서는 남편과 아내 모두 자기 자신을 버려야 합니다. 배우자의 즐거움을 가로막는 것이 무엇이든지 그것에 대해 죽어야 합니다.

남편의 성욕을 충족시키는 3가지 비결

술람미는 창의적인 연인입니다. 그녀는 일에만 몰두하다가 밤늦게서야 성교를 요구하는 솔로몬을 탓하고만 있는 것이 아니라, 자신의 행동에 책임감을 갖고 관계를 변화시키기 위해 적극적으로 나섭니다. 우선 술람미는 마하나임의 춤에서 볼 수 있듯이 남편에게 성적으로 훨씬 더 대담한 자세를 취합니다. 그리고 레바논 산지에 가서 산책을 하고 봄철을 즐기며 야외에서 사랑을 나누려는 계획을 털어놓습니다. 더 나아가 남편에게 주기 위해 오래된 것과 새 것을 함께 준비해 놓았다며 넌지시 고혹적인 암시를 던짐으로써 함께 보낼 시간들에 대한 남편의 기대감을 부풀려 놓습니다. 술람미는 둘이서 함께 즐길 새로운 성적 '과일', 또는 깜짝 놀랄 행동을 계획해 놓은 것입니다(7:13).

당신의 남자를 성적으로 완전히 충족시키기 위해서는 이 세 가지 기본적인 비결이 필요합니다.

1. 대담해져라

저는 대부분의 남자들은 아내가 성적으로 좀더 대담하기를 바란다고 믿습니다. 남자는 자기가 아내를 원하는 만큼 아내도 자신을 원하는지 알고 싶어합니다. 한 조사에 따르면 500명의 남자들 가운데 39퍼센트가 성관계에서 가장 큰 불만은 아내가 충분히 대담하지 않은 것이라고 답했습니다. 최근에는 아내에게 남편의 직장에 전화를 걸어 "당신의 몸을 갈망한다"라고 말하거나, 하이힐을 신고 보석 장신구만 한 채 퇴근하는 남편을 맞으라는 충고를 하기도 합니다(부끄럽다면 보석 장신구를 아주 많이 해도 됩니다)!

이런 얘기를 들으면 대뜸 "전 그런 건 못해요!" 하는 사람들이 아주 많은데, 그렇다면 안 하면 됩니다. 자신이 할 수 있을 만한 일을 보여 달라고 기도하십시오. 그리고 당신의 심리적인 거리낌을 기꺼이 털어 버리십시오. 다만 술람미가 그러했듯이 하나님께서 남자를 만드신 대로, 시각이라는 창을 통해 남편에게 다가갈 것을 잊지 마십시오. 그러나 만일 당신이 더 대담하게 행동하는 것을 남편이 원치 않는다면, 그렇게 하지 마십시오. 남편이 원하는 사람이 되는 것이 목표가 되어야 합니다. 남편이 어떤 사람인지, 무엇을 원하는지 잘 살펴보십시오. 그리고 만약 남편이 마하나임의 춤을 원한다면 기꺼이 무용신발을 신으십시오!

2. 더 적극적으로 몸을 내어 주라

성경말씀은 적나라합니다. 성경은 단호히 "아내가 자기 몸을 주장하지 못하고 오직 그 남편이 하며"(고전 7:4)라고 가르칩니다. 어느 의사가 한 주부에게 남편에게 전적으로 몸을 허락하라고 말했더니, 끔찍하다는 표정을 지으며 "내가 완전히 허락하면, 우리는 아마 침대 밖으로 나오지도 못할 거예요!"라고 대답했다고 합니다. 그러자 의사는 겁에 질린 환자를 달래며 "잠긴 문에 40번씩 문을 두드리던 사람이라도, 곧장 문을 열어 주면 한 번만 노크하는 법입니다"라고 말해 주었습니다.

아내와 성적으로 맞지 않는 남편들일수록 하루가 멀다 하고 아내에게 성교를 요구하게 됩니다. 이런 경우 여성들은 스스로 벽을 허물 경우, 혹시 견디기 어려울 정도로 성행위를 자주 해야 하는 것은 아닐까 두려워하지요. 그러나 사실은 남자들이 원하는 만큼 성행위를 하게 되면, 1주에서 2주 후쯤에는 한참 억눌려 있던 신체적인 충동이 한풀 꺾이면서, 저항을 극복해야 한다는 심리적 압박감이 사라져 성적인 속도가 완화됩니다.

어떤 남자는 자기 아내가 '어쩌다 한 번' 몸을 허락한다고 불만을 토로했습니다. 올바른 아내의 태도에 대한 책을 읽는다든지, 남에게 무슨 말을 듣는다든지, 잠자리를 놓고 부부싸움을 했다든지 하면 며칠 동안은 아내가 잘 반응해 온다고 합니다. 하지만 매번 얼마 못 가서 상습적으로 남편을 거부하는 옛날 버릇으로 돌아가곤 했습니다. 그래서 남편은 아내가 반응을 보일 때, 그 반응이 오래가지 않을 줄 잘 알기 때문에 그 기회를 십분 이용했다고 합니다. "그러다 보니 아내는 내 머릿속에 섹스 생각만 잔뜩 들어찬 줄 알더군요." 그 남편의 말입니다.

생각해 보십시오. 먹고 싶은 대로 먹을 수 있을 때에는 오히려 음식에 별 관심이 없다가 다이어트를 할 때에는 머릿속에 온통 먹을 것 생각뿐이지요. 성관계도 마찬가지입니다. 자신이 원할 때 언제나 아내가 몸을 허락하면 욕망은 자연스럽게 줄어들겠지만, 남자든 여자든 거부당할 것이 뻔한 상황에서는 가질 수 없는 것을 두고 안달하게 마련입니다. 시간이 좀 걸릴지는 모르겠습니다만, 아내가 남편을 사랑하는 마음으로 언제든지 남편의 사랑을 받을 준비를 하고 있으면 성행위의 횟수도 용인할 만한 수준으로 내려올 것입니다.

어느 여성의 남편은 하루에도 몇 번씩, 심지어 깊은 한밤중에도 가리지 않고 성교를 요구했습니다. 두 사람은 여러 차례 부부싸움을 했고, 아내는 남편에게 섹스를 너무 밝히는 것이 아니냐고 했습니다. 마침내 남편은 신물이 난다며 다시는 아내에게 잠자리를 요구하지 않겠다고 했지요. 그 여성은 내 아내에게 전화를 걸어 이렇게 선언했답니다. "린다, 너는 공사석을 불문하고 믿음 깊은 여성이 되는 것이 목표라고 입버릇처럼 공언했지. 내 소원이 뭔지 알아? 이제 내 인생의 목표는 '제발 그만 하자' 고 남편이 무릎 꿇고 빌게 만드는 거야."

그 불쌍한 남편은 이게 도대체 무슨 영문인가 싶었겠지요. 어느 날 TV를 보고 있는 남편에게 은근히 다가가자 "여보, 제발! 이 프로만 끝까지 보고 하자구"라는 대답이 나오는 걸 보고, 아내는 작전이 성공하고 있다는 확신을 가졌습니다. 그녀는 오히려 공격적으로 접근함으로써, 남편이 원하면 언제든지 허락하겠다는 태도를 확실히 보여 주겠다고 작정했던 것입니다.

더 나아가 그녀는 남편이 진심으로 만족감을 느낀다는 것을 알게 되었습니다. 남자에게도 성생활은 단순히 육체적인 문제가 아닙니다. 아내가 다사롭고 민감하게 반응해 오며 대담한 태도를 취하자 남편은 자신이 사랑받고 있다는 느낌을 갖게 되었습니다. 아내가 할 수 없이 참아 주는 게 아니라 실제로 자신을 사랑한다는 실감이 들었던 것입니다! 남자들은 아내가 자신을 있는 그대로 받아 주고 꼭 필요한 사람으로 생각해 주며 적극적으로 나서서 동참해 주기를 바라는데, 바로 이러한 욕구를 충족할 수 있게 된 것이지요. 그 결과 성관계에 대한 남편의 집착이 줄어들었습니다. 그는 여전히 정력적입니다만, 아내의 태도가 달라지고 난 뒤 두 사람의 관계는 아주 좋아졌습니다.

성욕의 정도는 사람들마다 차이가 큽니다. 남편의 성충동이 강한 편이라면, 남편에게 맞출 수 있도록 당신의 욕망을 키워 달라고 기도하십시오. 또 남편의 성충동이 약할 수도 있습니다. 그것은 생리학적인 문제일 수도 있겠지만, 심리적인 원인에서 비롯한 것일 가능성도 있습니다. 제가 알고 있는 어떤 경우에는 아내가 집안 일을 좌지우지하려 하기 때문에 남편이 아내에게 흥미를 잃어버렸습니다.

남편에게 전적으로 허락하는 일의 심리적 측면을 좀더 살펴봅시다. 어떤 남자는 자신의 아내에 대해 이렇게 말했습니다. "육체적으로는 만족한 뒤에도, 이상하게 뭔가 허전한 기분입니다. 아내가 진정으로 몸을 주고 진심으로 즐거워한 게 아니라 그저 참아 주었을 뿐이라는 느낌이에요. 뒤돌아서서 또 금세 성적인 분출을 원하게 되는 것도 그렇게 완전히 하나 되는 느낌을 갈망하기 때문인 것 같습니다. 하지만 그런 느낌은 두 사람 모두 자신을 완전히 버릴 때 가능한 거죠. 육체적·정서적·영적으로 만족할 수 있다면, 자나깨나 섹스만 생각하고 섹스가 하고 싶어 속으로 끙끙 앓는 일은 없을 거라는 생각이 듭니다."

이번엔 반대로 여성의 시각에서 한번 생각해 봅시다. 한 여성이 크리스마스 선물을 바쁘게 만들고 있다고 합시다. 아이들이 잠든 뒤에야 시간이 나서 낮부터 하고 싶었을 뿐 아니라 지금 꼭 해야 하는 일을 하고 있는 중입니다. 이렇게 일에 한참 몰두하고 있는데, 남편이 눈빛을 묘하게 반짝이며 걸어 들어옵니다. 이 순간 아내는 선택의 갈림길에 섭니다. 오늘은 싫다라고 말할 수도 있고, 하나님께서 주신 남자를 사랑하겠다는 결정을 내릴 수도 있습니다. 처음엔 "아, 싫어요"라고 대꾸했어도, 곧 "아니, 좋아요"로 태도를 바꿀 수도 있습니다.

일단 남편의 품에 안긴 뒤에는 더욱 선택할 일이 많아지지요. 저는 여자의 성적 반응은 상당 부분 머릿속에서 일어난다고 믿고 있습니다. 남편이 입을 맞추는데도 계속 크리스마스 선물 생각이 난다면, 그를 사랑하는 일에 전념하기로 결심하고 하나님께 남편을 향한 욕망을 달라고 기도할 수 있습니다. 남편의 몸이 얼마나 기분 좋은 느낌인지, 또 남편을 사랑할 수 있어서 얼마나 행복한지를 생각하는 데 전념한다면, 크리스마스 선물 생각은 차츰 흐릿하게 사라져 갈 겁니다.

3. 창의성을 발휘하라

어느 현명한 여성이 이런 말을 했습니다. "당신이 마음먹으면 성의 예술에서 렘브란트가 될 수도 있지만, 잘못하면 어린이용 색칠그림 수준에 머무를 수도 있습니다."[17] 매일 저녁 남편한테 똑같은 냉동식품을 내놓는 일은 꿈도 꾸지 못하는 여성이라도, 매일 밤 잠자리에서는 변함없이 꽁꽁 얼어붙은 태도를 고수하는 경우가 있습니다. 저녁 식사와 마찬가지로 성관계도 예측이 가능해지면 특유의 맛과 향이 달아나 버립니다. 아내가 남편에게 기술 좋은 연인이 되어 주는 것은 성경적인 일입니다. 솔로몬은 술람미의 성적 기교를 두고 "나의 누이, 나의 신부여! 그대 사랑이 어찌 그리 아름다운지! 그대 사랑은 포도주보다 훨씬 낫고……"라고 말했습니다. 그는 사랑을 나누는 일에서 술람미가 제국의 어느 후궁보다 훨씬 더 능란하다고 했습니다(아 6:8). 잠언 5장 19절은 아내의 성적 기교에 흠뻑 취하라고 말씀하고 있습니다!

기교는 단순한 테크닉이 절대 아닙니다! 기교는 무엇보다 남편에게 모든 것을 허락하는 것으로서, 그것이 기교의 90퍼센트를 차지합니다. 이런 자세를 가진 여성이라면, 책 한 권 읽지 않고도 남편과 즐기는 데 필요한 '기교'들을 모조리 습득할 수 있습니다. 또한 '창의적'이라는 말은 이제껏 없었던 무엇을 존재하게 만든다는 뜻으로 여기에서는 활력 넘치고 생기 있는 결혼생활을 창조한다는 말입니다. 그러기 위해서는 주도권을 쥐어야 합니다. 마지막으로, 창의력은 상상력 넘치는 새로운 생각들과도 물론 관련이 있습니다. 그러나 그보다 훨씬 더, 훨씬 더 중요한 것은 이 책 앞부분에 나왔던 각 장에서 우리가 논했던 기본적 자세입니다.

그럼 독자는 어떻게 해야 하겠습니까? 창의적이어야 한다는 것은 좋다고 해도, 도대체 구체적으로 무엇을 어떻게 해야 한다는 말일까요? 저는 6장에서 창의적인 남편들을 위한 제안을 몇 가지 했습니다. 여성들의 시각에서는 제 아내의 훌륭한 책(절대로 치우친 평가가 아닙니다) 《창조적인 배우자》(Creative Counterpart)를 참조하시면 좋을 것입니다. 이 책은 한 장 전체를 할애해서 '창의적 연인'이라는 주제를 다루고 있으니까요.

이제 아가서라는 사랑 노래의 결말이 눈앞에 다가왔습니다. 우리는 마지막 장면에서 두 사람이 레바논 산지에 있는 술람미의 고향 집을 찾아 시골길을 유유하게 걷는 모습을 보았습니다. 사랑을 나누고 숲속에서 나왔을 때, 술람미는 때가 되기 전에 성적인 정열을 미리 일깨우지 말라(8:4)는 경고를 세 번째 합니다. 장래의 남편과 서약할 때까지는 절대 성적으로 흥분하지 말라는 술람미의 경고는 이 책의 결말을 예고하는 주제가 됩니다. 마지막 노래에서 시인은 솔로몬과 술람미가 지닌 사랑의 본질이 무엇인지, 또 어떻게 하면 그런 사랑을 키울 수 있는지에 우리를 집중시키고자 합니다.

10
전원에서 보낸 휴가

회상 장면 14 · 아 8:5-14

좋은 작가라면 소재를 현명하게 고를 줄 알아야 합니다. 이 사랑의 이야기를 그려내기 위해 우리의 시인은 솔로몬과 술람미의 인생에 일어났던 여러 사건들을 사용했습니다. 소재가 될 수 있었던 숱한 경험들 중에서 시인이 하필 이 사건들을 선택했다는 사실은 자연스럽게 "어째서?"라는 물음으로 이어집니다.

시인은 자신이 설정한 목표를 달성하고자 소재를 선별합니다. 뭔가 하고 싶은 말이 있지만 적나라하게 드러내 놓고 말하지는 않겠다고 마음먹은 것입니다. 그래서 일련의 회상들(사랑의 소곡들)을 구슬처럼 한데 엮어 메시지를 드러내고자 했습니다. 시인은 탄복할 만한 솜씨로 몇 가지 어울리는 사건들을 모아 자신의 사랑 노래를 결론짓습니다.

사랑의 주제야말로 아가서가 이제까지 짊어지고 온 짐이었으므로, 시인은 결언으로 삼고 있는 시구에서 이러한 사랑을 성취할 수 있는 길과 그 사랑의 진정한 요소를 밝혀 줍니다. 다음의 도표를 보면 시인이 발휘하고 있는 장인의 솜씨를 한눈에 알 수 있습니다.

전원에서 보낸 휴가					
사랑의 깨어짐	사랑의 정의		사랑의 성숙		사랑의 만끽
언제	그것은	그것은	무엇 때문에	무엇 때문에	
사과나무 아래에서	강렬하다	비길 데 없이 소중하다	서로 아끼는 가족으로 인해	책임감 있는 선택으로 인해	"서둘러요, 내 사랑"
8:5	8:6　　8:7a	8:7b	8:8　　8:9	8:10　　8:12	8:13　　8:14

솔로몬과 술람미의 아가

사랑에 눈 뜬 술람미

앞서 나왔던 회상에서 술람미는 레바논 산지에서 휴가를 보내자고 했습니다. 그리고 이번 회상이 시작되는 시점에서, 우리는 왕과 왕비가 시골길을 따라 걷고 있는 모습을 보게 됩니다. 방금 술람미는 사랑의 정열을 너무 일찍 깨우지 말라는 세 번째 경고를 마친 참입니다(8:4). 시인은 우리가 두 사람의 대화를 엿듣게 해 줍니다. 두 사람은 술람미가 성적으로 깨어나게 된 시점을 주제로 이야기를 나누고 있습니다.

 코러스

사랑하는 이의 어깨에 기대어
거친 들에서 나오는 저 이는 누굴까?(8:5a)

솔로몬과 술람미는 방금 사랑을 나누고 숲에서 나오고 있음에 틀림없습니다. 이제 두 사람은 화해를 하고 서로의 사랑을 확인했습니다. 코러스는 다음 장면으로 넘어가는 전환의 계기를 마련해 주지요.

솔로몬

사과나무 아래에서 나 그대를 깨웠지.
거기서 그대 어머니 진통을 겪었고
거기서 그대 어머니 진통 끝에 그대를 낳았지. (8:5b)

본문은 여기에서 사과나무를 술람미의 집과 출생지에 연관 짓습니다. 어쩌면 술람미의 집이 솔로몬이 말하는 사과나무 그늘 아래에 있었는지도 모르지요. 그러므로 여기에서 사과나무는 술람미가 탄생과 더불어 육체의 삶에 깨어난 것에 대한 표상이면서, 아울러 신혼 첫날밤에 성적인 삶에 깨어난 것(바로 앞에 나온 구절에서 술람미가 예루살렘의 딸들에게 경고를 하며 말한 바 있는)을 상징하는 이중의 역할을 합니다. 이렇게 다시금 성적인 정념의 일깨움이라는 문제에 독자의 관심을 집중시킴으로써, 시인은 마지막 회상의 주제를 이끌어 냅니다. 그것은 바로 아가서가 다루고 있는 사랑의 성숙

과정입니다. 그러나 이것을 밝히기 전에 시인은 두 사람이 함께 나누는 사랑의 본질에 대한 술람미의 말로 먼저 우리를 인도합니다.

술람미가 말하는 사랑의 정의
어떤 사랑이기에 그녀는 그토록 남편에게 헌신하는 것일까요?

술람미

> 그대 나를 봉인처럼 심장에 두고
> 봉인처럼 그대 팔에 두세요. (8:6a)

왕의 봉인이라는 것은 대개 왕의 소유임을 뜻하는 낙인으로 값비싸고 귀중한 물건이라는 표시입니다. 술람미는 남편의 심장, 즉 남편의 애정이 담긴 장소에 봉인이 되어 찍히기를 바랍니다. 또한 팔 위에 찍힌 봉인이 된다는 것은 곧 힘과 보호를 의미하는 장소에 자리잡는다는 뜻입니다. 어째서 술람미는 남편의 심장과 팔 위에 찍힌 봉인이 되고자 할까요? 술람미가 이런 부탁을 하는 근거는 다음 구절에서 밝혀집니다. 그곳(심장 가까운 곳)에 머무는 동안에는 왕의 사랑이 그녀를 지켜 주고 안전하게 보호해 줄 터이기 때문입니다. 그의 사랑은 "죽음같이 강하고", 무엇과도 바꿀 수 없습니다. 그것은 비길 데 없이 소중한 것입니다.

사랑은 강렬한 것입니다
술람미는 항상 솔로몬의 심장 근처에 머물고 싶어합니다. 자신을 향한 솔로몬의 사랑의 본성이 얼마나 강렬한지 잘 알기 때문입니다.

🍂 술람미

사랑은 죽음처럼 강하고,
질투는 지옥처럼 잔혹하지요.
사랑의 섬광은 불의 섬광,
여호와의 바로 그 불길이랍니다.
많은 물로도 사랑을 꺼뜨릴 수는 없지요.
강물이라도 사랑 위로 흘러 넘칠 수는 없지요. (8:6b-7a)

사랑은 종국적이고 결코 돌이킬 수 없다는 점에서 죽음과 같습니다. 구약에서 하나님이 택한 백성인 이스라엘 백성들을 사랑하실 때 질투심에 불타는 모습으로 등장하는 일이 자주 있습니다. 하나님이 '질투하신다'는 것은 한마디로 그가 열정적으로 사랑하고 배려하신다는 뜻입니다. 하나님은 이스라엘이 다른 신들을 모두 제치고 그분만을 섬기기 바라십니다. 진정한 사랑도 마찬가지라고 신부 술람미는 말합니다. 사랑은 유일한 것이며, 격렬한 것입니다. 솔로몬이 술람미에 대해 품은 사랑도 바로 그러합니다. 그 때문에 그녀는 남편의 보호를 받으며 그의 심장 가까이에 머물기를 원합니다.

심지어 술람미는 솔로몬의 사랑을 "불의 섬광"에, 그것도 "여호와의 바로 그 불길"에 비유하지요. 하나님께서 그의 백성들에게

품으셨던 사랑의 불길은 성경 속에서 결코 꺼뜨릴 수 없는 화염으로 묘사됩니다. 무섭게 격렬한 기세로 타오르는 그 사랑은 강물로도 꺼뜨릴 길이 없습니다.

"물"(시련, 상처, 문제)은 사랑을 덮쳐 그 불길을 누르고 익사시키려 하겠지만, 이토록 완벽한 사랑은 그 정도에 죽지 않습니다. 혹 그 위로 강물이 흘러 넘치더라도 꺼지지 않고 타오릅니다.

물론 이러한 사랑은 타락한 인간 사이에서는 찾아보기가 아주 드뭅니다. 이런 사랑은 하나님의 이상(理想)이지요.

사랑은 비길 데 없이 소중한 것입니다

♡ 술람미

집 안의 모든 재물을 주고 사랑을 얻으려 하는 사람은
큰 멸시를 받게 되리. (8:7b)

어째서 이런 사람이 멸시를 받게 될까요? 사랑을 벌어들일 수 있다고(재물을 주고 살 수 있다고), 혹은 어떤 자격조건을 통해 얻을 수 있다고 잘못 생각했기 때문입니다. 시인이 드러내 놓고 사랑은 돈으로 살 수 없다고 말하지 않아도 독자들은 이 사실을 분명히 알게 되지요. 시인은 오히려 사랑은 벌어들이는 게 아니라 대가 없이 주어지는 것임을 힘주어 강조합니다. 사랑은 하나님께서 우리를 사랑하실 때처럼 대가 없이 주어집니다. 그리스도의 보물처럼 그런 사랑은 비길 데 없이 소중할 뿐 아니라, 사랑받는 이의 마음속에 동요 없는 편안함을 가져다 줍니다. 사랑받는 사람이 노력해서 사랑을 얻어야 한다면, 우리는 인생을 마치 연기하듯이 살아야 할 것입니다. 솔로몬은 아내를 행동으로 판단함으로써 이런 시험에 들게 하지 않았습니다. 술람미는 자기가 무슨 일을 하든 솔로몬의 사랑이 변치 않을 줄 잘 알고 있었습니다.

이렇게 이상적인 사랑을 어떻게 이룰 수 있을까요? 이토록 헌신적인 사랑에 대한 열렬하고 아름다운 묘사 속에서 한참을 헤맨 우리는 자연스럽게 이 질문을 던지게 됩니다. 여러 요인이 연루되어 있으나, 우리의 시인은 특별히 두 가지 조건을 골라내어 언급합니다. 서로 아끼는 가족들 사이에서 자라난 사람이 책임 있는 선택을 할 때, 이러한 사랑을 얻을 수 있다고 말입니다.

술람미 오빠들의 누이사랑

'이토록 고귀한 사랑이 어디서 나오는가' 라는 질문에 만족스런 대답을 찾아내기 위해서는, 인성발달의 초기 단계, 즉 가정으로 거슬러 올라가야 합니다. 그래서 시인은 일종의 플래시백 기법을 사용하여, 술람미가 사춘기를 맞기 직전의 어린 시절로 우리를 데려갑니다. 시인은 우리에게 숱한 이야기를 해 줄 수 있었을 테지만 그 중 단 한 가지만을 골라내지요. 바로 어린 술람미의 오빠들이 자기네들끼리 나누는 대화의 내용입니다. 우리는 분명히 이 대화 속에서 격렬하면서도 무조건적인 사랑이 성숙하는 데 결정적으로 중요한 요인을 발견할 수 있을 것입니다.

이렇게 생각할 수 있는 근거는, 이 플래시백 장면이 술람미가 청소년기를 회상하는 8장 10절에 자리잡고 있다는 사실에 있습니다. "나는 벽이었고……"라는 것은 그 당시에는 성적인 접근이 허락되지 않는 상태였음을 뜻하는 말이겠지요.

오빠들

우리에겐 어린 누이가 하나 있는데,
그애는 아직 젖가슴이 없지.
누이가 부름 받는 날,
우리는 무엇을 해 줄까?
누이가 벽이라면
은으로 성첩(城堞)을 올려 주지.
누이가 문이라면,
백향목 판자로 방책(防柵)을 쳐 주지. (8:8-9)

술람미의 오빠들은 훗날 여동생의 결혼과 행복을 걱정하고 있습니다. 오빠들은 누이가 "부름 받는 날", 즉 결혼식날을 잘 맞이할 수 있도록 준비해 주고 싶어하지요. 이 시점은 술람미에게 아직 젖가슴이 생기지 않았을 때(막 사춘기에 들어설 무렵)입니다. 그러나 그녀는 머지않아 성숙한 여인으로 자라날 것이고, 청년들이 찾아오기 시작할 것입니다. 오빠들은 누이가 그런 상황을 제대로 맞이할 수 있도록 대비시켜 주고자 합니다. 이들의 작전은 간단하고도 현명합니다.

오빠들의 전략은 술람미의 성격에 따라 달라집니다. 술람미가 벽이라면—청년들의 유혹에 끄떡도 하지 않는다면—오빠들은 그녀의 정숙한 마음가짐을 격려해 주고 칭찬해 주기만 하면 됩니다. 벽 위에 은으로 만든 성첩(몸을 숨겨 적을 공격할 수 있도록 성 위에 덧쌓은 낮은 담-옮긴이)을 올리는 것은, 더욱 아름답게 보이도록 누이를 꾸며 주겠다는 뜻입니다. 은으로 만든 성첩이 벽의 아름다움을 더욱 돋보이게 해 주듯이 오빠들도 아낌없는 칭찬으로 술람미의 훌륭한 성격을 격려하고자 합니다.

그러나 또 다른 가능성도 있습니다. 혹시 술람미가 문—쉽게 들어갈 수 있고, 쉽게 유혹당하는—으로 밝혀질지도 모르는 일이지요. 만에 하나 그런 일이 생긴다면, 오빠들은 다른 대책을 강구하고자 합니다. 즉 백향목 판자로 문 앞에 방책(바리케이드)을 치겠다는 것입니다. 말하자면 술람미를 아주 엄하게 대해서 청년들의 유혹으로부터 보호하겠다는 뜻이지요.

본질적으로 오빠들이란 이 두 가지 태도를 모두 약간씩 겸비하게 마련입니다. 당연히 누이를 칭찬해 주기도 하겠지만, 필요하다고 판단되면 엄격하게 제한을 두고 보호하기도 하지요. 격려와 규율은 서로를 아끼는 이 집안의 특징입니다. 이런 일을 하려면 사랑과 시간과 세심한 정성을 들여야 합니다. 그런데 시인은 바로 이런 환경을 특별히 골라내어, 무조건적으로 강렬하게 남편을 사랑할 수 있는 술람미의 능력을 일구어 낸 한 가지 요인으로 지목하고 있습니다.

그러나 이것이 전부는 아닙니다. 아무리 좋은 가정환경에서 자라났다 하더라도, 자기 자신이 성문제에 관해서 책임 있는 선택들을 해야 합니다. 성은 부모가 아니라 자기 자신의 가치관을 드러내기 때문입니다. 술람미는 다음에 이어지는 시구를 통해, 자신도 책임감을 가지고 선택했음을 우리에게 알려 줍니다.

술람미

나는 벽이었고, 나의 젖가슴은 망대 같았지.
그제야 그의 눈에 평화를 얻은 자가 되었네. (8:10)

술람미 스스로 벽이 되기를 선택했기 때문에 오빠들은 술람미 주위에 백향목 방책을 칠 필요가 없었습니다. 그리고 술람미가 성숙하면서 그녀의 젖가슴은 '망대 같은' 모습이 되었습니다. 성채의 장벽 위에 우뚝 선 망대는 적군의 눈에 가장 잘 띄게 마련입니다. 그러나 망대는 장벽과 성채를 방어하는 능력이 있으므로, 망대가 눈에 뜨이면 공격할 마음이 그만 꺾이고 말지요.

마찬가지로 성숙한 술람미의 가슴도 사랑할 채비는 다 되었지만 아직 출입이 허락되지 않는 성역입니다. 술람미는 성채의 망대처럼 보는 이의 눈에 깊은 인상을 심어 주었고, 그 아름다운 몸매 때문에 그 누구보다 먼저 눈에 띄는 처녀였습니다. 그러나 그녀는 자신의 정숙함을 넘보는 적을 순식간에 물리쳐 버렸습니다.

다음 구절은 히브리어에서 특별히 강조되어 있습니다. "그제야 그의 눈에 평화를 얻은 자가 되었네." 이것은 언제 한 말일까요? 벽이 될 것을 선택한 이후입니다. 자신의 정절을 스스로 책임 있게 지키고자 한 결과, "그의 눈에"(솔로몬의 눈)에 들었던 것입니다. 이 구절에는 말장난이 사용된 것 같습니다. 성경은 여호와의 눈에 은혜를 얻은 사람(노아)에 대해 비슷한 표현을 쓰고 있습니다(창 6:8). 술람미는 솔로몬의 눈에 은총과 총애를 얻었다고 말하고 있습니다. 즉 솔로몬이 술람미를 두고 사랑에 빠졌다는 말입니다.

그런데 왜 여기에서는 '은혜'를 얻는다는 통상적인 성경적 어법을 사용하지 않고 '평화'를 얻었다고 했을까요? 술람미의 이름(Shulamith)을 큰 소리로 발음하면 '슐라미스'가 됩니다. 히브리어 원본에서 솔로몬의 이름은 '슐로모'(Shulomoh)로 발음됩니다. 그리고 '평화'에 해당하는 히브리어는 '샬롬'(shalom)입니다. 그러므로 술람미의 말을 바꿔 보면 이렇게 됩니다. "슐라미스는 슐로모와 함께 샬롬을 찾았네." 술람미는 솔로몬을 찾았을 때 사랑과 로맨스를 찾았습니다. 자신의 성적 매력을 책임 있게 지키는 몸가짐은 왕의 사랑을 받을 만한 성품을 나타내 줍니다.

자발적으로 선택한(오빠들이 강요한 것이 아니라는 뜻에서) 책임 있는 몸가짐이라는 주제는 포도원의 우화를 통해 더욱 깊이 있게 구현됩니다.

술람미

솔로몬은 바알하몬에 포도원이 있었지.
그 포도원을 관리인들에게 맡기고
열매에 대해 각기 일천 세겔씩 바치게 했네.
내 포도원은 내 마음대로 할 수 있어.
솔로몬, 그대에겐 일천 세겔을,

열매를 보살펴 준 이들에겐 이백 세겔을 주어야지. (8:11-12)

술람미는 이제 솔로몬과 처음 만나던 때로 우리를 안내합니다. 솔로몬에게는 팔레스타인 전역에 걸쳐 포도원이 수없이 많이 있었는데, 그 중 하나가 술람미의 고향인 슈넴 근처 팔레스타인 북부의 바알하몬에 자리잡고 있었습니다. 포도원의 소유주는 소작을 주는 것이 관례였습니다. 소작농들은 노동의 대가로 전체 이익의 20퍼센트를 받았습니다. 그런데 술람미의 오빠들이 솔로몬의 포도원을 맡게 된 것입니다. 그러므로 포도원은 당시에 잠깐 동안 오빠들의 보호를 받고 있던 술람미 자신에 대한 아주 적합한 비유가 됩니다.

술람미는 자신을 종종 포도원에 비유하며(1:6; 2:15), 포도원 일을 너무 많이 시켜서 술람미 자신의 포도원—즉 여성으로서의 매력—을 소홀히 할 수밖에 없었다고 오빠들을 원망하기도 했지요(1:5). 솔로몬의 포도원이 술람미의 오빠들에게 맡겨졌듯이 술람미 역시 맡겨진 것입니다. 포도원을 가꾸고 돌본 결과, 술람미의 오빠들은 일천 세겔의 이익을 내어 왕에게 바칩니다. 그러나 술람미를 가꾸고 돌봄으로써 낸 '이익'은 그보다도 훨씬 더 풍성한 것이기에, 술람미는 오빠들에게 무언가 보상을 해 주고 싶어합니다. "내 포도원은 내 마음대로 할 수 있어"라는 말로 술람미는 이제 오빠들의 할 일이 끝났다고 주장하지요. 그녀는 이제 자유로이 자신이 원하는 사람에게 자신을 바칠 수 있다고 말하는 것입니다. 술람미는 자기 포도원을 스스로 가꾸고 다스릴 수 있게 되었으며,

자신의 뜻대로 연인인 왕에게 자신을 줄 수 있게 되었습니다.

이 비유에서 술람미는 오빠들이 거둔 이익을 모두 왕에게 바친다는 말을 "솔로몬, 그대에겐 일천 세겔을"이라고 표현하고 있습니다. 즉 포도원에서 나는 수익을 남김없이 주겠다는 뜻입니다. 그러나 관리인들에게는 이익의 20퍼센트를 돌려주어야 하므로, 그녀의 "열매"를 왕 한 사람만을 위해 아껴 두고 지켜 준 오빠들을 위해서 솔로몬에게 200세겔을 청합니다. 말 그대로 돈을 주라는 이야기는 아닐 것입니다. 그저 그들의 노고를 기억하고 인정해 달라는 뜻이겠지요. 이처럼 오빠들은 여동생을 보호해 주고 나이가 되었을 때 스스로 선택할 수 있도록 준비시켜 주었으며, 그녀 자신 또한 책임감을 가지고 선택을 했습니다.

시인은 이 두 장면을 특별히 선별하여 그려 냄으로써 강렬하고 무조건적인 사랑이 성숙하는 과정을 보여 줍니다. 첫째로, 이러한 사랑은 대개 사랑과 함께 규율을 잊지 않는 가정에 뿌리를 두고 있습니다. 둘째로, 이러한 사랑은 책임감 있는 행동의 결과로서 아무런 대가 없이 주어지는 것입니다. 아가서 전편을 통해, 두 연인들은 대가를 바라지 않고 아낌없이 주며 자기 자신의 행동을 책임진다는 원칙을 아름답게 형상화하고 있습니다.

이제 우리의 사랑 이야기를 끝맺을 때가 되었습니다. 성적인 포옹(1:4)을 갈망하며 시작되었으니만큼, 사랑을 흠뻑 만끽하며 끝나는 것이 마땅하겠지요.

사랑의 밀어를 나누는 솔로몬과 술람미

연인들은 술람미의 시골집으로 떠날 준비를 하고 있습니다. 이때 솔로몬이 사랑하는 여인을 바라보며 이렇게 속삭입니다.

👑 솔로몬

오, 정원에 앉아 있는 그대,
내 친구들이 그대 목소리에 귀 기울이고 있다오.
내게 그 소리를 들려 주오. (8:13)

히브리어 원문에는 "친구들" 앞에 "내"가 없습니다. 그냥 "친구"라고 쓰여 있을 뿐이지요. 여기서 친구는 솔로몬의 친구일 리가 없습니다. 그렇게 보면 뜻이 전혀 통하지 않습니다. "친구들"이란 포도원지기였던 술람미의 벗들을 가리키는 말입니다. 즉 술람미의 소꿉친구들이 작별의 인사를 듣고자 하는 것이지요.

이처럼 옛친구들이 술람미의 목소리를 듣고 싶어하는 건 물론이고, 솔로몬 자신도 술람미에게 듣고 싶은 말이 있습니다. 남편의 속마음을 알아챈 술람미는 장난스럽게 그를 바라보며 아무도 들을 수 없도록 은밀하게 속삭입니다.

💗 술람미

서둘러요, 내 사랑,
향료의 산 위에 선 가젤처럼,
젊은 수사슴처럼. (8:14)

젊은 수사슴과 가젤의 비유는 장난기와 성적인 능력을 뜻합니다. 향료의 산은 "몰약의 산과 유향의 언덕"(4:6), 즉 향수를 바른 젖가슴과 정원을 뜻합니다. 즉 술람미는 지금 솔로몬에게 사랑을 나누자고 유혹하는 것입니다.

이 시대의 아가

대학 시절, 졸업을 앞둔 선배들이 세상에 나가 짊어져야 할 책임을 생각하며 두려워하는 모습들을 본 일이 기억납니다. 우리는 그 증세를 '졸업생 공포증'이라고 불렀습니다. 그런데 이 말은 남편감을 얻으러 대학에 왔는데 기대했던 짝은 찾지도 못한 채 사회로 내몰려야 하는 여대생들을 일컫는 우스갯말로도 쓰였습니다. 사실 나이를 스물둘이나 먹고도 짝을 못 찾았으니 이제 결혼하긴 다 틀렸다고 징징거리는 아가씨들을 보면 그런 '공포증'이 재미있게 느껴질 때도 있었지요.

그러나 좀더 심각한 쪽으로 생각해 봅시다. 아이들이 몇 명씩이나 딸려 있는 미망인이나 이혼녀가 재혼을 하고 싶은데, 나이도 들고 형편도 좋지 못해서 현실적으로 기회를 얻지 못한다면 어떨까요? 여러 모로 술람미는 이와 비슷한 상황이었습니다. 다른 소녀들이 모두 자기만의 포도원을 정성껏 가꾸며 청년들과 데이트를 할 때, 술람미는 오빠들 때문에 사람들도 잘 만나지 못하고 하루 종일 땡볕 아래에서 포도원을 돌봐야 했습니다. 이런 소녀가 한 나라의 왕과 결혼하게 되다니 얼마나 놀라운 일입니까? 그러나 우리의 삶을 계획하시는 하나님께서는 모든 일이 합력하여 선을 이루게 하십니다.

여기에서 얻을 수 있는 교훈은 다음과 같습니다. 상황이 아무리 막막하다 하더라도, 하나님께서는 당신의 배우자를 직접 골라 당신의 삶으로 인도해 주실 것입니다. 당신은 지금 나이 마흔에 아이가 넷이나 딸린 채, 사무실 한구석에 처박혀 있을 수도 있습니다. 그러나 때가 되면 주님께서 당신의 인적 드문 '포도원'에 당신에게 딱 맞는 사람을 데려다 주실 것입니다. 이 일에서 하나님을 신뢰할 수 있겠습니까?

대가 없는 사랑을 주라

아가서의 마지막 대목(8:8-12)은 '이러한 사랑을 어떻게 얻을 수 있을까?'라는 질문에 대한 대답입니다. 술람미는 8장 7절에서 사랑은 돈으로 살 수 없는 것이라고 못박았습니다. 그렇다면 어떻게 얻을 수 있을까요? 술람미는 이중적인 대답을 합니다. 무엇보다 먼저, 사랑은 요구한다고 해서 받는 것도 아니고 노력해서 자격을 갖춘다고 해서 받는 것도 아니라는 것입니다. 사랑은 아무런 대가 없이 주어져야만 합니다. 구절풀이에서 설명했듯이, "내 포도원은 내 마음대로 할 수 있어"라는 8장 12절의 말도 아마 같은 뜻을 가지고 있을 것입니다. 술람미는 '꼭 그래야 하는 건 아니지만 나는 아무런 대가도 바라지 않고 아낌없이 줄 거야'라고 말합니다.

너무 많은 부부들이 스스로 배우자의 사랑을 받을 '자격'이 있다고 믿습니다. '내가 돈을 벌어다 주고 안정된 가정을 꾸려 나가고 있으니까 아내는 나에게 사랑을 빚진 것'이라는 식으로 행동하는 남자들이 너무나 많습니다. 그들은 아내가 생각하는 사랑은 수표가 아니라 총체적인 관계라는 사실을 도무지 깨닫지 못합니다.

이렇게 '대가 없이 받는' 사랑에는 무엇이 관련되어 있을까요? 술람미는 아가서 앞부분에 묘사되어 있는 경험들을 통해 다음과 같은 결론에 도달한 것으로 보입니다.

어떻게 해야 사랑을 얻을 수 있을까요? 그 대답은 이것입니다. 문제가 생겼을 때 서로에게 아낌없이 주고 자기 고집만을 내세우지 않아야 합니다. 두 사람의 사랑은 시련을 통한 성숙 속에서 얻은 것입니다. 위기가 닥쳤을 때 아낌없이 자신을 바치려 했던 두 사람의 노력과 결단이 함께 어우러짐으로써 두 사람을 더욱 강한 사랑의 끈으로 묶어 준 것입니다.

두 사람이 아낌없이 준다는 것이 구체적으로 무엇을 의미할까요? 9장에서 살펴보았듯이, 두 가지를 들 수 있습니다. 솔로몬과 술람미는 두 사람 모두 자기 자신의 행동을 책임졌으며, 배우자의 잘못만 탓하고 있지 않았습니다. 솔로몬이 밤늦게 성관계를 요구하고 일에 바빠 자신을 소홀히 할 때, 술람미는 스스로 달라져야겠다고 결심했습니다. 솔로몬이 자기를 홀대한다고 토라져 있는 대신, 술람미는 기꺼이 자신의 성적 욕구를 키우며 남편의 긍정적인 측면들을 생각했습니다(5:9-6:3). 그리고 더 나아가 성생활에서 적극적으로 주도권을 잡음으로써 행동으로 달라진 모습을 보여 주었습니다(7:1-9).

다음으로, 두 사람은 갈등 속에서도 축복으로 모욕을 갚았습니다(벧전 3:9). 우리는 밤늦게 성관계를 요구하다가 번번이 거절당했던 솔로몬의 반응에서 이런 모습을 분명히 볼 수 있습니다. 솔로몬은 신혼 첫날밤과 똑같은 찬사를 바치며 무조건적으로 아내를 사랑합니다(6:4-10)! 이처럼 두 사람은 자기 자신의 행동에 책임을 지고 모욕을 축복으로 갚는 두 가지 방식으로 아무 대가 없이 자신을 서로에게 주었습니다.

8장에서 술람미가 그리고 있는 사랑을 해 보고 싶은 이들이 아주 많을 것입니다. 그러나 이런 사랑을 위해 희생을 치르려는 사람은 거의 없습니다. 그래서 결국 서로의 잘못을 들추거나 '성경에서 가르치는 전통적인 성역할 관계'를 탓하며 이혼법정에서 끝장을 내곤 합니다. 그러나 파경의 진정한 원인은 성경이 '이기심', 또는 '죄'라고 부르는 것에 있습니다. 이러한 사랑은 시련의 모루에서 빚어지는 것입니다. 이러한 사랑은 부부관계에 문제가 생겼거나 상처를 받았을 때라도 무조건적으로 배우자를 사랑함으로써 만들어집니다.

솔로몬과 술람미도 처음부터 이런 사랑의 마음을 가지고 결혼생활을 시작했던 것은 아닙니다. 두 사람의 사랑은 위기가 닥쳤을 때 하나님의 원칙을 적용해 가면서 더 깊어지고 더 성숙했습니다.

여러분의 사랑도 그렇게 될 수 있습니다!

부록 1
충만한 부부생활을 위한 성기능장애 극복법

　이 지면을 빌려 저는 우리 상담소를 찾는 사람들에게 가장 흔히 볼 수 있었던 조루와 불감증에 대해 구체적인 정보를 정리해 제시하고자 합니다. 물론 아가서를 해석함으로써 얻게 된 자료들은 아닙니다만, 저와 상담한 많은 분들께 실제적으로 큰 도움이 되었기 때문에 이 책의 부록 형태로서 삽입하기로 했습니다. 이하의 정보들은 제가 부인과 전문의와 성기능장애 문제 전문 상담자에게 자문을 구하고 저 자신의 오랜 상담 경험과 최근에 발표된 의학적 연구업적을 참조하여 정리한 것입니다.
　무수하게 많이 발표된 연구결과들이 옳다면, 이 자료를 읽는 사람들 중 절반은 이 글에서 논하고 있는 여러 문제들을 자기 자신의 일로 받아들일 것입니다. 이 나라(미국)에서는 무려 50퍼센트에 달하는 부부들이 "성기능장애를 겪고 있거나 그런 위기가 임박

했다고 느낀다"고 하니까요.[1]

이렇게 복잡미묘한 문제들을 지면에 옮겨 몇 마디로 환원해 버리는 것은 몹시 어려운 일입니다. 그보다는 마땅히 자격을 갖춘 기독교 상담자가 다루어야 할 문제이지요. 다만 그런 상담자가 턱도 없이 모자라기 때문에 아쉬운 대로 지면을 통해 소개할까 합니다.

그리고 제대로 실행되기만 하면 이 책을 읽는 많은 독자들의 근심을 덜어 드릴 수 있을 만한 구체적인 지침들도 제시할까 합니다. 그러나 만일 여기 제시된 '단계적 해결방안들'이 효과가 없다 하더라도 여러분의 잘못은 아닙니다. 그것은 다만 사람과 사람 사이의 문제가 이 책에서 다룰 수 있는 것보다 훨씬 더 복잡하다는 증거일 뿐입니다. 더 나아가 여기 제시된 방안들이 별 효과가 없다고 해서, 섣불리 해결할 수 없는 문제라고 단정지어 버리면 절대로 안 됩니다. 이 아이디어들을 잠정적인 지침 정도로 여기고 모든 문제를 주님께 맡기면, 그분이 보시기에 알맞는 방법으로 여러분의 삶에 적용해 주실 것입니다.

일반적으로 피해야 할 4가지 태도

아래에 제시한 '피해야 할 태도' 네 가지는 제 상담소에서 수없이 많이 보았던 사례들입니다.

'배우자 탓'을 하지 말라

수많은 상담자들은 부부가 서로 상대방의 잘못만 탓하면서, 정작 치료받아야 할 '환자'가 총체적인 부부관계라는 사실을 인식하지 않는다면, 절대로 치료가 진전될 수 없다고 말할 것입니다. 문제는 여러분들 누구도, 아내도, 남편도 아닙니다. 치료를 받아야 할 대상은 바로 두 사람의 관계입니다.

예를 들어, 사정을 너무 일찍 해 버리는(아내가 오르가슴을 느끼기 전에) 남편이 있다고 합시다. 아내는 어찌할 바를 모르고 고민하게 되겠지요. 그럴 때 아내가 남편을 과감하게 유혹하면, 남편은 성교에서 또다시 '실패'하는 것이 두려운 나머지 오히려 주춤할 수도 있습니다. 그러면 두 사람 사이에 의사소통의 장벽이 생기게 됩니다. 침체된 의사소통은 서로의 마음에 상처를 남기고, 그 결과 두 사람 사이에 조루증이라는 문제가 그대로 남는 것은 물론, 대화로써 그 문제를 치료할 수 있는 가능성마저 사라져 버립니다. 모든 성적인 불화에서 서로간의 상호작용은 언제나 문제의 원인과 결과 양쪽에 막대한 역할을 합니다.

그러므로 '남편한테 문제가 있어'라든가 '아내가 문제야'라는 생각은 그만두십시오. 문제는 '우리'에게 있습니다. 다음과 같은 사도 바울의 말씀에는 이와 같은 뜻이 들어 있습니다.

> 이와 같이 남편들도 자기 아내 사랑하기를 제 몸같이 할지니, 자기 아내를 사랑하는 자는 자기를 사랑하는 것이라. 누구든지 언제든지 제 육체를 미워하지 않고 오직 양육하여 보호하기를 그리스도께서 교회를 보양함과 같이 하나니, 우리는 그 몸의 지체임이니라. 이러므로 사람이 부모를

떠나 그 아내와 합하여 그 둘이 한 육체가 될지니, 이 비밀이 크도다. 내가 그리스도와 교회에 대하여 말하노라. 그러나 너희도 각각 자기의 아내 사랑하기를 자기같이 하고, 아내도 그 남편을 경외하라. (엡 5:28-33)

여기에서 볼 수 있듯이 부부는 한몸이기 때문에 배우자의 문제는 곧 나 자신의 문제이기도 합니다. 그리스도와 교회의 관계처럼 말입니다. 그러므로 "우리 함께 상담을 받으러 가서 '우리' 문제에 대해 조언을 구해 봅시다"라고 하는 것이 올바른 태도가 될 것입니다.

'구경꾼 역할'을 피하라

이것은 성적인 흥분을 저해하는 가장 치명적인 장애물입니다. 배우자와 함께 육체적으로 철저히 몰입하여 모든 것을 잊고 성적인 흥분을 자연스럽게 '분출'하는 것이 아니라, 정신적으로는 멀찌감치 거리를 두고 자기 자신의 반응을 관찰자의 입장에서 바라보는 사람이 있습니다. 제대로 반응하지 못할까 봐 두려운 나머지 이런 태도를 취하게 되는 것인데, 그 결과 어떤 흥분도 느낄 수 없게 되지요.

이처럼 남편의 성기능장애로 고민하는 부부의 경우, 남편이 상황에 몰입하지 못하고 자신의 발기 여부에만 끊임없이 신경을 쓰기 때문에 더욱 어려워지는 것입니다. 자신의 반응을 걱정하는 일을 당장 그만두고, 배우자의 사랑을 함께 만끽하면서 자신을 잊고 그 쾌락에 몰입해 보십시오.

목표지향적인 행위를 피하라

부부들은 구체적인 문제를 극복하겠다는 것을 성교 자체의 목표로 삼아 버리는 일이 너무 많습니다. 이렇게 되면 실패에 대한 두려움이 생기고, 과연 목표를 이룰 수 있을지 조바심을 내게 됩니다. 만일 아내가 한 번도 오르가슴을 느낀 적이 없다면, 성교의 목적은 바로 아내가 오르가슴을 성취하는 것이 됩니다. 매번 성교를 시작할 때마다 '이번엔 성공할 수 있을까?' 하는 생각을 갖게 되는 것이지요. 그러나 실패에 대해 공포심을 가질수록 성공은 점점 어려워집니다.

오랫동안 발기 상태를 유지할 수 없는 남자는 아내에게 성적으로 접근할 때마다 두려움을 느끼며, 혹시 발기하지 못할지도 모른다는 생각에 주의가 몹시 산만해집니다. 또 아내는 아내대로 자기가 뭔가 잘못하면 상황이 더 나빠질까 봐 걱정을 하게 되지요.

오르가슴을 느끼지 못하는 아내는 흔히 남편 쪽에서 '무언가 조치를 취해 주기를' 바라곤 합니다. 그러나 남편은 어떻게 해야 할지를 모릅니다. 그는 어째서 아내를 만족시킬 수 없을까 혼자 고민에 고민을 거듭한 나머지 불안감에 시달립니다.

나중에 다시 거론하게 되겠지만, 그 내용이 무엇이든 간에 모든 성적인 불화를 해결하는 데 가장 중요한 조치는 본격적으로 사랑을 나누는 일에 대한 치료에 들어가기 전에 특별상담시간을 가짐으로써 남편과 아내 모두가 성교에서 아무것도 기대해서는 안 된다는 점을 이해하도록 유도하는 것입니다.

신화를 믿지 말라

성적 매력에 관한 수많은 신화들이 성적 갈등에 관련되는 일이 종종 있습니다. 이를 피하는 유일한 방법은 올바른 성 지식을 갖는 것입니다.

예를 들어, 어떤 이들은 모든 여자들이 이른바 '절정'이나 '폭발적인' 오르가슴을 느끼는 것이 정상이라고 믿습니다. 그러나 이것은 한마디로 사실이 아닙니다.

유감스럽게도 많은 남자들은 아직도 페니스의 크기가 아내를 성적으로 만족시키는 능력과 관계가 있다는 신화를 사실로 믿고 있습니다. 그러나 페니스의 크기와 성적 능력은 전혀 아무런 상관이 없습니다. 여성의 질은 아기의 머리까지도 통과시킬 수 있지 않습니까! 아내가 느끼는 만족감은 페니스의 크기 문제가 아니라 페니스의 사용 방법에 달려 있습니다.

또 한 가지 신화는 두 사람이 동시에 오르가슴에 도달하는 것이 정상일 뿐만 아니라 심지어 성교의 가장 좋은 방법이라는 생각입니다. 마일즈의 연구에 따르면, 정기적으로 동시에 절정에 다다르는 부부는 겨우 13.7퍼센트에 불과했습니다.[2] 근본적으로 비자발적인 반응을 가지고 서로 타이밍까지 정확히 맞춘다는 것은 설사 불가능하진 않다 해도 지극히 어려운 일임에 분명합니다. 남편이 먼저 아내를 자극해 오르가슴을 느끼게 해 주고 그 다음에 아내가 남편을 충족시켜 준다거나, 아니면 그 반대로 하더라도 충분한 희열과 서로를 바치는 사랑을 느낄 수 있습니다.

조루

어느 날 저녁 결혼에 관한 세미나에서 강연을 마친 뒤 젊은 여성이 남편과의 성관계에서 겪고 있는 문제를 상의하고 싶다고 했습니다. 그 여성은 결혼한 지 5년째인데 한 번도 오르가슴을 경험해 보지 못했다고 하더군요. 대부분 이런 문제는 심리적인 데에 원인이 있기 때문에, 근본적인 문제를 알아볼 요량으로 질문을 몇 가지 던져 보았습니다. 그런데 그 여성은 성관계에 걸림돌이 되는 심리적 장애가 전혀 없었습니다. 그녀는 남편과의 성관계를 좋아했으며 남편을 진심으로 사랑하고 있었습니다. 자신이 의식하고 있는 한 성관계에 대해 잘못된 마음가짐을 갖고 있는 것도 아닌데, 왜 오르가슴을 느끼지 못하는지 도무지 설명할 수 없다는 것이 그녀의 말이었습니다.

15분쯤 이야기를 나누었을 때쯤에야 비로소 그들 부부의 성교가 얼마나 오래 지속되는지 물어야겠다는 생각이 들었습니다. 그녀는 말을 멈추고 잠시 생각하더니 대답했습니다.

"한 30초 정도인 것 같아요."

그녀는 30초 안에 오르가슴을 느끼지 못하기 때문에 자신에게 뭔가 문제가 있다고 생각했던 것입니다! 30초 안에 오르가슴을 느낄 수 있는 여성은 거의 없습니다. 남자들의 75퍼센트가 2분 안에 절정에 다다를 수 있는 반면, 대부분의 여성은 적어도 5분에서 10

분 동안 클리토리스에 자극을 느껴야 절정에 다다를 수 있습니다. 12퍼센트 정도는 10분, 또는 그 이상이어야 가능합니다.

신혼에는 대부분의 여성이 참을성 있게 이해심을 가지고 조루를 받아들입니다. 그러나 얼마간 시간이 지나면 여성의 불만지수가 높아지기 시작하며, 단순히 이용당한다는 느낌을 받거나, 남편에게 화를 내거나, 말로든 행동으로든 남편이 남성으로서 실패했다는 비난을 던지게 됩니다. 이 같은 경우에는 성교를 거듭할수록 감정적인 고통이 깊어지지요.

남편은 사정을 늦춰 보려고 노력합니다. 그러나 아내 쪽에서는 남편이 성공하리라는 확신이 없기 때문에 결과적으로 남편이 사정하기 전에 만족을 얻어야겠다는 생각에 매달리게 되고, 그래서 더더욱 적극적으로 몸을 움직이며 자극적인 자세로 남편을 압박하게 됩니다. 그러나 이로 인해 남편의 페니스는 더 강한 마찰을 받게 되고, 적극적이고 대담한 아내의 자세가 남편을 흥분시켜 사정은 오히려 더 빨라져 버립니다. 그러다 보면 결국 계속적인 실패가 심리적 두려움 때문에 아예 발기불능 상태에 빠지게 될 수도 있습니다. 일종의 악순환 관계가 형성되는 것이지요. 남편은 자기가 너무 일찍 사정을 하게 될까 봐 아내에게 접근하지 못하고, 아내는 아내대로 불만족스러운 상태로 남겨지는 게 두려워 남편에게 접근하지 못하게 됩니다.

사실 이런 문제는 성적 불화 중에서 가장 쉽게 해결할 수 있는 편에 속합니다. 한 연구결과에 따르면 이러한 사례 중 97.8퍼센트는 몇 주 내로 문제를 완전히 해결할 수 있었습니다.[3] 놀랍게도 사정을 조절하는 방법을 알고 있는 남자들은 거의 없었다고 합니다. 대부분 뭐가 잘못되었는지 그 기초적인 이유조차 깨닫지 못한 상태였습니다.

흔히 혼전 성관계에 연루되었던 것이 조루의 주된 원인이 되는 수가 있습니다.[4] 혼전 성관계는 보통 차의 뒷좌석이나 부모님의 집에서 하게 되는 수가 많기 때문에, 들키기 전에 무조건 빨리빨리 끝내는 게 상책이라고 생각하기 쉽습니다. 그러니까 남자가 최대한 빨리 만족을 얻는 것이 목표가 되지요. 그 결과 남자는 불과 몇 번의 성교로 성에 대해 이기적으로 생각하는 태도를 습득하게 되고, 몇 년간의 결혼생활을 통해 이러한 태도가 굳어져서 습관이 되고 마는 것입니다. 남편은 계속적으로 페니스를 질 안에서 움직이면서 15분 정도 즐길 수 있어야 하며, 적어도 질 안에 머무르는 시간이 30분 이상(계속 움직일 필요는 없습니다) 되게 해야 합니다. 매번 사랑을 나눌 때마다 그래야 한다는 건 아닙니다만, 하나님께서 남편과 아내가 사랑을 나눌 때 느끼도록 만들어 주신 충만한 느낌을 모두 경험하려면 이러한 능력을 지니고 있어야 합니다.

조루 치료를 위한 6단계 치료법

조루란 "아내가 만족을 느낄 수 있도록 사정을 조절할 수 있는 능력이 최소한 성교 횟수의 50퍼센트 이상 결여된 경우"입니다.[5] 이제 매스터즈와 존슨이 개발했으며, 이를 실행에 옮긴 부부 중 98퍼센트가 치유효과를 본 치료법의 절차를 개략적으로 설명해 드리겠습니다.[6]

1단계: 과거의 신화들을 머릿속에서 완전히 지워 버려라

문제의 해결을 가로막는 데 주범이 되는 신화가 두 가지 있습니다.

첫째, 남자가 더 빨리 오르가슴을 느끼므로 삽입하기 전에 아내가 남편을 직접적으로 자극하는 일은 피하는 게 좋다는 생각입니다. 그러나 오히려 보통은 그 반대입니다. 남자가 아내를 자극하려고 오랜 시간 동안 전희와 애무를 하면서 정작 자신은 '자극받지 못한' 상태로 성교에 들어가게 되었을 때 조루를 하게 되는 수가 더 많습니다. 긴 시간 동안 오직 성교만을 생각하게 되어 참지 못할 정도로 기대감이 고조되기 때문입니다. 오히려 아내는 자극을 통해 오르가슴 전에 남편에게 성적인 절정감을 경험하게 함으로써 급히 사정할 필요를 덜어 줄 수 있습니다. 아내가 행위에 완전히 몰입하지 않고 몸을 사리면 두 사람이 느끼는 육체적 친밀감과 서로를 체험한다는 의식이 반감되는 것은 물론입니다. 전체적인 경험은 '아내를 준비시키고 아내 안에 들어가서 곧장 사정하는 과정'으로 의미가 축소되어 버립니다. 이런 과정에 친밀감이 끼어들 자리가 있을 리 없지요.

둘째로, 남자는 성관계 중에 다른 생각을 해야 한다는 신화는 거부해야 마땅합니다. 저는 남자가 스스로 경험하는 쾌락에 정신이 팔리지 않도록 마음속으로 성경말씀을 외워야 한다고 가르치는 기독교 서적을 본 적도 있습니다! 또 어떤 책들은 직장에서의 문제들을 걱정하라고 가르치기도 하더군요. 이런 '해결책'은 결정적으로 두 가지의 실패 원인을 갖고 있습니다. 첫째, 효과가 전혀 없고, 둘째, 희열의 감정을 완전히 망쳐 버립니다.

2단계: 부부로서 두 사람이 처한 상황을 주님 앞에 맡겨라

이 문제 때문에 결혼생활에서 서로 상처를 입혔다면 서로 용서를 구하고 함께 기도하며 주님께 이 단계들을 착실히 실행할 수 있는 지혜와 무조건적인 포용력을 달라고 기도하십시오. 서로 마주 보며 이 문제에 대해 터놓고 기도할 수 없다면, 문제를 해결할 수 있는 포용력과 자유로운 마음가짐을 가질 수 없습니다. 터놓고 기도하기가 어렵다면, 이 문제를 해결하기 전에 먼저 두 사람의 관계에서 해결해야 할 문제들이 있다고 보아야 합니다. 대부분의 성적 갈등은 정신적인 문제나 부부간의 불화에서 발생하며 이런 요인들 때문에 더욱 복잡해집니다.

3단계: '압박법'을 사용하라

부부 합의하에 아무 목적 없이 성적인 자극을 해 보십시오. 성교하지 않는 상태, 따라서 '실패' 할 위험이 없는 상태에서 그저 서로 사랑을 나누는 것입니다. 아내는 두 다리를 벌리고 침대 머리맡에 앉으십시오. 남편은 머리를 발치 쪽으로 두고 아내의 다리 사이에 반듯한 자세로 눕습니다. 남편의 페니스를 아내가 두 손으로 꼭 감싸 쥡니다. 아내는 다정하고 부드럽게 남편의 페니스를 애무하면서, 남편이 오르가슴에 다다르기 쉽도록 귀두 부분이나 그 밖에 남편이 지목하는 부분을 주로 자극합니다.

남편이 절정에 가까워지면, 아내에게 '압박법'을 사용하도록 신호를 보냅니다. 아내는 엄지를 남편의 페니스 아래쪽 귀두 바로 아랫부분에 놓고 같은 손의 검지와 중지를 페니스의 반대편에 놓은 뒤 최소한 4초 이상 세차게 압박을 가합니다. 아내는 있는 힘껏 손가락으로 쥐어짜는 시늉을 해야 합니다(발기된 페니스에는 이렇게 해도 전혀 고통이 없습니다). 이 압력으로 남편은 곧 사정의 욕구를 잃을 것이며, 발기한 상태도 약간 주춤해질 수 있습니다. 15초에서 30초가 지난 뒤에 아내가 똑같은 행동을 반복합니다. 남편을 다시금 완전 발기 상태로 유도했다가 압박법을 시행하는 것입니다.

4단계: '여성상위' 체위를 실행해 보라

어느 정도 사정을 조절하는 데 익숙해지면, 남편을 반듯한 자세로 눕히고 아내가 두세 번 압박법을 시행합니다. 그런 다음 남편 위에 아내가 걸터앉아 몸을 약 45도 각도로 앞으로 굽혀 천천히 부드럽게 페니스를 질 속에 삽입합니다. 아내는 이때 최대한 움직임을 자제함으로써, 남편이 스스로 사정을 조절할 수 있는 기회를 주어야 합니다. 남편이 사정하고 싶은 기분이 들면, 아내가 일어나 압박법을 시행한 뒤 다시 부드럽게 페니스를 삽입하면 됩니다. 이런 자세로 몇 번 연습을 실행한 뒤에는, 사정할 때까지 15분에서 20분 이상 버틸 수 있는 정도를 유지할 수 있도록 남편이 페니스를 앞뒤로 움직이는 운동을 하십시오. '남성상위' 체위는 남편이 자신을 통제하기가 가장 어려운 자세입니다.

5단계: '측와위' 체위를 실행해 보라

조절능력이 좋아지면 여성상위 체위에서 측와위(옆으로 비스듬히 누운 체위)로 옮겨 가는 것을 권장할 만합니다. 아내는 왼편을 바라보고 옆으로 눕고 상체를 앞으로 내밀어 가슴이 남편의 가슴에 밀착되도록 오른쪽 다리를 뒤로 길게 뻗습니다. 남편은 왼쪽 무릎을 굽혀 아내의 다리 밑으로 넣어 침대에 똑바로 밀착되게 합니다. 이러한 체위는 사정을 조절하기에 가장 좋으며, 두 사람 모두 최대한 자유롭고 편안하게 움직일 수 있게 해줍니다. 이런 체위를 한 번 시도해 본 부부들은 성교 횟수 중 75퍼센트 정도는 이 체위를 자발적으로 실행하는 것으로 나타났습니다.

6단계: 6개월 동안 1주일에 한 번씩 반복하라

최소한 6개월 동안은 1주일에 한 번씩 압박법을 시행하고, 아내가 생리를 하는 기간이 될 때마다 시간을 내어 적어도 20분씩 연습을 하십시오. 보통 6개월에서 12개월이 지나면 자유자재로 사정을 조절할 수 있게 됩니다. 이것은 남편이 거의 무한정 사정욕구를 억누를 수 있게 된다는 말입니다.

부부가 이러한 단계들을 습득하는 동안, 때에 따라서는 남편이 손으로 페니스를 자극한다거나 그 밖에 좋은 방법들을 동원하여 아내의 성욕을 만족시켜 줄 필요가 있습니다.

그러나 조루의 문제가 해결된 뒤에는 일시적인 발기 부전이 오기 쉽다는 점을 알아 두어야 합니다. 이것은 보통 성행위의 빈도가 급작스럽게 증가한 데 따르는 현상입니다.

연구자들은 남편 혼자 압박법을 시행하면 결코 효과가 없다고 말합니다. 따라서 아내가 필히 동참해야만 합니다.

혹시 조루로 인한 문제는 없다 해도 15분 동안 페니스를 마찰하는 운동을 계속할 수 있을 정도로 사정을 잘 조절하지는 못하는 사람이라면, 이러한 테크닉을 통해 조절능력을 강화함으로써 아내가 원하는 만큼 오랫동안 버틸 수 있게 될 것입니다. 남편이 엉덩이를 좌우로 움직이는 동작을 하면 페니스에 전혀 압박을 받지 않으면서도 아내의 클리토리스를 자극할 수 있으며, 이로써 질 내에서 버티는 시간을 상당히 연장할 수 있습니다.

불감증

상담을 하면서 가장 많이 만나게 되는 성문제는 바로 '불감증'을 수반하는 조루입니다. 여성에게 가장 흔한 성기능장애는 절정을 느끼지 못하는 증세이지요.

종교적인 배경이나 성에 대해 부정적인 종교적 입장들이 종종 불감증의 주된 요인이 되기도 하는데, 그 중 가장 흔한 요인은 배우자에 대한 불만입니다. 즉 이런저런 이유로 인해 아내가 남편에 대한 존경심, 사랑, 신뢰를 잃어버렸을 때, 이러한 장애가 나타나지요. 남편이 강력한 지도력을 행사하지 못한다는 사실이 이 문제와 연관되는 예도 흔히 있습니다. 어떤 여성들은 질 주위의 신체 부위에 아예 느낌이 없을 수도 있습니다. 이것은 대부분 심리적인 데서 원인을 찾을 수 있습니다.

어떤 사람들은 어린 시절 대소변을 가리는 훈련을 너무 심하게 시키면 나중에 불감증의 원인이 된다고 주장하기도 합니다! 어린 여자아이가 제대로 준비가 되기도 전에 대소변을 가리도록 강요받으면, 직장(職腸)을 움직이는 일 자체에 커다란 심리적 상처를 갖게 됩니다. 변을 가리는 일이 엄청나게 중요한 일이라고 느낄 때, 여자아이들은 자신의 성기가 더러운 것이라고 믿게 되지요.

결혼 전에 격렬한 애무를 하는 것도 불감증의 주된 원인입니다. 그 경우 '시작-끝'이라는 하나의 패턴이 형성되기 때문입니다. 그러고 나서 결혼을 하게 되면 어떻게 흥분을 유지해야 하는지를 아예 모르게 되지요.

또 '남자는 되지만 여자는 안 된다'는 우리 사회의 이중잣대가 부부관계에서 드러나기도 합니다. 늘 변함없는 성행위, 창의력 없는 남편의 태도 때문에 아내가 불감증이 되는 경우도 많습니다.

그러나 앞서 말했듯이 무엇보다 중요한 점은 '남편이 아내에게 목자가 되어 주고 있는가?'라는 질문입니다. 남편이 자신을 전적으로 받아들여 주리라고 아내가 믿고 있는지, 서로의 관계에서 친밀감이 느껴지는지, 남편이 지도자의 역할을 감당하면서 강인함과 부드러움을 동시에 아내에게 전하고 있는지 남편들은 자신에게 질문해 보아야 합니다.

불감증 치료를 위한 12단계 치료법

다음에서 저는 문제의 해결을 위한 단계적 조치들을 열거하려 합니다. 그러나 시작하기 전에 조심스럽게 밝혀 두어야 할 것이 있습니다. 불감증은 지극히 복합적인 사안인 데다가 상황이 제각각이기 때문에, 아래의 몇 단계들로 효과를 볼 수 있는 사람은 이 책을 읽는 아내들 중 극소수에 불과할 것입니다.

1단계: 실제적인 성 지식을 가지라

다른 문제들도 그렇지만 불감증 역시 아주 단순한 육체적, 심리적, 감정적 요인들에 대한 무지에 기인할 수 있습니다. 실제적인 성 지식을 쌓는 데 가장 좋은 방법은 믿을 만한 책을 읽는 것입니다. 좋은 책을 몇 권 추천해 드리겠습니다.

《인간의 성장애에 대한 이해》(Understanding Human Sexual Inadequac)는 매스터즈와 존슨이 공저한 《인간의 성장애》(Human Sexual Inadequacy)의 핵심 주장을 일부분 요약, 정리하고 있습니다. 이 책은 부부생활에서 흔히 생기는 성장애들을 망라해 특정문제의 해결책에 한 장(章)씩을 할애하고 있습니다. 예를 들어 발기부전, 조루, 불감증, 성교시 통증, 질경련, 노화기의 성관계 등을 다룹니다.

《성애의 자유》(The Freedom of Sexual Love)는 가톨릭의 승인하에 쓰였습니다. 전체적으로 성경에 근거하고 있으며, 매우 솔직하고 구체적입니다.

《결혼한 부부의 육체적 결합》(Physical Unity in Marriage)은 《기독교적 가정, 어느 여성의 시각》(The Christian Home, A Woman's View)의 속편으로서 실제적으로 유용한 성경적, 의학적 충고를 풍성하게 담고 있습니다. 이 책은 라이스 여사가 전국을 돌며 강연한 내용들을 발전시킨 것입니다. 그리고 《부부생활에서 누리는 성적인 행복》(Sexual Happiness in Marriage)도 도움을 줍니다.

2단계: 부부로서 두 사람(복수라는 점에 유의할 것)의 문제를 주님께 맡겨라

주님께서는 불감증 때문에 여러분의 부부생활에 초래된 불필요한 고통과 갈등을 마음 아파하시며 깊이 걱정하고 계십니다. 그분은 여러분을 돕고 싶어하십니다. 이 문제에 대해 툭 터놓고 솔직하게 함께 기도하면 두 사람 사이에 대화의 길을 트고, 상황을 인내할 수 있는 영적인 차원의 힘을 얻게 됩니다. 야고보는 "너희가 얻지 못함은 구하지 아니함이요"(약 4:2)라고 했습니다.

3단계: 대화의 통로를 재정립하라

여러분은 성적인 문제에 대해 숨김없이 터놓고 서로 의논해야 합니다. "아담과 그 아내 두 사람이 벌거벗었으나 부끄러워 아니하더라"(창 2:25). 아담과 하와의 성관계에는 수치심이 없었습니다. 어떤 거리낌도 없었지요.

어떤 문제 때문에 부부간에 대화의 장벽이 생기고 있다면, 의사소통의 길을 트는 데 도움이 될 만한 방법이 한 가지 있습니다. 이 책의 '부록 2'에 수록된 아가서 본문을 손에 드십시오. 남편은 솔로몬의 대사를 읽고, 아내는 술람미와 코러스의 대사를 읽으십시오. 읽어 가는 동안에 어떤 구절에서든 의논할 만한 거리가 생각나면 즉시 멈추고 논평을 하십시오. 그리고 나서 다음 구절로 넘어가십시오. 성경말씀을 부부 사이 대화의 근거로 활용하라는 것입니다!

4단계: 남성에 대한 부정적인 감정을 극복하라

정신과 의사인 마리 로빈슨에 따르면, 불감증은 마치 좁은 물길을 타고 통나무들이 흘러가다가 막힌 것과 비슷하다고 합니다.[7] 두세 개의 통나무가 걸려서 흘러가지 못하면, 나머지 통나무들도 전부 꽉 막혀 움직이지 못하게 되어 버립니다. 처음엔 겨우 통나무 두 개뿐이었지만, 그 뒤로 어마어마한 통나무더미가 쌓이게 되는 것입니다. 불감증에서 정서적인 문제, 마음의 상처, 대화의 장벽은 통나무가 막히는 것과 같습니다. 문제의 통나무 두 개만 뽑아내 버리면, 정체는 한꺼번에 풀리기 시작하고 나머지 통나무들이 다시 물길을 따라 흘러가게 되지요.

불감증이라 일컫는 감정적 정체가 자리잡게 되는 것은 보통 근본적으로 부정적인 태도 두 가지 때문입니다. 첫째는 남자들에 대한 부정적 태도이며, 둘째는 여성으로서의 자기 역할을 거부하는 심리지요.

남성에 대한 부정적 태도는 어떻게 극복할 수 있을까요? 마리 로빈슨이 제시하는 해결책은 간단합니다만, 상당히 오랜 시간이 필요한 방법입니다. 성경은 "대저 그 마음의 생각이 어떠하면 그 위인도 그러한즉"(잠 23:7)이라고 말씀합니다. 사도 바울은 로마의 성도들에게 "너희는 이 세대를 본받지 말고 오직 마음을 새롭게 함으로 변화를 받으라"(롬 12:2)라고 했습니다. 매일매일을 혼자만의 시간을 갖는 것으로 시작하십시오. 10분도 좋고 30분도 좋습니다. 거르지 않고 정기적으로 하기만 하면 됩니다. 이렇게 혼자만의 시간을 보내는 동안, 남성에 대해 자기 내면의 태도가 어떤지 잘 살펴보십시오. 남편에 대한 부정적인 감정들을 모두 느껴 보려고 노력하십시오. 이 시기 동안은 '나쁜 감정들이 표면으로 떠오르게 하고, 그런 감정들을 속속들이 찾아내서 끝까지 느껴 보는' 것이 좋습니다.[8] 남편 때문에 반복적으로 느끼게 되는 사소한 짜증이라든가 불쾌감을 짚어 보십시오. 문제가 사소할수록 더 좋습니다. 그리고 한 문제를 정해서 거기에 집중해 온통 그 생각이 마음을 지배할 때까지 감정과 생각을 쏟아내 보십시오. 수년 동안 스스로 훈련해 왔던 것처럼 자기 감정을 억눌러서는 안 됩니다.

다시금 강조해 두지만, 의식적인 수준에서는 남자에 대한 부정적인 생각이 전혀 없을 수도 있습니다. 어떤 여성은 남편이 칠칠치 못하다는 이유 하나 때문에 화를 내는 것처럼 보였습니다. 남편은 벗은 옷가지들을 온 집 안에 흘려 놓고 아침에 사용한 면도크림을 제자리에 갖다 놓지 않았습니다. 아내 입장에서 이런 일들은 별것 아닌 일이었으므로 굳이 애써 가며 감정을 소모할 가치가 없었기 때문에 수년 동안 감정을 억눌러 왔습니다.

그런데 그 여성은 상담을 받는 가운데, 이 '아무것도 아닌 일'을 속속들이 살펴보고 배후에 뭔가 숨어 있는지 찾아보라는 권유를 받았습니다. 짜증과 불쾌감을 철저하게 느끼도록 자신을 풀어 주자, 곧 의식적인 수준에서는 한 번도 느껴 보지 못했던 남성 전반에 대한 감정적 분노가 엄청나게 누적되어 있었음을 깨닫게 되었습니다. 그녀는 남편의 칠칠치 못한 행동이 자신을 노예 취급하고 저급한 노동에 묶어 두려는 욕구의 반영이라고 해석했습니다. 이 문제를 깊이 생각할수록 그녀의 분노는 점점 더 폭발적으로 변해 갔습니다.

이것은 곧 남성 전반에 대한 그녀의 잠재된 태도를 밝혀 주었습니다. 그녀는 남자들이란 모두 하나같이 여성을 노예로 삼아 착취하려는 생각만 한다고 주장했습니다. 여자한테 원하는 건 섹스뿐이라는 것이었지요. 게다가 남자들은 육체적으로 강하기 때문에 자기 요구를 관철시킬 수 있다고 생각했습니다.

사람들이 많은 곳에서 남편이 민망스러운 행동을 합니까? 남편에게 신경에 거슬리는 습관이 있습니까? 자질구레한 일들을 찾아내어, 배후에 내재된 감정을 철저하게 느껴 보십시오. 처음에는 잘 나타나지 않을 수도 있습니다. 그러나 끈질기게 계속해 보면, 특별히 격하게 거부감이 보이는 지점이 드러날 것입니다. 이러한 감정들은 정서적으로 너무 강렬하기 때문에 오히려 잠재의식 속에 수년 동안 숨어 있는 것들입니다.

불감증에 빠진 대부분의 여성들은 자신이 남자들에 대해 가지고 있는 부정적 태도가 실제 현실을 반영한다고 믿습니다. 여러분의 심리적 탐색은 숨어 있던 공포심의 근거 없음을 깨닫는 작업이라는 점을 인식하는 일이 대단히 중요합니다. 이러한 감정들은 걷잡을 수 없는 것이 아니기 때문에 감정적인 탐색과정을 두려워할 필요가 전혀 없습니다. 어떤 감정들이 솟구쳐 나오든 그것은 '감정'일 뿐 '현실'이 아닙니다.

그렇다면 이 모든 일이 무슨 효과가 있을까요? 현대 심리학의 가장 큰 성과 중 하나는, '심리적 태도나 감정이 지속적으로 해로운 영향을 끼치는 것은 오직 의식 차원에서 발견할 수 없도록 숨겨져 있을 때뿐'이라는 사실을 정립한 데 있습니다.[9] 부정적 감정들이 완전히 의식 표면으로 떠오르면, 해를 끼칠 수 있는 영향력의 상당 부분이 이미 상실된 셈이지요. 비이성적인 감정들이 일단 외면화되어 논리적인 사고의 대상이 되고 나면, 정상적인 심리적 건강을 회복하려는 충동이 득세해 막혔던 봇물을 터뜨리게 됩니다. 그 다음 단계는 주님의 손에 맡기고 당신의 삶에서 이 감정들을 추방해 달라고 기도하는 것입니다.

더 나아가 당신은 성경에서 남성의 참모습을 찾아볼 수 있습니다. 예수님께서는 아주 공격적이셨으며 대단히 용감하셨습니다. 한마디로 남성 중의 남성이셨지요. 이러한 특성들, 특히 공격성은 결코 나쁜 것이 아닙니다. 여성에 대한 공격이나 남성의 지배욕을 표상하는 것도 아닙니다. 남성의 생리를 그렇게 만드신 하나님의 계획의 일부일 뿐입니다.

5단계: 어떤 환상이든 가지고 있다면 가차없이 뿌리 뽑으라

불감증에 빠진 여성들 중에는 여성으로서의 자기 역할에 만족하지 못하고 더 '가치 있는' 직업을 이것저것 꿈꾸곤 합니다. 이것은 흔히 어린 시절 배우나 예술가, 무용수, 또는 피아노 연주자가 되고 싶었던 소망에서 나온 생각들로 기업체 사장이나 의사, 변호사가 되는 꿈을 꾸기도 합니다. 아무튼 사랑받는 아내만 빼고는 어떤 꿈이나 꿀 수 있습니다. 이러한 백일몽은 열등감으로부터 자기 자신을 보호해 줍니다. 이를테면 언젠가(내년에라도) 여배우나 변호사가 되기만 한다면 지금 사랑할 수 없어도 상관이 없다는 것입니다.

로빈슨 박사는 불감증을 치료하는 다음 단계로 이러한 백일몽을 있는 그대로 인식하라고 권유합니다. 망상을 부풀리고 부풀려 그 화려함에 푹 젖어 보십시오. 환상을 세세한 부분까지 탐색해 보십시오. 그러면 얼마 가지 않아 불가능한 꿈이라는 사실이 밝혀질 겁니다. 의식의 문지방 바로 밑에 숨어 있던 꿈이 철저히 벌거벗겨져 있는 그대로의 모습으로 드러날 것입니다. 그 실체는 바로 순전한 치기(稚氣)입니다. 일단 객관적인 요인들이 주도권을 잡게 되면 꿈은 잦아들게 마련입니다.

이 꿈은 잦아들어야만 합니다. 왜냐하면 이러한 꿈들은 불감증에 빠진 여성이 여성으로서의 자기 역할에 완전히 승복할 수 없도록 가로막는 일종의 방어기제가 되기 때문입니다. 여성이 이렇게 터무니없는 관념에 매달리는 한, 감정의 정체(停滯)는 풀리지 않을 것이며 따라서 삶에 현실적으로 대처할 수가 없습니다. 그녀는 여배우도, 대기업 회장도 아니며 하나님께서도 그녀의 삶에 그런 직책을 예비해 두시지는 않았을 것입니다. 만일 결혼한 여성이라면 하나님께서는 그녀가 남편과 아이들을 가장 우선으로 놓으며 남편에게 전적으로 양보하고 맡김으로써 정체성과 마음의 안정을 찾기를 바라실 것입니다. 오르가슴을 경험하려면 말 그대로 '믿고 손을 놓아야' 하는 것입니다.

6단계: 남성과 남성의 역할에 대해 성경적이고 긍정적인 시각을 가지려고 노력하라

불감증에 빠진 여성들은 남성의 지배와 공격성을 일종의 위협이나 자신을 착취하려는 시도로서 파악하고는 두려워하거나 혐오스럽게 느끼는 경향이 있습니다. '남자들이 원하는 건 섹스뿐이야' 라는 식이지요. 그러나 남성의 공격성은 창조주께서 불어넣어 주신 겁니다. 하와가 창조되기 전, 아담은 동물들의 이름을 지을 권한을 부여받았습니다. 히브리 문화에서 이름을 지을 권한을 갖는 것은 다스릴 권한을 받는다는 뜻입니다. 아담은 하와의 이름을 지었고(창 2:23), 이것은 아담에게 하와를 다스릴 권한이 있다는 뜻입니다.

이것이 타락 이전이라는 점을 기억하십시오. 남성이 다스리고 여성이 남성의 권위를 따르는 것은 하나님께서 처음에 세우신 계획이었습니다. 그러므로 주도권을 잡고 경쟁하며 공격적인 행동을 할 때, 남성은 창조주께서 정하신 대로의 생물학적 운명을 따르는 것일 뿐입니다. 남녀간에 생래적인 차이가 있다는 것은 이미 입증된 사실입니다. 주님께서는 남자에게 남성 호르몬인 안드로겐을 주셨는데, 이것은 공격성을 유발하는 호르몬입니다. 이중 염색체를 지닌 남자들은 과도하게 남성적이고 매우 키가 크며 공격적이고 충동적이어서 어릴 때부터 폭력을 행사하거나 청소년 범죄에 연루되는 일이 많습니다.[10]

마리 로빈슨은 불감증에 빠진 여성들이 남성을 재평가해야 한다고 주장합니다. 이런 여성들은 대개 실제의 남성에 대해서는 현실적인 지식이 거의 없습니다. 그들은 남성을 인격으로 보는 것이 아니라 권력자로 봅니다. 남성을 재평가하고 남성적 공격성을 하나님께서 내려 주신 것으로 보게 될 때, 아내는 남편을 있는 그대로의 모습으로 이해하게 되고 남편만이 갖고 있는 특성들과 개성을 사랑하는 능력을 가질 수 있게 됩니다.

여성의 에너지는 주로 내면지향적이기 때문에, 즉 어머니로서의 역할을 준비하고 집을 가꾸는 과정에 집중되기 때문에, 집을 깨끗하게 치워 놓는 것이 당연하다고 여기는 남편을 오해하기가 쉽습니다. 남편의 자긍심은 주로 다른 곳, 즉 직장에 쏟아 부어집니다. 그 역시 하나님께서 부르신 곳에서 일을 합니다. 남편이 칠칠하지 못하다고 해서 아내에게 무심하다는 의미는 아닙니다. 그러나 불감증인 여성들은 보통 그런 식으로 받아들이지요. 그들은 남편이 아내의 영역을 하잘것없이 여기고 있다고 생각해 버립니다.

성행위 자체도 남성의 공격성을 가장 전형적으로 드러내 줍니다. 페니스의 삽입과 움직임은 불감증에 빠진 여성에게 불쾌한 것이 되어 버립니다. 정상적인 여성은 이를 몹시 원하고 만끽하지만, 불감증인 여성에게 이러한 움직임은 남성이 여성에게 행하는 공격적 행위로 간주됩니다.

그녀는 공격에 반발하며 남편을 도무지 이해하려 들지 않습니다. 자신의 환경을 지배할 수 있는 남편의 힘과 능력이 그녀를 스스로 매춘부처럼 느끼게 만듭니다. 만일 남성이 여성을 노예처럼 부리려 한다면, 여성이 남성을 두려워하고 증오하고 질투하는 것도 당연합니다. 그러나 정말 남성이 그렇습니까? 일단 여성이 이 핵심적인 질문을 검토해 보면, 기본적인 태도가 완전히 달라지게 될 것입니다.

평범한 남성들이 짊어지는 부담을 생각해 보십시오. 남성은 사랑이라는 이름으로 개인적인 자유를 포기하고 결혼해서 생계를 꾸려 가는 책임을 짊어지게 됩니다. 아내와 자식들을 먹여 살리는 책임을 한 몸에 떠맡는 것이지요.

여성의 입장에서, 어느 날 갑자기 자식들이 옷도, 집도, 음식도 없는 신세가 된다면 어떨까 잠깐만이라도 상상을 해 보십시오. 대체로 여성에게는 이런 생각들이 잠시 스쳐 지나가는 상상일 뿐이지만 남성은 이런 생각을 한시도 떨쳐 버리지 못합니다. 그는 매일 아침, 자기 사업의 성패가 곧 가족의 행복과 평안을 좌우한다는 사실을 실감합니다. 남편들과 아주 허물없는 여성들이 아니라면 대개 평범한 남편들에게 이런 책임이 얼마나 심각하고 절박한지 잘 깨닫지 못할 것입니다. 이 책임감은 가끔씩 어마어마한 무게로 다가옵니다. 오늘날 사회에서 경쟁은 점점 더 심화되고 있습니다. 경제는 불안합니다. 일을 잘못하면 자기 자리가 금방 다른 사람으로 대체되리라는 것을 남자라면 누구나 알고 있습니다. 결혼서약서에 서명하는 순간부터 평범한 남성이 떠안아야 하는 매일매일의 긴장을 감당할 수 있는 여성은 아마 몇 명 없을 것입니다.

하나님께서 남편에게 지우신 엄청난 짐과 책임의 무게를 염두에 두고 그의 공격성을 바라보십시오. 그는 하나님 앞에서 이 땅을 다스리고 지배하며 자신의 가족을 돌보아야 할 책임이 있습니다. "누구든지 자기 친족, 특히 자기 가족을 돌아보지 아니하면 믿음을 배반한 자요 불신자보다 더 악한 자니라"(딤전 5:8).

남편의 공격성을 이런 시각에서 바라보면, 맡은 책임을 다하기 위해서 공격성이 필요하다는 사실을 깨닫게 될 것입니다. 그러면 분노, 혐오, 시기보다는 남편에게 사모의 마음을 갖게 될 수 있을 것입니다. 남편들은 힘으로 여성을 노예로 삼으려고 하기는커녕 정반대의 이유로, 즉 사랑하는 이들을 보호하고 돌보기 위해 그 힘과 공격성을 사용합니다. 남편 덕분에 당신은 여성으로서 안전하고 안정감 있게 아이들을 낳아 기를 수 있는 것입니다. 당신은 남편이 항상 당신을 살피고 보호해 주며 당신의 안전과 행복을 돌보고 있음을 잘 압니다. 성숙한 남성의 공격성향이 목표지점을 바로 향하고 있다면, 어떤 여성이 진심으로 그런 혐오감을 품을 수 있겠습니까? 성행위를 주도하는 남성적 공격성은 바로 아내를 보호하고, 아내의 생계를 해결하며, 아내가 아내이자 어머니로서의 자리에 안주할 수 있도록 해 주는 원동력인 것입니다.

남자들의 자존심, 칠칠치 못함, 짜증, 태만 등은 모두 '사냥감을 좇는' 생활 속에서 찾는 분출구일 뿐입니다. 남편은 당신이 부담을 느낄까 봐 직장에서 있었던 모욕적인 일들과 실패와 기분 나빴던 일들을 일일이 털어놓지 않는지도 모릅니다. 이런 관점에서 남편을 바라보면, 가슴 깊이 분노를 묻어 두기 힘들 것입니다.

7단계: 자신의 역할에 승복하라

이제는 '성역할에 대한 성경의 가르침과 부부생활에서 여성이 오르가슴에 달하는 능력 사이에 직접적인 관계가 있다'는 것이 이 책의 핵심적 주제라는 사실을 깨달으셨으리라 믿습니다. 그러므로 이제 '불감증'의 유의어는 곧 '순종의 결여'라고 말해도 되겠지요! 나아가 저는 '오르가슴'의 심리적 유의어는 '양보'라고 생각합니다. 비그리스도인인 심리학자 마리 로빈슨이 저와 같은 생각을 한다는 사실은 제게 매우 큰 힘이 되었습니다.

여성의 정상적인 오르가슴을 방해하는 정서적 정체 현상에는 두 개의 핵심적 통나무가 존재하고 있습니다. 첫째는 남성의 역할에 대한 시기심을 수반하는 부정적 남성관입니다. 이와 함께 '여성이 바깥 세상에서 환상대로 살 수 있다면 얼마나 좋을까'라는 태도가 나타날 수도 있습니다. 둘째로 감정적 정체를 초래하는 큰 원인은 역할의 전도입니다.

일단 이 커다란 통나무 두 개가 제거되면, 전체 강물이 자연스럽게 다시 흐르게 되고 여성의 근본적인 감정적, 영적 충동들이 그녀를 밀어 올려 정상적인 오르가슴을 느낄 수 있게 합니다. 물론 순종의 개념에 반항하고 남성들에게 상당한 적개심을 품는 여성들도 일종의 오르가슴을 경험하는 일이 있습니다. 그러나 이것은 표면적인 육체의 분출일 뿐, 전적으로 자신을 스스로 내맡긴 여성들이 생물학적·영적 숙명처럼 겪게 되는, 육체와 정신과 영혼을 총망라해 철저히 온 존재를 뒤흔드는 뿌리 깊은 격동은 아닙니다. 게다가 겉보기엔 순종적이고 여성적인 여자라도 오르가슴을 한 번도 겪어 보지 못하거나 단순한 육체적 분출의 차원에서 피상적인 오르가슴만 경험하는 수가 있습니다. 저라면 이런 여성들에게 남성에 대한 내면적 감정을 심각하게 재고하고, 전적인 순종을 어떻게 이해하는지 살펴보며 그 실제적인 의미를 점검해 보라고 권유하겠습니다.

한마디로 철저한 순종의 성경적 정의는 '아무 저항이 없어야' 한다는 것입니다. 저항은 강물의 정서적 흐름을 막아 정체를 초래하는 통나무와 같습니다. 로빈슨 박사는 다음과 같이 설명합니다.

> 불감증으로 고통을 받던 여성이 자신의 근거 없는 공포심을 하나씩 폭발시키고, 남성과 사랑과 모성에 대한 새로운 태도를 모색하며 남편을 새롭게 평가하게 될 때, 이 모든 일들이 한꺼번에 일어날 때, 평생을 지배해 온 불안감이 사라지는 것을 느끼게 된다. 평생 처음으로 그녀는 자신이 얼마나 초조해하면서 살아왔는지, 얼마나 불만을 느끼고 있었는지, 자신의 인생 내면과 외면 양쪽으로 얼마나 아슬아슬한 느낌을 가지고 있었는지 실감하게 된다. 그러면 가슴 속 깊은 곳에 있던 무언가가 느슨해지면서 고삐가 풀린다. 이런 현상이 일어날 때 그녀는 참으로 여성적이고 영적인 고요의 본질을 경험하기 시작하는 것이다.[11]

여성해방운동은 무엇보다도 그 주창자들이 스스로 해결하겠다고 나선 문제점들—여성의 내면적 불안감과 성취감의 결여—을 오히려 악화시키고 있습니다. 베티 프리단은 이것을 "이름 없는 문제"라고 불렀지요. 미국 여성의 40퍼센트가 정기적으로 오르가슴을 느끼지 못하며, 그러한 경험이 성역할에 대한 성경적 가르침과 연관되어 있다는 이유로, 여성해방운동은 이 '불안감'의 근원이 성경적인 성역할에 있다는 잘못된 결론을 내렸습니다. 사실은 오히려 그 반대입니다. "이름 없는 문제"의 원인은 성경의 성역할에 대한 가르침을 제대로 적용하지 못한 데 있습니다. 이것은 여성보다는 남성의 잘못입니다만, 성경 자체에 문제가 있는 것은 아닙니다. 원칙을 제대로 적용하지 못한 사람들이 문제지요.

소수의 상류층 지식인 여성들이 자신들의 개인적 문제를 미국의 모든 여성들에게 확대 적용하는 기반을 전유해 왔다는 것은 서글픈 사실입니다. 대부분의 미국 여성들은 성역할의 개념을 전혀 문제 삼지 않는데, 이것은 하나님께서 이런 개념들을 남녀간의 관계에 생물학적·유전학적으로 심어 두셨다는 사실을 실감하기 때문이라 생각합니다. 성역할의 적용은 보통 목자의 역할을 제대로 감당하지 못한 남성들의 실패로 인해 복잡하게 얽혀 버렸습니다.

여성이 충만한 오르가슴을 느끼기 위해서는 배우자를 전적으로 신뢰해야만 합니다. 그 철저한 육체적 경험은 너무도 격렬한 나머지 잠시 의식을 잃게 될 정도입니다. 여성은 삼층건물 높이에 매달려 '믿고 손을 놓으라'는 목소리를 듣는 듯한 느낌을 가질 것입니다. 전적인 신뢰가 없다면 손을 놓을 수 없겠지요.

당신은 남편으로서 아내를 대신해 책임을 지고, 아내를 보호하며, 자기 희생적인 사랑을 보여 줌으로써 이러한 신뢰와 안정감을 느낄 수 있는 분위기를 창출하고 있습니까? 가끔 남성들이 '아내의 문제'를 지나치게 배려하고 걱정하는 바람에 결단력과 확신을 잃은 모습을 보여 주게 되는데, 아내들은 이를 수동적인 태도이자 남성적 힘을 결여한 것으로 해석하고 남편에 대한 존경과 신뢰를 잃어버리는 일이 있습니다.

삶에서 그러하듯이 성교에서도 남성이 행동을 이끌어 가며 여성은 그 행동을 받는 대상이 됩니다. 수동적으로 자신을 맡기려면 전적인 신뢰가 있어야 합니다. 적개심이나 자기 역할에 대한 두려움이 조금이라도 남아 있다면 성교를 하는 순간 뚜렷하게 드러나게 마련입니다.

일반적으로 남편에게 기꺼이 복종하겠다는 마음가짐 이상이 필요합니다. 성교 자체에서 그려지는 승복의 행위에서 순전한 희열을 느껴야만 합니다. 승복을 열렬히 바라는 마음가짐이 필요합니다. 사도 바울이 어째서 하나님께서 바라시는 바 성관계의 양상을 그리스도와 교회의 상으로 그렸는지 생각해 본 적이 있습니까? 바울은 한몸의 관계(성교)를 다음과 같이 표현했습니다. "이 비밀이 크도다. 내가 그리스도와 교회에 대하여 말하노라"(엡 5:32).

교회는 그리스도께 철저히 순종합니다. 개별 신도가 그리스도께 열렬하고 자발적으로 순종한 결과가 무엇입니까? 바로 평화와 기쁨, 정서적인 자유와 분출, 새로운 사랑, 그리고 영혼을 살찌우는 무수한 열매들입니다. 성관계는 이와 마찬가지로 아내의 전적인 순종, 그리고 남편 쪽에서의 철저한 보호와 사랑을 표현하는 행위입니다.

이상의 논의를 염두에 두고 베드로전서 3장 1절부터 6절 말씀을 생각해 봅시다.

> 아내 된 자들아, 이와 같이 자기 남편에게 순복하라. 이는 혹 도를 순종치 않는 자라도 말로 말미암지 않고 그 아내의 행위로 말미암아 구원을 얻게 하려 함이니 너희의 두려워하며 정결한 행위를 봄이라. (벧전 3:1-2)

지금과 마찬가지로 그때에도 믿음이 없는 남편과 결혼한 믿음 깊은 아내가 문제가 되었던 모양입니다. 남편은 "말로 말미암지 않고"(즉 설교를 통해서가 아니라) 경건한 행동으로 인해 설복될 것이라는 베드로의 말씀을 눈여겨보십시오. 이러한 경건한 행동의 일면은 바로 '순종적인' 태도입니다.

> 너희 단장은 머리를 꾸미고 금을 차고 아름다운 옷을 입는 외모로 하지 말고, 오직 마음에 숨은 사람을 온유하고 안정한 심령의 썩지 아니할 것으로 하라. 이는 하나님 앞에 값진 것이니라. (벧전 3:3-4)

이와 같이 온유하고 안정된 심령은 여성이 마음속 깊은 곳으로부터 진정으로(아무런 저항이 없이) 남편을 믿고자 하는 데서 옵니다. 이러한 평안함은 베티 프리단이 일컬은 바 "이름 없는 문제"라든가 미국 여성의 불안감과는 정반대되는 마음상태지요. 여성의 고요한 영혼은 하나님께서 아주 귀하게 여기시는 것입니다. 그가 "값진 것"이라는 표현을 쓰시는 다른 경우는, 바로 그리스도의 귀한 보혈에 대해 말씀하실 때입니다.

불감증에 빠진 여성은 어떤 남자도 신뢰하지 못합니다. 그 결과 삶을 대하는 것 자체가 몹시 고통스럽고 어려워지지요. 그런 여성들은 만사가 자기 책임이라고 생각합니다. 손을 탁 놓고 남편이 알아서 하도록 놓아 두지 못하는 것입니다! 그들은 사소하고 자질구레한 일들에 온통 신경을 쓰게 됩니다. 그러면서 그저 일상적인 집안 일이나 돌아가게 하는 것이 자기 역할이라는 사실에 화가 나고 분노하는 감정을 혼자 삭여야만 합니다.

여성이 철저히 자신을 내던지지 못하도록 막는 결정적인 걸림돌은 두려움입니다. 베드로는 5절과 6절에서 바로 이 문제를 다루고 있습니다.

> 전에 하나님께 소망을 두었던 거룩한 부녀들도 이와 같이 자기 남편에게 순복함으로 자기를 단장하였나니, 사라가 아브라함을 '주' 라 칭하여 복종한 것같이 너희가 선을 행하고 아무 두려운 일에도 놀라지 아니함으로 그의 딸이 되었느니라.

"아무 두려운 일에도 놀라지 아니함"이라는 마지막 구절에 주목하십시오. 아내가 왜 자신을 믿고 따르지 못하고 항상 무슨 일이나 나서서 시비를 거는지 의아하게 여기는 남성들이 있다면 특히 이 구절을 잘 보십시오. 아마 아내는 자기가 손을 놓으면 어떤 꼴이 될까 두려워하고 있을 것입니다. 신경 써 주는 사람도 없고, 책임감을 갖고 만사를 챙기는 이도 없을까 봐 두려워하는 마음은 부부의 침실에까지 영향을 미치게 마련입니다. 어쩌면 그것이 아내의 불감증을 초래하는 가장 큰 원인인지도 모릅니다. 아브라함이 사라를 배반했듯이 남편이 자신을 버릴까 봐 두려워서 아내는 남편을 전적으로 믿지 못하는 것입니다.

아브라함은 자기 목숨을 보전하기 위해 아내를 외국의 왕에게 보내어 잠자리를 함께하게 했습니다(창 20장). 그러나 사라는 아브라함의 뜻을 따랐으며, 하나님이 나서서 이 문제를 해결해 주셨다는 사실을 명심하십시오. 하나님께서 매번 인간사에 개입시키는 것도 아니며, 왕과 동침하는 문제만큼은 사라도 아브라함의 뜻을 거절했어야 옳습니다. 그러나 사라는 남편의 뜻에 순복하며 하나님을 믿었고, 그 결과 남편이 보호하지 못한 그녀를 하나님께서 구해 주셨습니다.

그리스도인 여성이 불신 여성보다 불감증을 치유하기가 훨씬 더 쉬운 이유가 바로 여기에 있습니다. 그리스도인 여성은 전적인 믿음을 하나님께 두고 남편의 뜻을 따름으로써, 남편을 믿는 마음에서 오는 마음의 안정을(어느 정도는) 찾을 수 있습니다. 남편이 성경말씀을 따르지 않을 때라도 믿음이 있는 아내는 전적으로 순복할 수 있습니다. 자신을 지켜 주시는 분은 하나님이시며, 그분은 결코 자신을 실망시킬 리가 없기 때문입니다. 사라는 궁극적인 믿음을 하나님 안에서 찾음으로써 두려움의 장벽을 극복했습니다.

오늘날의 아내들도 사라처럼 할 수 있습니다.

이런 원칙들이 실생활에서 어떻게 적용될 수 있는지 설명하기 위해 메리의 이야기를 하겠습니다. 메리는 매우 지적인 여류사업가였습니다. 그녀는 놀랄 만큼 조직적이고 효율적으로 일했으며, 남편과 함께 사업체를 경영하면서 동시에 훌륭한 가정을 가꾸었습니다. 결혼생활에서 그녀는 항상 주도권을 잡았습니다. 실제로 메리는 남편과 상황을 함께 의논했고, 두 사람 모두 아내가 더 능력이 있으므로 지도자가 되어야 한다는 데 의견을 같이했습니다.

메리는 자기만의 사업체를 설립해 회장이 되겠다는 꿈을 가지고 있었습니다. 그녀는 '순종'이라는 말을 싫어했고, 항상 남편과 경쟁을 했습니다. 가장 일을 잘해 내고 싶어했고, 가장 일을 많이 하고자 했으며, 언제나 자기 의견을 고집했습니다. 놀랍게도 13년의 결혼생활 동안 부부는 아주 금실이 좋았으며 서로를 진심으로 사랑했습니다. 두 사람은 서로 마음을 터놓고 이야기를 했으며 사랑도 깊었습니다. 그러나 성적인 면에서만큼은 부부관계가 위기를 맞고 있었습니다. 메리는 단 한 번도 절정에 도달하지 못했던 것입니다. 두 사람은 비교적 부유한 편이어서 심도 깊은 심리상담을 받을 수 있었습니다. 부부는 20개 주를 돌아다니며 헤아릴 수도 없는 의사와 상담자들을 만나 상담을 해 보았지만 아무 효과도 없었습니다. 그러다가 마침내 메리는 그리스도를 만났고, 새로운 인생을 시작하게 되었습니다.

회심한 지 얼마 되지 않아, 메리는 제 아내가 전국을 순회하며 실행하던 결혼세미나에 참가했습니다. 그리고 이곳에서 생전 처음으로 성경에 묘사된 성역할의 놀라운 아름다움을 깨닫게 되었습니다. 잘못된 선입견을 모두 버린 그녀는, 자신의 새로운 역할에 적극적으로 순종할 수 있었습니다. 메리가 보낸 편지에서 한 대목을 인용해 보겠습니다.

> 예수님께서 제 삶에 이토록 많은 것을 주셨다는 사실이 믿기지 않습니다……. 이 모든 기쁨을 한 몸에 받게 되니 감당하기가 벅찰 정도입니다. 선생님의 세미나를 들은 후로, 예수님께서는 저를 위해 만사를 아주 수월하게 해 주셨습니다. 아마도 앞으로 제가 갈 길이 멀고도 멀다는 것을, 그리고 제 몸과 마음에 이제까지 자리잡았던 모든 것들을 뿌리 뽑고 변화시켜야 한다는 것을 그분께서 아시기 때문일 것입니다. 제가 '순종'이라는 단어와 얼마나 많이 씨름했는지는 그분밖에 모르십니다! 앞장서고, 최고가 되고, 일을 제일 많이 하고, 완벽주의자가 되고, 내 의견들을 내세우기 위해 제가 얼마나 애썼는지는 오직 그분만이 아십니다! 제 자아의 엄청난 덩치를 아는 이는 그분뿐입니다. 이제 그분께서 제 삶에 새로운 계획과 목적을 예비해 두셨습니다. 저는 이제 어떻게 하면 남편 빌을 기쁘게 해 줄 수 있을까만 생각하며 하루하루를 살아갑니다. 하나님의 계획 덕분에 제 경쟁심과 공격성은 사라지고, 저는 전혀 새로운 사람이 될 수 있는 힘을 얻었습니다. 남편은 상상조차 못 했던 훌륭한 지도자가 되었습니다. 우리 가정은 너무도 행복하며, 스트레스는 찾아

볼 수 없습니다. 불화와 갈등도 전혀 없기 때문에, 주님께서 방마다 켜 주신 불빛이 우리 집을 찾는 사람들의 눈에 보일 것만 같습니다. 빛은 이제 제 인생의 일부분이 아니라, 제 삶의 전부가 되었습니다. 저는 이제 일을 포기해야 할지도 모릅니다……. 그렇게 된다 해도, 저는 주님께서 몇 배나 더 의미 깊은 것으로 빈자리를 메워 주시리라 믿습니다. 그 점에 대해서는 추호의 의심도 없습니다.

이 가족이 하나님의 계획을 실행하기 시작하자 새로운 생명이 넘쳐흘렀습니다. 메리는 평생 처음으로 정기적인 오르가슴을 느끼게 되었으며 심지어 3분도 채 못 되어 절정에 달한다고 합니다! 전환점은 바로 그녀가 항복하기로 결심한 시점이었습니다. 메리는 굴복한 바로 그날, 하나님과 약속을 맺었습니다. 다음이 그녀의 서약서 본문입니다.

　11월 20일 수요일, 오늘 나는 다음과 같이 서약한다. 앞으로는 결코 사업 경영에서 남편에게 충고하거나, 명령하거나, 짜증을 내거나, 비판하지 않겠다. 내 의견을 내세우고 싶으면 혀를 깨물거나 그 자리를 떠나는 등 필요한 조치를 취해 미연에 방지하도록 한다. 내 의견이 옳다는 것을 혼자 알고 있는 것만으로 충분히 만족스러울 수 있다. 내가 얼마나 똑똑하고 잘났는지 다른 사람에게 알릴 필요는 없다. 나는 이 규칙을 실행하기 위해 남편의 사업적 실패도 용인할 각오가 되어 있다!!! 나는 매일 아침, 일을 시작하기 전에 이 서약서를 읽겠다. 이 서약을 두 번 어기게 되면 단호히 직장을 떠날 것이다. 내가 '총체적 여성'이 되는 데 일이 방해가 된다는 사실을 잘 알기 때문이다.

메리는 성적인 승복의 비밀을 발견했고, 일단 감정적 정체가 풀리자 오르가슴을 느끼는 능력이 그녀에게 주어진 영적 숙명의 일부로서 자연스럽게 흘러 나왔던 것입니다.

8단계: 심리적 거리낌을 극복하라

7단계에서 논한 심리적 장애를 제외하면, 불감증에서 두 번째로 심각한 감정적 장애는 아마 심리적 거리낌일 것입니다. 결혼을 하게 되는 여성들은 대부분 성적인 거리낌을 마음속에 상당 부분 지니고 있으며, 결혼증명서를 얻었다고 해서 심리적 거리낌이 당장 풀리는 것도 아닙니다. 그리고 이러한 거리낌은 총체적인 정서의 분출을 억누르게 되지요.

심리적 거리낌은 불감증 여성만의 문제가 아니라, 오르가슴을 느끼는 여성들에게도 족쇄가 되고 있습니다. 이것은 흔히 남편들 쪽에서 토로하는 불만과 갈등의 주원인이기도 합니다. 아내들도 달라지고 싶은 마음이 굴뚝 같지만, 도대체 어떻게 대처해야 할지 막막하기만 합니다.

심리적 거리낌을 제거하기 위한 첫 단계는 마음으로 거듭나는 것입니다. 성(性)에 대한 하나님의 시각을 마음속에 흠뻑 빨아들여야 합니다. 여러분이 지금 이 대목을 읽고 있다면, 이미 그러한 과정에 착수한 셈입니다. 그러나 철저히 정신적으로 탈바꿈하려면 단순히 책을 읽는 것만으로는 부족합니다. 성경말씀에 푹 젖어들어 느껴 볼 필요가 있습니다. "너희는 이 세대를 본받지 말고 오직 마음을 새롭게 함으로 변화를 받아 하나님의 선하시고 기뻐하시고 온전하신 뜻이 무엇인지 분별하도록 하라"(롬 12:2).

이 세대가 이토록 뻔뻔스럽게 육체와 성을 과시하고 있으니, 그리스도인들이 성적인 거리낌을 그리스도인다운 정숙함과 성의 '신성함'으로 믿는 것도 무리가 아닙니다. 그러나 아가서를 비롯한 성경말씀에 따르면, 결혼생활 '바깥'의 거리낌은 그리스도인다운 정숙함의 상징이지만, 부부 사이의 거리낌은 '이 세대'의 것에 속합니다. 세상은 성을 싸구려 취급하며 욕보이고 있지만, 역설적으로 부부생활에서는 오히려 성적인 거리낌을 지닌 여성들이 훨씬 많습니다. 세상이 여자의 몸을 극도로 착취하고 있기 때문에 오히려 일부 그리스도인 여성들은 세상의 정반대로 가고자 합니다. 세상이 몸을 드러낼수록 자신은 더욱더 애써 감추는 것입니다. 〈플레이보이〉지에 나오는 막되먹은 여자들처럼 굴지 않으려는 생각에 남편에게 벗은 몸을 드러내려 하지 않을 뿐 아니라, 이른바 '그렇고 그런 여자들'이 하는 짓을 절대 할 수 없다는 태도를 보이는 것이지요.

성경말씀으로 마음을 흠뻑 적시기 위해서는, 먼저 말씀을 암송해야 합니다. 아가서를 비롯하여 성과 관련된 말씀들(고전 7:1-5; 창 2:21-25; 엡 5:28-33; 특히 잠 5:15-20)을 암송하면 좋을 것입니다. 아가서에서 특히 마음에 다가오는 구절을 골라 보십시오. 여성 가운데는 아가서 7장 1절부터 9절 말씀에서 도움을 받는다는 이들이 많았습니다.

얼마 전 제 아내는 심리적 거리낌 때문에 심각한 고통을 겪고 있는 한 여성을 상담했습니다. 그녀는 남편과 성관계를 가지려고 하기만 하면, 감정적 정체로 인해 온몸이 뻣뻣하게 굳어 버려 긍정적인 반응을 전혀 보이지 못하는 여성이었습니다. 아내는 지금 설명한 것과 같은 조언을 해 주고 아가서의 중요한 말씀들을 골라 일주일 내내 하나님께 기도를 드릴 때마다 되풀이해 외우게 했습니다. 아가서에서 술람미는 마음속으로 남편의 몸을 그립니다(아 5:10-16). 또한 두 사람이 사랑을 나누던 경험들을 회상하기도 합니다(아 7:1-9; 1:15-2:6; 4:10-5:1). 우선 이런 대목들부터 외우기 시작하면 좋을 것입니다.

제 아내는 일주일 뒤에 전화를 걸어 말씀을 다 외웠는지 확인하겠다고 했습니다. 일주일이 지났을 때 그 여성은 무려 20구절 이상의 말씀을 외웠고, 묵상을 게을리하지 않았습니다. 얼마나 도움이 되었느냐고 묻자 그녀는 "꼭 기적 같아요. 하나님의 말씀을 묵상하다 보니 저도 모르게 마음이 자유로워졌답니다" 하고 감탄했다고 합니다. 아직도 남편과 사랑을 나눌 때는 가끔씩 예전의 감정적 장애가 나타나곤 하지만 도움이 될 만한 성경말씀을 외우고 묵상하면 어느새 마음의 거리낌이 눈 녹듯 사라져 버린다는 것이었습니다!

묵상과 더불어 육체적으로 남편이 원하는 모습이 되겠다는 결단을 자발적으로 내리는 것 역시 중요합니다. 우리는 저절로 기분이 날 때까지 기다리는 경향이 있습니다. 그러나 하나님께서는 그리스도인들이 자신들의 의지로 살아가기를 바라십니다. 하나님께서는 우리가 먼저 결단을 내리기 바라십니다. 그러면 감정은 저절로 따라올 것입니다. 그러므로 이제 여러분은 자신의 심리적 장애를 거두기 위해 무슨 일이든 행해야 합니다. 가만히 앉아 심리적 거리낌이 저절로 사라지길 기다리지는 마십시오. 오래 기다리면 기다릴수록, 심리적 거리낌은 아마 점점 강해질 것입니다. 그것은 시간이 흐른다고 해서 수월해지는 일이 아닙니다.

어느 여성의 남편은 신혼 초 어느 날, 아내가 육체적으로 만족하기 위해 자신이 해 주기를 바라는 일과 그녀가 남편을 위해 육체적으로 해 주고 싶은 일을 자세하게 구체적으로 말해 보라고 했습니다. 당황한 신부는 꿀꺽 침을 삼키며 물었지요.

"자세한 것까지 말해야 하나요?"

그러자 남편이 대답했습니다.

"그래, 여보. 자세하게 말해 주면 정말 좋겠어."

그녀의 앞에는 두 가지 선택이 놓여 있었습니다. 남편에게 "너무 민망한 일이에요. 전 그런 짓은 못 해요"라고 대꾸할 수도 있었겠지요. 하지만 자신의 쑥스러움을 극복하고 하나님이 원하시는 것—남편을 기쁘게 해 주는 일—을 할 수도 있었습니다. 처음에 그녀는 당황해서 어쩔 줄 몰랐지만, 두 번째는 좀더 쉬워졌고, 세 번째는 별로 어렵지 않았습니다.

하나님께서 역사하실 시간을 드리십시오. 치료는 과정입니다.

하룻밤 만에 심리적 거리낌으로부터 완전히 해방된 여성들도 보았습니다만, 이런 사례는 극히 예외적입니다. 한 여성은 성경말씀의 참뜻을 깨닫고도 2년이 지난 후에야 이것을 완전히 극복할 수 있었다고 털어놓았습니다. 그러나 그녀는 그 기간 내내 꾸준히 증세가 나아지는 것을 느낄 수 있었다고 합니다.

9단계: 운동으로 P.C. 근육을 강화하라

최근의 한 의학적 발견 덕분에 수백만의 미국 여성들이 난생 처음으로 부부관계에서 오르가슴을 느낄 수 있게 되었습니다. 이 일은 1940년대에 캘리포니아의 부인과 전문의인 케겔 박사(Dr. Kegel)가 스트레스성 요실금을 치료하면서 시작되었습니다. 이 질환으로 고생하는 여성들이 상당히 많습니다. 큰 소리로 웃거나 재채기를 할 때마다 저도 모르게 방뇨를 하게 되기 때문에 당사자에게는 몹시 당혹스러운 질환이지요. 케겔 박사는 산도(産道)와 요도를 받치는 근육이 해결의 열쇠라고 생각했습니다. 그래서 이 근육을 발달시키고 조절할 수 있는 일련의 체조동작을 개발했습니다. 이 체조의 효험은 곧 입증되었고, 오늘날 '케겔 체조'라고 알려진 이 운동은 스트레스성 요실금의 표준적 치료기술이 되었습니다.

그런데 환자들의 상태가 호전되면서 전혀 뜻밖의 결과가 함께 나타났습니다. 생전 처음으로 오르가슴을 느꼈다고 말하는 여성들이 나타났던 것입니다. 처음엔 케겔 박사도 이 현상이 체조의 효과라고 여기지 않았지만, 요실금의 상태 호전에 따라 오르가슴을 느끼는 기능도 향상되는 우연이 계속해서 이어지자 틀림없이 여기에 무언가 상관관계가 있다는 믿음을 굳혔습니다.

바로 이 P.C. 근육(pubococcygeus muscle: 골반강의 아랫부분을 받치는 근육)의 발달 부진이 수백만 여성의 불감증을 초래하는 원인이라는 것은 오늘날 학계에서 자리를 굳힌 정설입니다. 거의 40퍼센트에 달하는 미국여성들이 P.C. 근육을 마음대로 움직이지 못하는 것으로 나타났습니다.

근육의 조절법은 쉽게 습득할 수 있습니다. 사실 다른 문화권에서는 이 근육에 대한 지식이 상식처럼 되어 있으며, 심지어 이 지식을 신부수업의 일부로 삼는 곳도 많습니다. 예를 들어, 어느 아프리카 부족사회에서는 질 근육을 세게 조이지 못하는 처녀는 결혼할 수가 없다고 합니다.[12]

이 체조를 충실하게 따라하기만 하면 6주에서 8주 내로 근육조절능력이 강화됩니다. 약 8개월 후에는 근육의 발달이 완전히 끝나며, 마치 주먹을 불끈 쥔 것과 같은 세기로 페니스를 압박할 수 있게 됩니다. 이 때에는 심지어 여성상위 체위에서 전혀 몸을 움직이지 않은 채 이 근육을 조여 주는 것만으로도 남편을 오르가슴에 도달하게 할 수 있습니다. 그러므로 아내로서 이 근육을 강화하면 자신에게 도움이 될 뿐 아니라, 남편에게 훨씬 더 큰 즐거움을 안겨 주는 데도 결정적인 역할을 할 것입니다.[13]

그렇다면 P.C. 근육을 어떻게 발달시킬 수 있을까요? 수축의 감각을 체득하기 위해 제일 좋은 방법은 이것이 소변을 참을 때 사용되는 근육이라는 점을 명심하는 것입니다. 그러나 소변의 배설을 통제하는 데에는 P.C. 근육 말고도 여러 근육이 사용됩니다.

다른 근육들이 움직이지 않게 하기 위해서는, 두 다리 사이를 아주 넓게 벌린 상태로 소변을 조절해야 합니다. 일단 소변이 흘러나오도록 한 뒤 멈추어 보십시오. 몇 번만 이렇게 해 보면, 대부분의 여성들은 그 느낌을 기억하고 언제 어디서나 수축을 반복할 수 있게 됩니다. 그리 큰 힘이 들지도 않습니다. 수축을 제대로 몸에 익히기만 하면, 눈을 깜박거리는 것만큼이나 쉬워집니다.

매일 아침 자리에서 일어나기 전에 5회에서 10회 정도 수축 연습을 하십시오. 한 번에 10회씩, 하루에 여섯 차례 수축시키면 합계 60회가 됩니다. 1회 수축할 때마다 그 상태로 2초 이상 견디십시오. 그러면 60회 수축한다고 해도 하루에 2분밖에 되지 않는 셈입니다.

점진적으로 횟수를 늘려 가십시오. 한 번에 20회씩 수축시켜서 총 120회가 되도록 합니다(그러면 하루에 4분이 듭니다). 아침에 일어나기 전에 한 번, 일과 중에 한 번, 자기 전에 한 번, 여기에 덧붙여 하루 세 번 소변을 볼 때마다 운동을 한다면 총 120회의 목표가 달성됩니다. 6주가 지난 다음에는 이렇게 6번 시행할 때마다 50회씩 수축운동을 해서 300회까지 횟수를 늘려 봅니다. 이때는 1회에 2초가 아니라 1초씩만 수축상태를 유지합니다. 하루에 겨우 300초, 불과 5분씩만 노력하면 되는 것입니다!

3주 정도가 지나면 변화를 느낄 수 있을 것입니다. 근육은 6주에서 8주 이내에 완전히 발달합니다. 이 체조를 9개월 동안 계속 실행해서 하루에 600회까지 횟수를 늘린다면(약 10분 정도) 성교를 할 때 남편에게 탁월한 성적 쾌감을 느끼게 해 줄 수 있습니다.

육체뿐만 아니라 심리적 측면에서도 이 운동의 효험은 탁월합니다. 아내는 운동 중에 남편의 페니스를 죄는 상상을 하는 것이 좋습니다. 이렇게 하면 성적인 상상에 정신이 집중되어 성욕이 증가됩니다. 따라서 이 운동은 아내의 성적 욕구를 남편의 수준으로 끌어올리는 수단으로서 아주 훌륭한 역할을 합니다. 더 나아가 여성은 이 운동을 함으로써 성교에서 '적극적인' 역할을 담당한다는 느낌을 얻을 수 있습니다. 자신을 수동적으로 남편의 성기를 받아들이는 존재로만 여기지 않게 되는 것이지요. P.C. 근육은 행동을 받는 대상일 뿐 아니라 적극적으로 행위하는 주체로서 질의 개념을 새롭게 정립합니다.

불감증을 겪는 여성들이 자기의 오르가슴을 성취하기 위해 적극적인 자세로 나서는 것은 아주 중요한 일입니다. 가만히 앉아서 오르가슴이 저절로 생기기를 기다리지 말고 간절한 마음으로 오르가슴을 얻기 위해 노력하십시오. 오르가슴의 기쁨을 얻으려고 애쓰는 것은 이기적인 일이 아니며, 낮 시간 동안 남편에 대해 성적인 상상을 하는 것도 절대 잘못된 일이 아닙니다. 술람미도 그렇게 했습니다(5:10-16).

P.C. 근육과 그 성적 기능에 대해 자세한 사항을 알고 싶다면, 로널드 M. 도이치(Ronald M. Deutsch)가 쓴 〈부부관계에서 여성 반응의 이해〉(The Key to Feminine Response in Marrige)를 읽어 보십시오.

10단계: 오르가슴에 도달하겠다는 의도를 갖지 말고 촉각을 발달시켜라

불감증 여성 중에는 질 부근에 아예 아무 육체적 감각이 없는 사람도 있습니다. 이런 사람들은 성적인 쾌감이 어떤 느낌인지조차 모릅니다. 이런 경우는 주로 심리적인 데에 원인이 있습니다만, 심리적인 단계들(1-8단계)과 더불어 육체적인 성격의 마지막 네 단계를 함께 실행하면 효과를 얻을 수 있습니다. 그러나 영적이고 심리적인 문제에 철저히 최대한 조처하지 않고서 무조건 육체적 치료과정부터 시행하려 들지는 마십시오. 심리적인 기반이 있어야 육체적인 상부구조를 쌓을 수 있습니다.

여성이 저항하지 않고 몸을 맡기는 법을 체득하면 성기의 감각도 점차 예민해집니다. 그러나 외부적인 육체적 기술을 통해 성적인 감각을 배우는 것 또한 큰 도움이 됩니다. 여기에는 여러 가지 방법이 있습니다. 남편에게 온몸을 마사지해 달라고 하십시오. 오랜 시간 동안 다정스럽게 해야 합니다. 이것은 단순히 육체적인 감각들을 일깨우기 위한 것입니다. 사랑은 접촉을 통해 전달될 수 있습니다.

아내에게 오르가슴을 느끼게 하기 위해 이런 행위를 하는 것이 아니라는 인식을 두 사람이 모두 공유하는 것은 극히 중요합니다. 결과적으로 절정에 달해야 한다는 느낌을 아내가 갖게 되면, 목표 지향적인 심리가 개입해 아내의 자연스런 반응을 가로막을 수도 있습니다. 이 단계의 목표는 절정에 오르는 것이 아니라 단순히 온몸에 닿는 촉감을 인식하는 법을 배우는 겁니다. 남편이 모피나 실크스카프를 아내의 온몸과 젖가슴 위로 스치게 해 주는 것도 좋습니다. 이때도 역시 두 사람의 목표는 단순히 서로의 존재감을 느긋하게 느끼면서 다정한 대화를 나누고, 꼭 성감이 아니더라도 여러 촉감을 느끼는 법을 배우는 것입니다. 물론 이런 행위가 끝날 때에는 손으로든 성교를 통해서든 아내가 남편의 성적 욕구를 충족시켜 주어야 합니다. 그러나 아내가 특별히 원하지 않는 한 아내의 오르가슴에 대해서는 생각하지 않는 것이 좋습니다.

11단계: 구조화된 성기의 감각을 연습하라

매스터즈와 존슨에 따르면, 일단 촉감이 발달된 후(5회에서 6회 정도 위에 적은 과정을 거친 후)에는 구조적으로 성기를 자극하기 시작하는 것이 좋습니다. 이때도 역시 오르가슴을 목표로 삼아서는 안 되며, 단순히 성감을 배우겠다는 마음을 가져야 합니다. 10단계에서 성기는 되도록 건드리지 않아야 합니다. 그러나 이 단계에서는 성기에 집중해야 합니다. 그리고 남편은 아내에게 오르가슴을 느끼라는 요구를 하지 않아야 합니다.

남편은 침대 머리맡에 베개를 받치고 기대앉고, 아내는 등을 남편의 가슴에 대고 머리를 그의 어깨에 기댄 자세로 남편의 다리 사이에 앉습니다. 이 자세는 남편이 두 팔로 아내를 감싸안았을 때 안정감과 신뢰감을 갖게 해 주는 데 아주 좋습니다. 아내는 두 다리를 벌려서 남편의 양 다리 위에 걸칩니다. 그러면 남편이 아내의 온몸을 마음대로 만질 수 있지요. 아내는 남편의 손 위에 자신의 손을 가볍게 올려놓은 상태에서, 좀더 가볍게 해 달라거나 세게 해 달라거나, 또는 다른 곳을 만져 달라는 신호를 보냅니다.

이런 방식을 통해 아내는 말없이 몸을 통해 자기 의사를 남편에게 전달할 수 있습니다.

클리토리스의 자극은 그 끝부분보다는 측면에 집중되어야 합니다. 클리토리스의 끝부분을 너무 빨리 건드리면 아내의 성적인 긴장이 금세 완화되기 쉽고 실제로 통증을 유발할 수도 있습니다. 젖가슴을 가볍게 쓰다듬는 것으로 시작해서, 아내의 신호에 따라 배와 허벅지, 그리고 성기 주변으로 내려가도록 하십시오.

이러한 연습의 효과는 아내가 오르가슴에 달하는 능력과 아무 상관이 없습니다. 오르가슴은 애초의 목표가 아니었기 때문입니다. 이 연습의 목적은 여성이 자신의 성감에 집중하며 자신이 무엇을 좋아하는지 깨달은 후에, 남편에게 의사를 전달할 기회를 주는 데 있습니다. 자신이 채워 주어야 할 요구가 없고, 다만 완전히 자신의 자유의사에 따라 자신을 표현하면 된다는 사실과 곧 성적인 활동을 할 또 다른 기회가 주어지리라는 사실을 깨닫게 되면, 여성의 성감은 점차 고조되며 궁극적으로 절정감을 느끼게 됩니다. 이러한 반응은 마음먹는다고 되는 것도 아니며 강요할 수도 없는 것입니다.

12단계: 여성상위의 체위로 성교하라

10단계를 서너 번 실행한 뒤에는, 여성상위의 체위에서 성교를 몇 번 실행해 보십시오. 아주 천천히 삽입을 시작합니다. 이 일은 아내에게 완전히 맡겨야 합니다. 절정감을 느껴야 한다는 강박감을 갖지 말고 삽입의 감각을 향유할 수 있도록 아내는 몸을 한동안 움직이지 않고 가만히 있어야 합니다. 삽입한 뒤 얼마 후부터 P.C. 근육을 수축시키십시오. 이것은 감각을 흐트러뜨리지 않는 데 효과적입니다. 성적인 긴장이 고조되고 더 강한 자극을 원하게 되면, 아내는 짧은 시간 동안 페니스 위에서 천천히 앞뒤로 몸을 움직이도록 합니다. 이 행위를 서너 번 되풀이한 후에, 혹은 질 부위에서 더 강한 성감을 요구하는 느낌이 올 때, 남편이 골반운동을 시작하십시오. 남편은 아주 느릿느릿하게, 부담을 주지 않도록 움직이면서 아내가 원하는 속도를 스스로 결정하게 해야 합니다.

물론 남편은 이 과정 전체에 걸쳐 전적으로 협조해야 합니다. 남편은 한없이 헌신적인 사랑(하나님께서 교회를 사랑하셨듯이)과 공감을 나타내면서, '참된 이해'를 기반으로 아내와 함께 생활해야 합니다(벧전 3:7). 매번 함께 연습할 때마다 아내가 남편의 성적 욕구를 충족시켜 주는 일이 필요합니다만, 각 단계를 실행하는 도중 자연스럽게 오르가슴에 도달하게 되기 전까지는 오르가슴 자체를 목표로 여기지 말아야 합니다.

부록 2
아가서 재미있게 읽기

여기에는 본문과 다른 번역 성경을 실어 놓았습니다. 이외에도 각자 좋아하는 다른 번역본을 읽어도 좋습니다. 그리고 아가서를 읽는 이들의 이해를 돕고, 가르치려는 이들에게 참고가 되도록 단락마다 개요를 함께 실었습니다(원서에는 King James Version을 수록했으나 한국어판에는 개역성경 본문을 실었습니다.-편집자 주).

I. 결혼식 날(1:1-2:7)

궁전의 술람미 회상 장면 1(1:1-8)
이 회상은 술람미가 궁전에서 오후에 있을 결혼 잔치와 첫날밤을 준비하는 모습으로 시작된다.

솔로몬의 아가라. (1:1)

술람미
내게 입맞추기를 원하니 네 사랑이 포도주보다 나음이로구나. 네 기름이 향기로와 아름답고 네 이름이 쏟은 향기름 같으므로 처녀들이 너를 사랑하는구나. (1:2-3)
왕이 나를 침궁으로 이끌어 들이시니 너는 나를 인도하라. 우리가 너를 따라 달려가리라. (1:4a)

코러스
우리가 너를 인하여 기뻐하며 즐거워하니 네 사랑이 포도주에서 지남이라. 처녀들이 너를 사랑함이 마땅하니라. (1:4b)
술람미
예루살렘 여자들아, 내가 비록 검으나 아름다우니 게달의 장막 같을지라도 솔로몬의 휘장과도 같구나. 내가 일광에 쬐어서 거무스름할지라도 흘겨보지 말 것은 내 어미의 아들들이 나를 노하여 포도원지기를 삼았음이라. 나의 포도원은 내가 지키지 못하였구나. (1:5-6)
내 마음에 사랑하는 자야, 너의 양 떼 먹이는 곳과 오정에 쉬게 하는 곳을 내게 고하라. 내가 네 동무 양 떼 곁에서 어찌 얼굴을 가리운 자같이 되랴? (1:7)
코러스
여인 중에 어여쁜 자야, 네가 알지 못하겠거든 양 떼의 발자취를 따라 목자들의 장막 곁에서 너의 염소 새끼를 먹일지니라. (1:8)

잔치 자리에서 회상 장면 2(1:9-14)
술람미와 솔로몬은 결혼 잔치 자리에서 서로의 아름다움을 칭송한다.

솔로몬
내 사랑아, 내가 너를 바로의 병거의 준마에 비하였구나. 네 두 뺨은 땋은 머리털로, 네 목은 구슬꿰미로 아름답구나. 우리가 너를 위하여 금사슬을 은을 박아 만들리라. (1:9-11)
왕이 상에 앉았을 때에 나의 나도 기름이 향기를 토하였구나. 나의 사랑하는 자는 내 품 가운데 몰약 향낭이요, 나의 사랑하는 자는 내게 엔게디 포도원의 고벨화 송이로구나. (1:12-14)

신방에서 회상 장면 3(1:15-2:7)
왕 부부는 신방으로 들어가 첫날밤을 함께 보낸다. 세세한 부분들을 명확하게 묘사하면서도, 시적인 상징 언어를 통해 풍치 있게 그리고 있다.

솔로몬
내 사랑아, 너는 어여쁘고 어여쁘다. 네 눈이 비둘기 같구나. (1:15)
술람미
나의 사랑하는 자야, 너는 어여쁘고 화창하다. 우리의 침상은 푸르고 우리 집은 백향목 들보, 잣나무 석가래로구나. (1:16-17)
나는 사론의 수선화요 골짜기의 백합화로구나. (2:1)
솔로몬
여자들 중에 내 사랑은 가시나무 가운데 백합화 같구나. (2:2)
술람미
남자들 중에 나의 사랑하는 자는 수풀 가운데 사과나무 같구나. 내가 그 그늘에 앉아서 심히 기뻐하였고 그 실과는 내 입에 달았구나. (2:3)
그가 나를 인도하여 잔칫집에 들어갔으니 그 사랑이 내 위에 기로구나. 너희는 건포도로 내 힘을 돕고 사과로 나를 시원케 하라. 내가 사랑하므로 병이 났음이니라. 그가 왼손으로 내 머리에 베개하고 오른손으로 나를 안는구나. (2:4-6)
예루살렘 여자들아, 내가 노루와 들사슴으로 너희에게 부탁한다. 내 사랑이 원하기 전에는 흔들지 말고 깨우지 말지니라. (2:4-7)

II. 약혼 기간(2:8-3:5)

봄날의 방문 회상 장면 4(2:8-14)

술람미는 결혼식날을 회상하면서 솔로몬이 어느 봄날에 레바논 산지에 있는 그녀의 시골집으로 찾아왔던 일을 기억한다. 술람미는 솔로몬이 보낸 결혼식 행렬을 기다리면서 이 세 가지 회상을 했다. 이 회상들은 연애 기간을 통해 이루고자 하시는 하나님의 목적을 그리고 있다. 첫 번째 회상은 '두 사람이 성적인 것 이외의 방식으로 서로를 알아 가는 것'이 하나님의 첫째 목적이라는 생각을 보여 준다.

술람미
나의 사랑하는 자의 목소리로구나. 보라, 그가 산에서 달리고 작은 산을 빨리 넘어오는구나. 나의 사랑하는 자는 노루와도 같고 어린 사슴과도 같아서 우리 벽 뒤에 서서 창으로 들여다보며 창살 틈으로 엿보는구나. (2:7-9)
나의 사랑하는 자가 내게 말하여 이르기를 (2:10a)

솔로몬

나의 사랑, 나의 어여쁜 자야, 일어나서 함께 가자. (2:10b)
겨울도 지나고 비도 그쳤고 지면에는 꽃이 피고 새의 노래할 때가 이르렀는데 반구의 소리가 우리 땅에 들리는구나. 무화과나무에는 푸른 열매가 익었고 포도나무는 꽃이 피어 향기를 토하는구나. 나의 사랑, 나의 어여쁜 자야, 일어나서 함께 가자. 바위 틈 낭떠러지 은밀한 곳에 있는 나의 비둘기야, 나로 네 얼굴을 보게 하라. 네 소리를 듣게 하라. 네 소리는 부드럽고 네 얼굴은 아름답구나. (2:11-14)

작은 여우를 잡아라 회상 장면 5(2:15-17)

두 사람은 연애 기간에 포도원을 산책하다가 작은 여우들이 포도나무 뿌리들을 먹고 있는 것을 본다. 술람미는 이것을 통해 결혼생활로 들어가기 전에 두 사람이 함께 작은 문제들을 해결하는 일이 필요하다는 생각을 하게 된다.

술람미

우리를 위하여 여우, 곧 포도원을 허는 작은 여우를 잡으라. 우리의 포도원에 꽃이 피었음이니라. (2:15)
나의 사랑하는 자는 내게 속하였고 나는 그에게 속하였구나. 그가 백합화 가운데서 양 떼를 먹이는구나. 나의 사랑하는 자야, 날이 기울고 그림자가 갈 때에 돌아와서 베데르 산에서의 노루와 어린 사슴 같아여라. (2:17)

이별의 꿈 회상 장면 6(3:1-5)

술람미는 솔로몬이 나라 일에 매여 자신에게 내줄 시간이 없을지도 모른다는 두려움 때문에 자신이 반복해서 꾸었던 꿈을 생각해 낸다.

술람미

내가 밤에 침상에서 마음에 사랑하는 자를 찾았구나. 찾아도 발견치 못하였구나. 이에 내가 일어나서 성중으로 돌아다니며 마음에 사랑하는 자를 거리에서나 큰길에서나 찾으리라 하고 찾으나 만나지 못하였구나. 성중의 행순하는 자들을 만나서 묻기를 내 마음에 사랑하는 자를 너희가 보았느냐 하고, 그들을 떠나자마자 마음에 사랑하는 자를 만나서 그를 붙잡고 내 어미 집으로, 나를 잉태한 자의 방으로 가기까지 놓지 아니하였노라. (3:1-4)

예루살렘 여자들아, 내가 노루와 들사슴으로 너희에게 부탁한다. 사랑하는 자가 원하기 전에는 흔들지 말고 깨우지 말지니라. (3:5)

III. 결혼식 행렬에서부터 마침내 결혼하여 하나가 되기까지 (3:6-5:1)

결혼식 행렬 회상 장면 7(3:6-11)

이 회상 장면은 솔로몬이 레바논 산지에 있는 술람미를 예루살렘으로 데려오기 위해 보낸 훌륭한 결혼식 행렬을 묘사하고 있다.

코러스

연기 기둥과도 같고 몰약과 유향과 장사의 여러 가지 향품으로 향기롭게도 하고 거친 들에서 오는 자가 누구인고? 이는 솔로몬의 연이라. 이스라엘 용사 중 육십 인이 옹위하였는데 다 칼을 잡고 싸움에 익숙한 사람들이라. 밤의 두려움을 인하여 각기 허리에 칼을 찼느니라. 솔로몬 왕이 레바논 나무로 자기의 연을 만들었는데 그 기둥은 은이요 바닥은 금이요 자리는 자색 담이라. 그 안에는 예루살렘 여자들의 사랑이 입혔구나. (3:6-10)

시온의 여자들아, 나와서 솔로몬 왕을 보라. 혼인날 마음이 기쁠 때에 그 모친의 씌운 면류관이 그 머리에 있구나. (3:11)

첫날밤에 단 둘이 시간을 보내다 회상장면 8(4:1-5:1)

술람미는 두 사람이 함께 보낸 첫날밤이 얼마나 아름다웠는지 노래한다. 우리는 그들의 침실을 거룩한 눈으로 들여다보면서 부부의 성에 관한 하나님의 견해를 배우게 된다.

솔로몬

내 사랑, 너는 어여쁘고도 어여쁘다. 너울 속에 있는 네 눈이 비둘기 같고 네 머리털은 길르앗 산기슭에 누운 무리 염소 같구나. 네 이는 목욕장에서 나온 털 깎인 암양, 곧 새끼 없는 것은 하나도 없이 각각 쌍태를 낳은 양 같구나. (4:1-2)

네 입술은 홍색 실 같고 네 입은 어여쁘고 너울 속의 네 뺨은 석류 한 쪽 같구나. 네 목은 군기를 두려고 건축한 다윗의 망대, 곧 일천 방패, 용사의 모든 방패가 달린 망대 같고 (4:3-4)

네 두 유방은 백합화 가운데서 꼴을 먹는 쌍태 노루 새끼 같구나. (4:5)

날이 기울고 그림자가 갈 때에 내가 몰약 산과 유향의 작은 산으로 가리라. (4:6)

나의 사랑, 너는 순전히 어여뻐서 아무 흠도 없구나. (4:7)

나의 신부야, 너는 레바논에서부터 나와 함께하고 레바논에서부터 나와 함께 가자. 아마나와 스닐과 헤르몬 꼭대기에서 사자 굴과 표범 산에서 내려다보아라. (4:8)

나의 누이, 나의 신부야, 네가 내 마음을 빼앗았구나. 네 눈으로 한 번 보는 것과 네 목의 구슬 한 꿰미로 내 마음을 빼앗았구나. 나의 누이, 나의 신부야, 네 사랑이 어찌 그리 아름다운지 네 사랑은 포도주에 지나고 네 기름의 향기는 각양 향품보다 승하구나. 내 신부야, 네 입술에서는 꿀 방울이 떨어지고 네 혀 밑에는 꿀과 젖이 있고 네의 복의 향기는 레바논의 향기 같구나. (4:9-11)

나의 누이, 나의 신부는 잠근 동산이요 덮은 우물이요 봉한 샘이로구나. (4:12)

네게서 나는 것은 석류나무와 각종 아름다운 과수와 고벨화와 나도

초와 나도와 번홍화와 창포와 계수와 각종 유향목과 몰약과 침향과
모든 귀한 향품이요 (4:13-14)
너는 동산의 샘이요 생수의 우물이요 레바논에서부터 흐르는 시내
로구나. (4:15)

술람미

북풍아, 일어나라. 남풍아, 오라. 나의 동산에 불어서 향기를 날리
라. 그 아름다운 실과 먹기를 원하노라. (4:16)

솔로몬

나의 누이, 나의 신부야, 내가 내 동산에 들어와서 나의 몰약과 향
재료를 거두고 나의 꿀송이와 꿀을 먹고 내 포도주와 내 젖을 마셨
으니 여호와 하나님 나의 친구들아 먹으라. 나의 사랑하는 사람들아
마시고 많이 마시라. (5:1)

IV. 결혼생활의 성문제 극복하기:
'거절당한 사랑의 꿈' 부터 '남편을 유혹하는 술람미' 까지(5:2-8:4)

거절당한 사랑의 꿈 회상 장면 9(5:2-8)

여기서 우리는 혼란스럽고도 꿈으로 가득 찬 술람미의 잠의 세계에 들
어가게 된다. 술람미는 밤늦게 성관계를 가지고 싶어하는 솔로몬을 거절
하는 꿈을 반복해서 꾼다. 그녀는 자신이 솔로몬에게 보인 반응 때문에
괴로워하는 듯하다.

술람미

내가 잘지라도 마음은 깨었는데 나의 사랑하는 자의 소리가 들리는
구나. 문을 두드려 이르기를 (5:2a)

솔로몬

나의 누이, 나의 사랑, 나의 비둘기, 나의 완전한 자야, 문 열어다고.
내 머리에는 이슬이, 내 머리털에는 밤 이슬이 가득하였다 하는구
나. (5:2b)

술람미

내가 옷을 벗었으니 어찌 다시 입겠으며 내가 발을 씻었으니 어찌 다시 더럽히랴마는 (5:3)

나의 사랑하는 자가 문틈으로 손을 들이밀매 내 마음이 동하여서 일어나서 나의 사랑하는 자 위하여 문을 열 때 몰약이 내 손에서, 몰약의 즙이 내 손가락에서 문빗장에 듣는구나. 내가 나의 사랑하는 자 위하여 문을 열었으나 그가 벌써 물러갔네. 그가 말할 때에 내 혼이 나갔구나. 내가 그를 찾아도 못 만났고 불러도 응답이 없었구나. 성중에서 행순하는 자들이 나를 만나매 나를 쳐서 상하게 하였고 성벽을 파수하는 자들이 나의 웃옷을 벗겨 취하였구나. (5:4-7)

예루살렘 여자들아, 너희에게 내가 부탁한다. 너희가 나의 사랑하는 자를 만나거든 내가 사랑하므로 병이 났다고 하려무나. (5:8)

태도의 변화 회상 장면 10(5:9-6:3)

다음날 잠에서 깨어난 술람미는 성에 대한 태도와 늘 함께 있을 수 없는 남편에 대한 태도를 바꾼다. 여기서부터 그들의 관계가 깊어지기 시작한다.

코러스

여자 중 극히 어여쁜 자야, 너의 사랑하는 자가 남의 사랑하는 자보다 나은 것이 무엇인가? 너의 사랑하는 자가 남의 사랑하는 자보다 나은 것이 무엇이기에 이같이 우리에게 부탁하는가? (5:9)

술람미

나의 사랑하는 자는 희고도 붉어 만 사람에 뛰어난다. 머리는 정금 같고 머리털은 고불고불하고 까마귀같이 검구나. 눈은 시냇가의 비둘기 같은데 젖으로 씻은 듯하고 아름답게도 박혔구나. 뺨은 향기로운 꽃밭 같고 향기로운 풀언덕과도 같고 입술은 백합화 같고 몰약의 즙이 뚝뚝 떨어진다. (5:10-13)

손은 황옥을 물린 황금 노리개 같고 몸은 아로새긴 상아에 청옥을 입힌 듯하구나. 다리는 정금 받침에 세운 화반석 기둥 같고, 형상은 레바논 같고 백향목처럼 보기 좋고, 입은 심히 다니 그 전체가 사랑스럽구나. 예루살렘 여자들아, 이는 나의 사랑하는 자요 나의 친구일다. (5:14-16)

코러스
여자 중 극히 어여쁜 자야, 너의 사랑하는 자가 어디로 갔는가? 너의 사랑하는 자가 어디로 돌이켰는가? 우리가 너와 함께 찾으리라. (6:1)

술람미
나의 사랑하는 자가 자기 동산으로 내려가 향기로운 꽃밭에 이르러서 동산 가운데서 양 떼를 먹이며 백합화를 꺾는구나. 나는 나의 사랑하는 자에게 속하였고 나의 사랑하는 자는 내게 속하였다. 그가 백합화 가운데서 그 양 떼를 먹이는구나. (6:2-3)

돌아온 솔로몬 회상 장면 11(6:4-10)

두 사람 사이에 성적인 적응이라는 문제가 있음에도 불구하고, 나라 일을 마치고 온 솔로몬은 술람미에게 찬사를 보내며 그녀를 무조건적으로 용납한다.

솔로몬
내 사랑아, 너의 어여쁨이 디르사 같고 너의 고움이 예루살렘 같고 엄위함이 기치를 벌인 군대 같구나. 네 눈이 나를 놀래니 돌이켜 나를 보지 말라. (6:4-5a)
네 머리털은 길르앗 산 기슭에 누운 염소 떼 같고 네 이는 목욕장에서 나온 암양 떼, 곧 새끼 없는 것은 하나도 없이 각각 쌍태를 낳은 양 같고 너울 속의 너의 뺨은 석류 한 쪽 같구나. (6:5b-7)
왕후가 육십이요 비빈이 팔십이요 시녀가 무수하되 나의 비둘기, 나의 완전한 자는 하나뿐이로구나. 그는 그 어미의 외딸이요 그 낳은 자의 귀중히 여기는 자로구나. 여자들이 그를 보고 복된 자라 하고 왕후와 비빈들도 그를 칭찬하는구나. (6:8-9)
아침 빛같이 뚜렷하고 달같이 아름답고 해같이 맑고 기치를 벌인 군대같이 엄위한 여자가 누구인가? (6:10)

정원의 술람미 회상 장면 12(6:11-13a)

술람미의 마음속에 있는 두 번째 문제는 고향 집을 향한 그리움이다. 그녀는 시골 처녀로서 왕의 궁전에 살고 있다. 궁전 정원을 찾아갔던 술람미의 마음속에 그녀가 사랑하는 전원을 향한 그리움이 갑자기 솟아난다.

술람미
골짜기의 푸른 초목을 보려고, 포도나무가 순이 났는가 석류나무가 꽃이 피었는가 알려고, 내가 호도 동산으로 내려갔을 때에 부지중에 내 마음이 나로 내 귀한 백성의 수레 가운데 이르게 하였구나. (6:11-12)

코러스
돌아오고 돌아오라, 술람미 여자야, 돌아오고 돌아오라, 우리로 너를 보게 하라. (6:13a)

남편을 유혹하는 술람미 회상 장면 13(6:13b-8:4)

여기에서 술람미는 앞의 세 회상 장면에서 묘사된 긴장들의 결론으로 등장하는 또 다른 사랑의 경험을 회상한다. 그녀는 전희의 일환으로 솔로몬 앞에서 춤추었던 것을 생각해 낸다. 솔로몬은 그녀의 아름다움을 극구 칭찬함으로써 이에 화답한다.

술람미(코러스에게)
너희가 어찌하여 마하나임의 춤추는 것을 보는 것처럼 술람미 여자를 보려느냐? (6:13b, 개역성경에는 6:14로 되어 있음-편집자 주)
솔로몬
귀한 자의 딸아, 신을 신은 네 발이 어찌 그리 아름다운가! 네 넓적다리는 둥글어서 공교한 장색의 만든 구슬 꿰미 같구나. 배꼽은 섞은 포도주를 가득히 부은 둥근 잔 같고 허리는 백합화로 두른 밀단 같구나. 두 유방은 암사슴의 쌍태 새끼 같고, 목은 상아 망대 같구나. 눈은 헤스본 바드랍빔 문 곁의 못 같고 코는 다메섹을 향한 레바

논 망대 같구나. 머리는 갈멜 산 같고 드리운 머리털은 자주 빛이 있
으니 왕이 그 머리카락에 매이었구나. 사랑아, 네가 어찌 그리 아름
다운지, 어찌 그리 화창한지 쾌락하게 하는구나! 네 키는 종려나무
같고 네 유방은 그 열매송이 같구나. 내가 말하기를 종려나무에 올
라가서 그 가지를 잡으리라 하였나니 네 유방은 포도송이 같고 네
콧김은 사과 냄새 같고 네 입은 좋은 포도주 같을 것이니라. (7:1-9)
술람미

이 포도주는 나의 사랑하는 자를 위하여 미끄럽게 흘러내려서 자는
자의 입으로 움직이게 하느니라. 나는 나의 사랑하는 자에게 속하였
구나. 그가 나를 사모하는구나. (7:9b-10)

나의 사랑하는 자야, 우리가 함께 들로 가서 동네에서 유숙하자. 우
리가 일찍이 일어나서 포도원으로 가서 포도 움이 돋았는지, 꽃술이
퍼졌는지, 석류 꽃이 피었는지 보자. 거기서 내가 나의 사랑을 네게
주리라. 합환채가 향기를 토하고 우리의 문 앞에는 각양 귀한 실과
가 새 것, 묵은 것이 구비하였구나. 내가 나의 사랑하는 자, 너를 위
하여 쌓아 둔 것이로구나. (7:11-13)

네가 내 어미의 젖을 먹은 오라비 같았었더면 내가 밖에서 너를 만
날 때에 입을 맞추어도 나를 업신여길 자가 없었을 것이라. 내가 너
를 이끌어 내 어미 집에 들이고 네게서 교훈을 받았으리라. 나는 향
기로운 술 곧 석류즙으로 네게 마시웠겠고 너는 왼손으론 내 머리에
베개하고 오른손으론 나를 안았으리라. (8:1-3)

예루살렘 여자들아, 내가 너희에게 부탁한다. 나의 사랑하는 자가
원하기 전에는 흔들지 말며 깨우지 말지니라. (8:4)

V. 전원에서 보낸 휴가(8:5-14)

산지로 여행을 떠나다 회상 장면 14(8:5-14)

그들이 느껴 온 긴장을 해결하는 길 가운데 한 가지는 함께 떠나는 것
이었다. 술람미는 산지로 휴가를 떠나자고 제안한다. 이 기억은 그들이
여행하면서 나눈 대화들을 떠올리게 한다. 여기에서 그들이 경험한 사랑

의 종류가 처음으로 독자들에게 설명된다.

코러스
그 사랑하는 자를 의지하고 거친 들에서 올라오는 여자가 누구인고?(8:5a)
솔로몬
너를 인하여 네 어미가 신고한, 너를 낳은 자가 애쓴 그곳 사과나무 아래서 내가 너를 깨웠노라.(8:5b)
술람미
너는 나를 인같이 마음에 품고 도장같이 팔에 두라.(8:6a)
사랑은 죽음같이 강하고 투기는 음부같이 잔혹하며 불같이 일어나니 그 기세가 여호와의 불과 같으니라. 이 사랑은 많은 물이 꺼치지 못하겠고 홍수라도 엄몰하지 못하나니(8:6b-7a)
사람이 그 온 가산을 다 주고 사랑과 바꾸려 할지라도 오히려 멸시를 받으리라.(8:7b)

그들의 대화 속에서 진정한 사랑이 지닌 두 가지 특징이 나타난다. 그 한 가지는 강렬하다는 것이고, 다른 한 가지는 무조건적이라는 것이다. 여기에서 독자들의 마음속에 자연스럽게 떠오르는 질문은 '도대체 어떻게 해야 그런 사랑을 얻을 수 있는가' 라는 것이다.

시인은 아가서의 결론격인 대화를 통해 이 질문에 대답한다. 그 대답은 술람미가 자라난 가정의 일들과의 연관성 속에서, 술람미가 자신의 정절과 순결을 어떻게 지켰는지를 보여 주는 플래시백 장면을 통해 제시된다.

술람미의 오빠들(그들이 서로 하는 말)
우리에게 있는 작은 누이는 아직도 유방이 없구나. 그가 청혼함을 받는 날에는 우리가 그를 위하여 무엇을 할꼬? 그가 성벽일진대 우리는 은 망대를 그 위에 세울 것이요, 그가 문일진대 우리는 백향목 판자로 두르리라.(8:8-9)

술람미

나는 성벽이요 나의 유방은 망대 같으니 그러므로 나는 그의 보기에 화평을 얻은 자 같구나. 솔로몬이 바알하몬에 포도원이 있어 지키는 자들에게 맡겨 두고 그들로 각기 그 실과를 인하여서 은 일천을 바치게 하였구나. 솔로몬 너는 일천을 얻겠고 실과 지키는 자도 이백을 얻으려니와 내게 속한 내 포도원은 내 앞에 있구나. (8:11-12)

솔로몬

너 동산에 거한 자야, 동무들이 네 소리에 귀를 기울이니 나로 듣게 하려무나. (8:13)

술람미

나의 사랑하는 자야, 너는 빨리 달리라. 향기로운 산들에서 노루와도 같고 어린 사슴과도 같아여라. (8:13)

아가서 개요

	사랑의 시작		하나 됨을 통해 성숙해 감	
결혼식날	연애 기간을 회상함	결혼식날	가정당한 사랑의 꿈	전원에서 보낸 휴가
	(삽입 부분)	(계속)	문제	해결
1. 궁전의 술잔미 (1:1-8)	4. 부부님의 방문 (2:8-14)	7. 결혼식 행렬 (3:6-11)	9. 가정당한 사랑의 꿈 (5:2-8)	10. 태도의 변화 (5:9-6:3)
2. 피로연장에서 (1:9-14)	5. 작은 여우들 (2:15-17)	8. 첫날밤 (4:1-5:1)		11. 돌아온 솔로몬 (6:4-10)
3. 신방에서 (1:15-2:7)	6. 중매가를 개선하기 (3:1-5)			12. 정원의 술잔미 (6:11-13a)
				13. 남편을 유혹하는 슬럼미 (6:13b-8:4)
				14. 전원에서 보낸 휴가 (8:5-14)
1:1	2:7	2:8	3:5	3:6	5:1	5:2	5:8	5:9	8:4	8:5	8:14
공전	영광스러운 이상 사랑이 처음 시작될 때			공전	실제적인 현실 사랑의 깊고 영속적인 기쁨들	
레바논				레바논			

주(註)

1. 솔로몬의 노래

1) Richard G. Moulton, "Lyric Idyl: Solomon's Song," *The Literary Study of the Bible*(London: Isbiter & Co., Limited, 1903), pp.207-224.
2) H. H. Rowley, "The Interpretation of the Song of Songs," *The Servant of the Lord and Other Essays*(London:Lutter worth, 1952).
3) 아가서에 대한 다른 견해들을 논의하려면 위에 적은 Rowley의 책을 참조하거나 J. D. Douglas가 편집한 *New Bible Dictionary*(Eerd mans, 1962)에서 David Hubbard의 글을 참조하라(p.1204).

2. 결혼식날 회상 장면 1, 2(아 1:1-14)

1) Franz Delitzsch, *The Song of Songs and Ecclesiastes*(Grand Rapids: Eerdmans, n.d.), p.20.
2) *The New Bible Dictionary*, ed. J. D. Douglas(Grand Rapids : Eerdmans, 1962), p.906.
3) Delitzsch, p.32.
4) Robert Gordis, *The Song of Songs*(New York: The Jewish Theological Seminary of America, 1954), p.43.
5) Don Meredith of Chritian Family Life, Little Rock, Arkansas.

3. 신방에서 회상 장면 3(아 1:15-2:7)

1) Franz Delitzsch, *Commentary on the Song of Songs and Ecclesiastes*(Grand Rapids n.d.), p.49.

2) Samuel Noah Kramer, *The Sacred Marriage Rite*(Bloomington: Indiana University Press, 1969), p.105.
3) Robert Gordis, *The Song of Songs*(New York: The Jewish Theological Seminary of America, 1956), p.51.; Dr. Otto Zockler, *The Song of Songs(Lange's Commentary*, 12 vols; Grand Rapids: Zondervan, 1960) Vol. V, p.62.
4) Morris Jastrow. Jr., *The Song of Songs*(Philadelphia: J. B. Lippincott Co., 1921), p.171.
5) Delitzsch, p.20.
6) Hugh J. Schonfield, *The Song of Songs*(New York: Mentor Books, The New American Library of World Literature, 1955), p.97. Delitzsch, p.42를 보라.
7) Rabbi Dr. S. M. Lehrman, *The Song of Songs(The Five Megilloth*, Hebrew Text, English Translation, ed. Dr. A. Cohen; The Sonzino Press, 1946), p.1.
8) Jastrow, p.170.
9) Jastrow, p.229.
10) O. R. Sellers, "Palace," *The Interpreters Dictionary of the Bible*, ed. George Arthur Buttrick(4vols.; New York: Abingdon Press, 1962), III, p.620.
11) Delitzsch, p.40.
12) Lehrman, p.5.
13) R. B. Laurin, "The Song of Songs and its Modern Usage." *Christianity Today*, Vol.,XI, No.22, August 3, 1962, p.10.
14) R. O. Faulkner, Edward F. Wente, Jr., and William Kelly Simpson, *The Literature of Ancient Egypt*(New York: Yale University Press, 1972), p.99.
15) Gordis, p.81.
16) Otto Zockler, *The Song of Songs(Lange's Commentary*, 12vols., Grand Rapids: Zondervan, 1960), V, 62.
17) S. Craig Glickman, *A Song For Lovers*(Downers Grove:

Inter Varsity, 1977), p.40.
18) Delitzsch, p.42.
19) Zockler, p.62.
20 Stewart Perowne, *Roman Mythology*(London and New York: Hamlyn Pub. Co., 1965), p.78.; Kramer, p.105 for Sumerian parallels.
21) Kramer, p.105 and 96.
22) *International Standard Bible Encyclopedia*, ed. James Orr(5 vols.; Grand Rapids: Eerdmans, 1939), I, p.384.
23) Delitzsch, p.45.
24) Gordis, pp.27-28.
25) Glickman, p.44.
26) Delitzsch, pp.46-47.
27) Dr. Robert Gordis of the Jewish Theological Seminary of America, personal communication, Nov. 23, 1973.
28) Schonfield, p.103.
29) Zockler, V, 63.
30) George F. Guilder, *Sexual Suicide*(New York: Quadrangle, The New York Times Book Co., 1973), pp.14-25.
31) Cited by Letha Scanzoni and Nancy Hardesty, *All We're Meant to Be*(Waco: Word Books, 1974), p.114에서 인용.
32) 위의 책, p.114.

4. 약혼 기간 회상 장면 4,5,6(아2:8-3:5)

1) HIS의 허락을 받아 Inter-Varsity Christian Fellowship의 학생 잡지에 재수록한 내용임. ⓒ 1974.
2) *New Bible Dictionary*, ed. J. D. Douglas(Grand Rapids: Eerdmans, 1962), p.726.
3) Franz Delitzsch, *The Song of Solomon*(Grand Rapids: Eerdmans, n.d.), p.49.
4) 위의 책, p.53,54.

5. 결혼식 행렬 회상 장면 7(아 3:6-11)

1) Rabbi Dr. S. M. Lehrman, *The Song of Songs, The Five Megilloth*, ed. Dr. A. Cohen(The Soncino Press, 1946), p.12.
2) 위의 책, p.12.
3) 위의 책, p.12.
4) Franz Delitzsch, *Commentary on the Song of Songs and Ecclesiastes*(Grand Rapids: Eerdmans, n.d.), p.70.

6. 첫날밤 회상 장면 8(아 4:1-5:1)

1) Franz Delitzsch, *Commentary on the Song of Solmon and Ecclesiastes*(Grand Rapids: Eerdmans, n.d.), p.71.
2) Rabbi Dr. S. M. Lehrman, *The Song of Songs, The Five Megilloth* ed. Dr. A. Cohen(The Soncino Press, 1946), p.13; Jameison, Fausset, & Brown, *Commentary on the Old and New Testaments*(5 vols; Grand Rapids: Eerdmans, 1967), III, p.553도 보라.
3) Lehrman, p.14.
4) Delitzsch, p.76.
5) Dr. Otto Zockler, *The Song of Songs, Lange's Commentary* (Grand Rapids: Zondervan, 1960), Vol.5, p.63.
6) *International Standard Bible Encyclopedia(ISBE)*, ed. James Orr(5vols; Grand Rapids: Eerdmans, 1939), II, p.1179.
7) *Hastings Dictionary of the Bible*, ed. James Hastings(5 Vols; T&T Clark, 1904), II, p.116.
8) Zockler, V, 86.
9) Hastings, III, 122.
10) Delitzsch, p.79.
11) ISBE, V, 3089.
12) S. Craig Glickman, *A Song for Lovers*(Downers Grove: InterVarsity Press, 1976), p.20.

13) Lois Bird, *How to be a Happily Married Mistress*(Garden City: Doubleday & Company, Inc., 1974).
14) ISBE, II, 1174.
15) Lehrman, p.16.
16) *Vestus Testamentum*, No. 4(Sept. 1961), p.380.
17) Zockler, V, 89.
18) *Hasting's Dictionary of the Bible*, III, p.749.
19) ISBE, 2102.
20) *Hasting's Dictionary of the Bible*, III, p.747.
21) Zockler, V, 89.
22) William McKane, 'Proverbs' in *The Old Testament Library*(Philadelphia: Westminster Press, 1970), p.319.
23) 위의 책, p.318.
24) Zockler, V, 90.
25) Delitzsch, p.88.
26) F. Delitzsch, *The Book of Job*(2vols.; Grand Rapids: Eerdmans, 1949), I, 167. "The sperma is likended to milk." 참고. 욥 10:10.
27) Robert Gordis, *The Song of Songs*(New York: The Jewish Theological Seminary of America, 1954), p.38.
28) Bird, p.74.
29) Aubrey P. Andelin, *Man of Steel and Velvet*(Santa Barbara: Pacific Press, 1972), p.235.

7. 거절당한 사랑의 꿈-위기 회상 장면 9(아 5:2-8)

1) Otto Zockler, *The Song of Songs*(Lange's Commentary, 12 Vols; Grand Rapids; Zondervan, 1960), V. 103.
2) 위의 책, V, 103.
3) S. Craig Glickman, *A Song for Lovers*(Downers Grove: Inter-Varsity, 1976), p.63.
4) *Dallas Times Herald*, Nov. 12, 1973, p.6-B.

5) Herbert Miles, *Sexual Happiness in Marriage*(Grand Rapids: Zondervan, 1967), p.137.
6) N. Junke, *Sex and Love Today*(New York: Vala, 1970), p.125.
7) Miles, p.137.
8) Shirley Rice, *Physical Unity in Marriage*(Norfolk: Tabernacle Church of Norfolk, 7120 Granby St., Norfolk, Va. 23505, 1973), pp.7-8.
9) Christian Family Life(9210 Markville, Dallas, Texas, 75231)가 집계한 조사 자료.
10) 이 예화는 Lois Bird, Doubleday, Inc. Pub의 책에서 응용한 것이다.
11) H. Page Williams, *Do Yourself A Favor, Love Your Wife* (Plainfield: Logos International, 1973), p.5.

8. 성문제 극복하기 회상 장면 10, 11, 12(아 5:9-6:13a)

1) *The Interpreters Dictionary of the Bible*, ed. Arthur Buttrick, 4Vols.(New York: Abingdon Press, 1962), 4, 13.
2) Franz Delitzsch, *Song of Songs*(Grand Rapids: Eerdmans, n.d.), p.104.
3) Otto Zockler, *The Song of Solomon Lange's Commentary*, 12Vols.; Grand Rapids: Zondervan, 1960 (orig. ed. 1872), V. 107.
4) Fred Hartley Wright, *Manners and Customs of Bible Lands* (Moody, 1953).
5) Delitzsch, p.109.
6) Roland de Vaux, *Ancient Israel*(New York: McGraw-Hill, 1965), p.116.
7) *Interpreters Dictionary of the Bible*, I, 666.
8) Delitzsch의 번역, p.238.
9) Zockler, *Ecclesiastes*, p.56.

10) Zockler, *Song*, p.111.
11) H. H. Rowley, "The Meaning of the 'Shulamite,'" *The American Journal of Semitic Languages and Literature*, 56 (January, 1939), pp.84-91.
12) Christian Family Life Marital Information Survey, 1974.
13) 위의 책.
14) Seymour Fisher, *Understanding the Female Orgasm*, p.74.

9. 남편을 유혹하는 술람미 회상 장면 13(아 6:13b-8:4)

1) Dr. Otto Zockler, *The Song of Songs(Lange's Commentary*, 12Vols., Grand Rapids: Zondervan, 1960), V, 115.
2) Lehrman, p.25; Delitzsch, p.122를 보라.
3) Delitzsch, p.122.
4) William Gegenius, *A Hebrew and English Lexicon of the Old Testament*, ed. Brown, Driver, & Briggs(London: Oxford University Press, 1966), p.1057.
5) Robert Gordis, *The Song of Songs* (New York: The Jewish Theological Seminary of America, 1954), p.93.
6) Rabbi Dr. S. M. Lehrman, *The Song of Songs*(The Five Megilloth, ed. Dr. A. Cohn; New York: The Soncino Press, 1946), p.26.
7) S. Craig Glickman, *A Song for Lovers* (Downers Grove: Inter Varsity, 1976), p.83.
8) 위의 책, p.84.
9) *Hastings Dictionary of the Bible*, ed. James Hastings(5Vols; Edinburgh: T&T Clark, 1910), III, 656.
10) *International Standard Bible Encyclopedia*, ed. James Orr(4 Vols: Grand Rapids: Eerdmans, 1939), IV, 2236.
11) *New Bible Dictionary*, J. D. Douglas, ed.(Grand Rapids: Eerdmans, 1962), p.1294.

12) *International Standard Bible Encyclopedia*, IV, 2235.
13) Craig Glickman, "The Unity of the Song of Solomon," (Dallas Theological Seminary: Th. M. Thesis, 1974), p.48.
14) Delitzsch, p.1,6.
15) Joseph and Lois Bird, *The Freedom of Sexual Love*(Image Books, Doubleday & Co., 1970), p.104.
16) Tim LaHaye, *How To Be Happy Though Married*(Wheaton: Tyndale House, 1968), p.64.
17) Marabel Morgan, *The Total Woman*(Old Tapan, New Jersey: Fleming H. Revell, 1975).

부록 1. 충만한 부부생활을 위한 성기능장애 극복법

1) *Dallas Times Herald*의 기사.
2) Herbert Miles, *Sexual Happiness in Marriage*(Grand Rapids: Zondervan, 1967), p.141.
3) Fred Belliveau and Lin Richter, *Understanding Human Sexual Inadequacy*(New York: Bantam Books, 1970), p.122.
4) 위의 책, p.111.
5) 위의 책.
6) 위의 책, p.122.
7) Marie Robinson, *The Power of Sexual Surrender*(New York: Signet Books, 1962), p.132.
8) 위의 책, p.133.
9) 위의 책, p.137.
10) Arianna Stassinopoulos, *The Female Woman*(New York: Random House, 1973), pp.18-19.
11) Robinson, pp.152-153.
12) Ronald M. Deutsch, *The Key to Feminine Response in Marriage* (New York: Random House, 1968), p.62.
13) 위의 책, p.96.

옮긴이

김선형

1969년 생으로 서울대학교 영어영문학과를 졸업한 뒤 같은 학교 대학원에서 〈아서 밀러 극에 나타나는 희망의 모색〉으로 석사학위를 받았다. 영문학 박사과정을 수료하고 숭실대와 국민대에 출강하고 있다. 번역서로는 《스크루테이프의 편지》, 《행동하는 사랑, 헤비타드》, 《일곱 마리 고양이와 삶의 지혜》, 《빌러비드》, 《재즈》, 《파라다이스》, 《모든 것은 셰익스피어로부터 시작되었다》 등이 있다.

김응교

시인. 연세대 신학과를 졸업하고 도쿄대학 객원연구원으로서 비교문학과 비교문화를 연구했으며, 연세대 대학원 국문과에서 박사학위를 받았다. 1990년 월간 《한길문학》을 통해 등단했으며, 현재 일본 와세다대학 교수로 있으면서 일본 두레공동체 본부장으로 활동하고 있다. 저서로는 《천년 동안만》, 《신동엽》, 《조국》 등이 있고, 번역서 및 편저로는 《부활을 믿는 사람들》, 《예언자의 동산》, 《심장은 탄환을 동경한다》 등이 있다.

부부도 잘 모르는
부부의 성

Solomon on sex

1998. 11. 3. 초판 발행
2001. 7. 20. 5쇄 발행
2003. 6. 16. 개정판 발행
2018. 5. 14. 6쇄 발행

지은이 조셉 딜로우
옮긴이 김선형·김응교
펴낸이 정애주
국효숙 김기민 김의연 김준표 김진원 박세정
송승호 오민택 오형탁 윤진숙 임승철 임진아
정성혜 차길환 최선경 한미영 허은
펴낸곳 주식회사 홍성사
등록번호 제1-499호 1977. 8. 1.
주소 (04084) 서울시 마포구 양화진4길 3
전화 02) 333-5161
팩스 02) 333-5165
홈페이지 www.hsbooks.com
이메일 hsbooks@hsbooks.com
페이스북 facebook.com/hongsungsa
양화진책방 02) 333-5163

SOLOMON ON SEX by Joseph Dillow
Copyright ⓒ 1997 Joseph Dillow.
All rights reserved.
Korean translation copyright ⓒ 2001 by HONG SUNG SA, Ltd.
This Korean edition published by arrangement
Thomas Nelson Ins., Nashville, TN through KCC, Seoul.

이 책의 한국어판 저작원은 한국저작권센터(KCC)를 통한
저작권자와의 독점계약으로 홍성사에 있습니다. 저작권법에 의해
한국 내에서 보호를 받는 저작물이므로 무단전재와 복제를 금합니다.

ⓒ 홍성사, 2001

• 잘못된 책은 바꿔 드립니다.
• 책값은 뒤표지에 있습니다.

ISBN 978-89-365-0645-2 (03230)